우리 동네 지식인의 마을살이 제안서

공간,
문화,
정치의
생태학

우리 동네 지식인의 마을살이 제안서

공간,
문화,
정치의
생태학

초판 1쇄 인쇄 2019년 11월 27일
초판 1쇄 발행 2019년 11월 30일

글쓴이 현광일
펴낸이 김승희
펴낸곳 도서출판 살림터

기획 정광일
편집 조현주
북디자인 꼬리별

인쇄·제본 (주)현문
종이 월드페이퍼(주)

주소 서울시 양천구 목동동로 293, 22층 2215-1호
전화 02-3141-6553
팩스 02-3141-6555
출판등록 2008년 3월 18일 제313-1990-12호
이메일 gwang80@hanmail.net
블로그 http://blog.naver.com/dkffk1020

ISBN 979-11-5930-123-0 03370

이 도서의 국립중앙도서관 출판예정도서목록(CIP)은
서지정보유통지원시스템 홈페이지(http://seoji.nl.go.kr)와
국가자료공동목록시스템(http://www.nl.go.kr/kolisnet)에서 이용하실 수 있습니다.
(CIP제어번호: CIP2019047839)

우리 동네 지식인의 마을살이 제안서

공간,
문화,
정치의
생태학

현광일 지음

살림터

　사람이 더불어 산다는 것 자체가 삶이 공간적일 수밖에 없다는 것을 의미한다. 지금도 과거사 문제가 쟁점이 되듯이 오랫동안 우리는 국가나 거대 담론 등에 의해 기록되고 관리되어 온 주요 사건이나 중심인물 위주의 역사 인식에서 벗어나질 못했다. 그러다 보니 인간이 체험하고 살아가는 구체적인 공간의 문제는 전혀 주목받지 못했다. 근래에 도시재개발 혹은 도시재생 사업이 등장하면서 도시공간에 관한 관심이 부쩍 늘어난 것은 사실이다. 물리적 환경 개선만으로 도시의 쇠퇴와 문제를 해결할 수 없으며 인간과 다양한 요소들 사이의 관계 복원과 소통을 중요하게 생각하게 된 것도 중요한 변화이다.

　인간이 행복하게 살려면 주변 환경과 조화로운 삶을 가꿀 수 있어야 한다. 우리는 공간 속에서 행동하고 관계하며 공간과 더불어 산다. 우리가 살아가는 삶터로서 공간은 우리가 꾸려 가는 실제 삶의 관계나 질서를 그대로 투영한다. 인간의 삶 자체가 공간적이기 때문이다. 하이데거는 현상학을 배경으로 거주와 실존의 관점에서 공간에 대한 풍성하고 폭넓은 사유의 장을 열었다. 우리는 자신이 거주하고 있는 공간의 의미를 밝히기 위해서는 인간의 실존적 존재 방식에 대한 논의가 선행되어야 하고, 이를 위해서는 신체에 대한 이해가 필요하다고 본다. 이에 한 걸음 더 나아가 공간적 삶의 존재 기반을 성찰해 보는 철학적 의미를 담고 있다. 도덕적이고 실존적인 문제가 포함되는 공간이야말로 인간적 삶의 공간인 것이다.

인간 생활의 공간성을 해석하기 시작한 공간적 전환spatial turn 이후 지리학 내에서 평원과 산맥, 숲에 대한 원체험을 통해 '삶의 테두리'라는 인식이 성립하였으며 지평, 경계, 주변 등의 개념을 부각시켰을 뿐만 아니라 현대 생활의 여러 측면을 '지도화'하였다. 우리는 공간이 연상시키는 신체 개념과 공간적 상상력 개념을 매개로, 사회성의 공간적 차원에 주목하고 새로운 공간론을 구성할 수 있을 것이다. 예컨대 특정 도시 공간 속의 스카이라인, 거리와 골목길, 건축물과 상점, 아파트와 인근 재래시장 그리고 그 공간에서 느낄 수 있는 수많은 자극과 소음, 색깔과 움직임, 특정한 분위기와 흔적들, 예기치 않은 타자들과의 만남 등으로 구성되는 공간의 권력효과, 그곳에서 살았던 사람들이 공유했던 기억과 체취, 오감을 자극하여 움직이게 만들고 변형시키는 그런 공간, 시각만이 아니라 촉각이 중심이 되는 동적인 공간, 한마디로 '살아 있는 공간'에 대한 탐구가 필요하다.

얼마 전까지만 해도 도시재개발 사업은 주로 경제 활성화를 위한 물리적 구조물의 개선에 초점을 맞추었다. 요즘 등장하고 있는 창조도시 혹은 문화도시 사업 등은 공동체와 인간성 회복을 위한 통합적 도시재생에 주목하게 한다. 더 쾌적한 주거, 편리한 교통, 우수한 교육의 기회, 그리고 문화적 일상의 확대 등 재도시화의 과정이 여러 지역에서 시차를 두고 지속 반복되고 있다. 그런데 외양적으로 쾌적한 도시 환경을 조성하는 과정에는 부동산의 욕망이 꿈틀거리고 있다. 이 욕망의 위선적 껍데기를 걷어 내고 인간적 삶의 공간을 탐색할 때가 되었다.

녹록지 않은 환경에서도 삶을 가꾸는 공간을 창안해야 한다. 그것은 생태학적으로 구성된 인간적 규모의 공간이라는 조건이 전제되어야 한다. 인간적 규모의 공간은 삶의 문화적 경험이 발생하는 생활 터전으로서 인간과 공간의 관계를 문제시하며 인간의 구체적인 삶에 열려 있는 공간을 뜻한다. 과거에는 물질적 풍요가 삶의 목표로 인식되었지만 이제는 인간다운 삶, 자연과 공존하는 삶을 추구하는 사회로 전환되어 있다. 본질적인 삶을 위해 우선 우리가 할 수 있는 일은 상징 세계적 삶이 지닌 은현하고도 심원한 면을 관조하고 그 의미를 돌이켜 보는 일일 것이다. 현실적 삶의 조건인 교육, 사회복지, 주택, 환경 등 생활상의 이슈는 당연히 문화민주주의의 원리에 따라 제도화해야 한다. 그런데 그 공간은 국가와 자본의 힘에 의해 조직화되고 변형되는 공간이기도 하다. 하버마스가 지적한 바 있듯이 국가에 의해 점차 관료화되고 자본에 의해 더욱 조직화되는, 즉 생활세계의 식민화가 일어나는 공간인 것이다. 그럼에도 불구하고 삶의 양식으로서 인간적 삶의 공간은 자아실현의 과정으로부터 기획되어야 한다. 매일매일의 일상세계에서 구체적으로 드러나는 많은 모순과 갈등을 당사자로서 스스로 해결해 나가고, 그 존재성을 회복해야 한다.

물론 그것은 우리가 행복하게 살기 위해서이다. 자본주의적 전 지구화로 인해 발생한 공간의 균질화에 대항하여 '지금·여기'의 가치를 재인식하고 공간적 정체성과 일상을 상호적으로 생산하는 삶의 현장에 가까이 가고자 한다. 그리하여 공간적 삶에 대하여 인간의 존재론적 위상과 사회의 위기를 조망하고 윤리 정치적 담론을 삶의 현장과 결합시킴으로써 성찰적 삶의 가능성을 보여 주려고 한다. 시민들이 살기 좋은 도시를 꿈꾼다면 이제는 인간 삶의 공간성에 주목함으로써 온갖 타자성이 얽혀 있는 아래로부터의 시선을 구축하고 이 시선에 따라 공간적 전환에 따른 삶의 현장성과 정치를 공적 공간을 매개로 제안하고자 한다.

  이 책은 졸저 『전체 안의 전체 사고 속의 사고』에서 가다듬은 존재론적 문제 설정에 어느 정도는 기반을 두고 있다. 지금까지 그래 왔듯이 이 작업 역시 학습 노트에 불과하다. 희로애락을 같이 겪는 동료들의 배려 속에 문화예술교육, 마을교육공동체, 사회적 경제 등 삶의 정치적 의제들을 현장에서 접하면서 스스로가 느낀 부족한 점을 이 책을 쓰면서 메워 나갔다. 마을살이를 꿈꾸는 동네 지식인으로서 마음만 앞서고 재주와 능력이 그것을 따르기에는 역부족이라는 것을 알기에 이제 학습 경험을 겸허히 나누고자 한다. 매번 졸고의 출판을 기꺼이 허락해 주신 도서출판 살림터 정광일 님에게 심심한 감사의 말씀을 전한다.

2019년 11월 석바위에서
현광일

| 차례 |

1

들어가며

인간 삶의 공간성

우리는 대개 전화 통화를 할 때 상대방에게 이렇게 묻는다. "지금 어디야?" 정말로 그 사람이 어디에 있는지 궁금해서 물을 수도 있겠으나 습관적으로 묻는 경우가 더 많다. 그 사람이 어딘가에 머물고 있는 그 공간을 앎으로써 어떤 행동을 하고 있을지 짐작할 수 있기 때문이다. 책을 보고 있다면 도서관에 있을 것이고 술집에 있다면 술을 마시고 있듯이, 인간의 행동은 대체로 그 공간이 허락하는 범주에서 영위되고 있다. 삶이 어떻게 이루어지는가에 대한 이해는 관념적이고 논리적인 문제가 아니다. 오히려 우리 몸이 지금 어디에 위치하고 있는가와 밀접한 관련이 있다.

공간은 인간 삶의 조건

길 위에서는 사람들이 자신의 몸으로 움직이고 행동한다. 걷기도 하고 자전거, 자동차 등을 타고 움직이기도 한다. 그러나 조금 더 자세히 보면, 사람이 그렇게 움직이는 게 전부가 아니다. 사람들은 물건을 사고, 음악을 듣고, 어디선가 식사를 하면서 움직인다. 이런 움직임에는 문화도 포함되어 있고, 날씨가 맑다든지 비가 온다든지 바람이 분다든지 하는 기상 조건도 들어가 있으며, 지하철이나 가로수 밑이나 돌담길 옆 같은 물적 요소들도 함께하고 있다. 이런 여러 차원이 겹침으로써 인간적 삶의 공간이 구성되는 것이다. 공간은 우리 자신의 삶을 보여 주는 거울이라고 할 수 있다. 공간을 들여다보면 이곳을 스쳐 간 지난 세월이 그대로 드러난다. 그 세월 속에는 최소한의 공간에 삶을 의지하며 살아남기 위해 몸부림친 주변부 인생의 질곡의 역사가 담겨 있다.

동물도 자신의 본능적 욕구를 해소하기 위해 충동적인 움직임으로 주위를 확보하려 한다. 주위를 확보하려는 투쟁이야말로 생 자체의 본질적 성격이다. 이것은 우리가 통속적으로 이해하는 자기보존과 다르지 않다. 동물의 모든 행동을 가능하게 하는 주위와의 관계야말로 유기적 전체성이 근거하는 바탕이다. 동물은 단지 자기보존을 위해 주변에 적응하는 것이 아니라 오히려 자신의 주변에서 자신의 욕구를 해소할 수 있는 주위를 확보하고자 투쟁한다. 동물들은 서로 자신의 주위를 확보하려는 긴장 관계에 있다. 자연에는 주위를 확보하고자 하는 긴장감 넘치는 투쟁이 전개되고 있다.

우리의 삶치고 공간과 관련되지 않은 것이 없다. 우리는 공간 속에서 살고 행동하며, 우리의 개인적인 삶은 물론이고 인류의 집단적 삶도 공간 속에서 이루어진다. 주위를 확보하고자 하는 동물의 삶도 공간적이라 할 수 있지만, 사람은 동물과 달리 의지, 지식, 지혜를 가지고 공간을 읽고 해석하며 세계를 창조한다. 그래서 집은 인간의 생활, 문화, 생산과 전면적으로 관계를 맺고 있다. 사람에게 공간은 주어지거나 본능적으로 추구하는 것이 아니라 의도와 전망을 가지고 조성하는 것이다.

마르쿠스 슈뢰르Markus Schroer는 공간의 어원적 의미가 "단순히 땅과 평원을 의미하는 것"은 아니고, 설사 지리적 공간이라 하더라도 "공간은 이미 존재하는 것이 아니라 인간의 활동을 통해서만 비로소 생겨나는 것"이라고 풀이한다. 그 뜻이 설명해 주는 공간은 원래 존재하고 있는 공간, 즉 언제나 주어져 있는 강, 하늘, 산, 나무 등과 같이 천연적으로 만들어진 자연적 공간과는 절대 연관되는 것이 아니다. 보성 차밭은 경사지에 조성한 밭이다. 엄밀히 말하면 차밭은 있는 그대로의 자연이 아니다. 경사진 지형을 효율적으로 이용하여 차를 따는 사람이 신속하게 일할 수 있도록 적당한 간격과 높이를 계산한 결과다. 그렇다고 해서 이 차밭이 기능과 효율 위주로 만들어진 것이라고 비난할 수는 없다. 오히려 그렇게 함으로써 자연에 가까운 독특한 풍경을 만들어 내고 있기 때문이다. 차밭의 경우 대지의 조건을 고려하여 주변의 지형이나 공간이 재발견되고 이로써 구체적인 장소의 고유성을 결정한 것이다.

동굴이든 움막이든 태초의 인간에게도 머물러 사는 곳은 있었다. 인류의 역사를 관통하며 변치 않는 것 중 하나는 인간이 거주한다는 행위다. 거주한다는 것은 단순한 영양 공급이나 안전 그리고 생식과 같은 종의 지속을 위한 것만은 아니다. 동물에게 땅 위의 서식지는 물리적 생존과 생물 진화 메커니즘에의 적응과 관련되지만, 사람에게 땅은 특별한 존재로서 당연히 거주할 수 있는 땅이 있어야 한다. 땅을 경작하여 음식을 생산하고 그 음식을 공유하는 사회적 실천 역시 사람의 거주에 꼭 필요하다.

삶의 거처에 대한 요구가 인간 생존의 근본적인 요구이고, 또 그 요구에는 어떤 공간적 구성의 원형이 들어 있다. 이런 개념 생성의 토대는 거주 장소를 얻기 위한 황무지 개간과 계발 행위이며, 결국 공간은 이를 통해 '획득한 거주 장소 자체'를 나타낸다. 슈뢰르의 말에서 추론

할 수 있는 점은, 공간이 거주와 직접적으로 연결되고 있다는 것이다. 인간은 태어나서 죽음에 이를 때까지 거처를 만들고 타인과 의사소통을 하며 복잡한 사회적 관계를 만들어 가면서 다양한 공간을 형성한다. 따라서 거주(자)는 지속적인 분리와 추방 가운데서도 일상 삶의 유지와 관련되는 집단, 관계, 노동, 문화 등과의 생성적 연계라는 발생적 의의와 완전히 절연될 수 없다.

그런데 도시의 공간적 구성이 사람들의 삶을 품어 주는 거처의 기능을 하지 못한다는 가슴 아픈 일례가 있다. 2014년 2월, 송파 반지하 집에서 사는 세 모녀가 스스로 목숨을 끊었다는 소식이 전해져 온 국민의 마음을 아프게 했다. 장애가 있는 딸을 포함해 두 딸이 어머니와 근근이 살아갔는데, 어머니마저 다치는 바람에 도저히 생활을 이어 갈 수 없는 지경에 처하게 되자 이들은 집세와 공과금을 담은 봉투를 집주인에게 남기고 자살했다.

사회학자들은 이 사건을 접하면서 달동네의 재개발을 문제 삼는 해석을 내놓는다. 그 사건은 이렇게 해석하기도 했다. "세 모녀는 이전에 달동네에서 살았는지 모른다. 달동네에서 계속 살았다면 아마 자살이라는 극단적 선택은 하지 않았을 것이다. 왜냐하면 달동네 사람들은 서로를 잘 알고, 어려운 사정에 처하면 알아채고 도와주기 때문이다. 달동네가 재개발되면서 도시의 빈민들이 뿔뿔이 흩어져서 주택가 반지하 방에서 고립되어 살아가다 보니까 이런 비극이 벌어진 것이다. 달동네 재개발은 빈민들의 공동체를 와해시킨다는 점에서도 문제가 있다."

그런 방식의 재개발은 도시 환경을 말쑥하게 정비하는 것처럼 보이지만, 그 속내를 들여다보면 생존의 관계망을 파괴할 뿐만 아니라 도시에 있던 원래의 다양성과 활력에 큰 충격과 손상을 입힌다. 실핏줄 같은 골목들이 모두 지워지고, 넓은 길과 주차장, 공원이 만들어진다. 좁은 길이 넓어지고, 주차 공간과 휴식 공간이 확보되어 얼핏 환경이 개선된 것처럼 보일 수도 있으나 꼭 그런 것만은 아니다.

인간 삶의 조건이라는 관점에서 특히 중요한 것은 이 공간이 실존적이라는 점, 또는 메를로퐁티가 강조하는 바로는 인간의 실존이 공간적이라는 점이다. 가령 혼자 살더라도 실내 공간을 개성적으로 꾸며 나다움의 존재감을 지니고 싶어 한다. 직장을 중심으로 생활하는 사람은 동심원적 삶을 사는 사람이다. 매일 회사에 가고, 그 일터를 중심으로 자신의 행동 영역을 확대한다. 흥미로운 것은 직장인의 동심원적 삶을 구성하는 것들이 모두 장소이고 건물이며 시설이라는 점이다. 그러나 회사를 그만두고 나면 그 동심원적 구조는 모두 사라져 버린다. 지금 여기에 형성된 공간은 그런 점에서 나의 존재적 삶 그 자체인 셈이다.

인간 삶의 공간성 문제는, 다른 말로 표현하자면 공간에 대한 인간의 관계이다. 공간은 그만큼 우리의 실존적 삶 그 자체이지만, 오늘날의 삶은 더욱 '공간화spatialized'되고 있다. 공간은 먼 곳에 있는 것이 아니라 나의 주변에서부터 생성되고 의미를 갖는다. 일상적 활동과 행위가 일어나는 공간에는 건축공간, 주거공간, 생활공간 등이 그러하다. 일상적 삶은 공간이나 장소에서 이루어지므로 공간, 장소와 삶은 불가분의 관계를 맺고 있다. 이렇듯 공간을 소거한 상태에서 삶을 이야기하는 것이 불가능함에도 불구하고, 공간이란 늘 그 자리에 있는 것이기에 그 중요성을 잊고 산다.

경험의 공간과 공간의 근원성

우리는 내 방, 내 집, 내 사무실 같은 '개인 공간private space'에서도 생활하지만, 하루 중 많은 시간을 도시의 '공공 공간public space'에서 보낸다.[1] 그리고 아파트 단지나 골목길처럼 이웃들과 함께 사용하는 '공유 공간communal space'에서 시간을 보내기도 한다. 어쩌면 개인 공간에서 보내는 시간보다 더 많은 시간을 공공 공간과 공유 공간에서 보내고 있는지도 모른다. 내 삶이 편안하려면 내 집이 편안해야 하는 것처럼 마을과 도시도 편안해야 한다. 걷고 쉬고 일하는 데 불편하지 않아야 한다. 인간의 감정과 행동에 영향을 미치는 거주지의 환경을 만드는 일은 아주 오래전부터 시작되었다.

사람들은 끊임없이 삶의 공간 구성을 달리해 보려고 노력한다. 그것은 아마 사람이 공간을 만들고 공간이 사람을 만들기 때문일 것이다. 최근 아파트의 공간 배치는 많은 변화를 보이고 있다. 안방 중심의 배치가 아니라 주방 중심의 배치로 바뀌고 있다. 이는 가사를 여성에게만 부담 지우지 않고 가족 구성원 모두가 분담할 수 있도록 한 배치이다. 시간과 공간은 서로 맞물려 존재를 규정하는 것이지만 존재가 가

---

1. 광장이나 도로, 수변 공간, 공원, 옥외 주차장, 공개 공지 등 정부나 지자체가 소유하고 관리하는 곳으로 공공의 이익에 부합하는 목적을 가진 공간을 공공 공간이라고 한다. 유지의 책임이 집합적으로 존재할 때 이를 '공공적'이라고 한다. 따라서 언제라도 모든 이에게 열려 있다. 이와 달리 '사적'이라 함은 개인이나 몇몇 사람만 접근할 수 있고 그들에게 유지의 책임이 있는 것을 말한다. 개인이 소유하고 관리하는 건축물 등의 사유재산은 사유 공간이다. '공적(public)', '사적(private)'이라는 말은 건축의 사회적 관계를 이해하고 연결하는 중요한 개념이다. 남에게 드러나며 남과 함께하는 삶이 있을 경우 이를 '공적'이라고 하고, 남을 피해서 홀로 또는 가까운 가족과 함께 사는 경우라면 이를 '사적'이라고 한다. 명동 한복판에 있는 카페에 앉아서 길을 내다볼 때, 바라보고 있는 이 자리는 길에 비해서 '사적'이고, 많은 사람이 지나다니는 길은 지금 앉아 있는 이 자리보다 '공적'이다. 이처럼 '공적'과 '사적'은 서로 상대적인 개념이다. 백화점은 소유주가 따로 있고 고객들도 사적으로 물건을 사러 가는 곳이라는 점에서 사적인 공간이지만, 다수가 찾는 시장이고 적극적으로 고객들을 불러 모으는 곳이므로 배타적인 공간은 아니다. 사람이 사용하고 생활하는 모든 공간은 '사적·공적'인 관계에 있다. 사회적 공간은 이러한 '사적·공적'인 관계로 이루어진다. 김광현(2018), 『건축이 우리에게 가르쳐 주는 것들』, 뜨인돌, 224~229쪽 참고.

시적으로 드러나는 것은 시간보다 공간의 형상을 통해서다. 사람은 살면서 다양한 삶의 관계와 질서를 만들어 가는데, 이 모두는 공간의 형성을 통해 이루어진다.

지금까지 우리는 이 같은 공간을 제대로 조명하지 못해 왔다. 개인으로 분화하고 이동이 잦은 현대적 생활방식에서 학교라든지 병원, 사무소, 상업 시설, 공원, 가로에서 이루어지는 생활은 한곳에 정착하기 어려운 핵가족 형태의 임시 주거를 위한 부대시설에 불과했다. 일상의 매 순간이 공간의 만듦과 해체를 끝없이 반복하는 과정이다 보니 공간을 따로 떼어 그 의미를 새겨 보기가 그리 쉽지 않았다.

그런 점에서 공간과 신체의 연관에 주목한 메를로퐁티의 논의는 상당한 시사점을 던진다. 여기란 공간에 내 몸뚱이가 실제 위치하면서 비로소 나의 존재가 자각되고 타자에 의해 인지된다. 예컨대 우리가 다니는 길, 골목과 막다른 길, 도로와 건축공간 등 우리가 사는 생활공간과 행동공간은 우리의 신체에 의해 생생하게 경험되는 공간이다. 살아 있는 피조물들이 공간 '안'에서 자신을 발견하는 방식, 곧 그들이 자신의 신체와의 관계 속에서 그리고 다른 신체들과의 관계 속에서 자신을 발견하는 방식을 이해할 필요가 있다.

예컨대 고딕 대성당은 너무 크고 울림이 심해서 제대祭臺에서 하는 말이 분명하게 전달되지 않는다. 미사 때는 일반 신자들이 읽을 줄도 들을 줄도 모르는 라틴어로 말했을 것이니 더더욱 그랬을 것이다. 그런데도 그들은 뜨거운 신앙심을 가졌고, 성당에 들어와 드리는 미사에 감격했다. 그것은 바로 고딕 양식의 건축공간 효과라고 볼 수 있다. 그것은 공간과 그 안에 위치한 다른 피조물들의 관계를 포함하는 관점에서 공간의 개념을 고려하는 것이다.

고딕 건축은 수직성을 강조함으로써 '천상에 대한 동경'을 실현했다고 한다. 그것을 가능하게 한 것은 벽이 아니라 '기둥과 들보'로 구조를 지탱하는 공법이었다. 그 덕분에 천상에 대한 동경을 실현할 수 있었을 뿐만 아니라 기둥과 기둥 사이의 벽을 제거할 수 있었다. 성당 내부의 구조는 세속적인 고통을 초월할 수단을 제공한다. 벽면은 커다랗고 개방적인 창으로 전환되고 색채가 풍부한 화상畫像을 끼워 넣은 스테인드글라스로 장식되었다. 교회는 로마네스크의 어둑어둑한 공간에서 스테인드글라스를 통해 흘러 들어오는 천상의 빛을 다채롭게 연출하는 공간으로 변모한 것이다. 지금도 파리 노트르담 성당 안에 들어가면, 자연스럽게 천장으로 눈길이 간다고 한다. 사회학자 리처드 세넷Richard Sennett은 이러한 체험을 천국으로 가는 여정에 비유했다.

중세의 고딕 대성당은 교회당이면서 공회당이었다. 그곳은 모든 도시민이 모이는 곳이었고, 어떤 때는 법정으로도 이용되었고, 때로는 연극이나 음악이 공연되는 공간이기도 했다. 즉, 국가의 권위를 나타내는 건물이면서 도시의 거점이었다. 가령 아미앵 대성당Amiens Cathedral은 도시 어디에서나 바라볼 수 있었고, 당시 아미앵에 살고 있던 약 10,000명의 시민 모두가 들어갈 수 있게 만들어졌다. 크기만 놓고 보면 위압적인 것 같지만 실제로는 생활의 정신적 중심이다. 이는 우리가 공간을 물리적 확장이나 위치의 견지에서 검토해야 할 뿐 아니라 인지할 수 있는 객체들이 존재할 수 있는 하나의 공간으로서, 움직임이나 활동의 공간으로서 보이는 그대로의 공간을 검토해야 한다는 의미이다.

우리에게 지역, 장소, 도시의 이해는 생활의 토대를 이루는 공간적 근거의 바탕을 제공하며 그것을 배경으로 사람들은 일상적인 상호작용을 하며 자기 정체성을 형성해 간다. "내가 사는 이곳의 의미는 무엇인가? 이곳의 문제는 무엇이며 나의 정체성의 확립을 위한 이곳에서의 행위는 어떤 것이어야 하는가?" 이곳의 정체성에 대한 물음은 당연하게도 생활세계에 대해 실존적이고 자기 성찰의 출발점이 된다. 곧 존재는 자신을 둘러싸고 있는 환경 속에서 자신을 규정한다. 자신의 내부 속으로 침잠하지 않고, 자신을 둘러싸고 있는 환경, 즉 공간과의 관계 맺기를 통해 자신을 형성하고 규정한다.

인간에게 공간은 개체만 들어 있는 실존적 공간일 뿐만 아니라 거시적이고 제도적인 공간이 중층으로 포개져 있는 연속적인 공간이다. 상이한 수준의 공간은 상이한 물적 요소로 구성되고 상이한 의미와 상징으로 각인되어 있다. 세부적으로 보면 건축과 관련된 대지만 놓고 보더라도 땅의 크기도 있고 그와 관련된 도시 계획적 조건, 경제적 가치, 날씨와 기후, 지질 문제, 공법과 예산, 이웃 주민 간의 갈등 여부, 조형이 주변에 미치는 영향, 조망, 대지 안에 있을지 모르는 역사적 유산 등 정말로 많은 조건이 서로 관련하고 있다. 말하자면 사람은 공간을 형성하기도 하지만 동시에 공간의 제약을 받으면서 나날을 보낸다. 그러한 만큼 공간은 근원적이다. '근원'이란 변하지 않는 것, 또는 변하기 어려운 것, 불변의 가치와 원칙 같은 것이다. 인간이라면 응당 가지고 있는 실존적 가치, 공동체가 지녀야 할 사회 역사적 가치, 오래 지속되어야 할 환경의 가치, 땅이 지닌 변할 수 없는 가치, 중력과 토양과 바람과 물의 흐름에 관계하는 불변의 원칙들, 사람이 공간을 통해서 얻고자 하는 것들이 이에 해당된다.

서울의 북촌은 삶과 건축의 연관 관계를 통해서 공간의 근원성을 생각하게 하는 좋은 사례이다. 북촌은 서울의 경복궁과 창덕궁 사이의 주거지역을 말한다. 서울의 북촌길을 따라 올라가면 완만한 골목과 나지막한 집, 몸으로 전해지는 투박한 담벼락의 질감이 삭막한 콘크리트 도시에서 그나마 오아시스처럼 다가온다. 이곳을 방문한 사람들은 권세 있는 양반들이 살았다는 북촌의 명성과는 달리 소박한 한옥의 모습에 의아해할 수 있다. 이 지역은 약간 경사가 져 있는 지형이라서 배수가 좋은 곳이다. 하수도 시설이 제대로 되어 있지 않았던 조선 시대에는 좋은 주거지였다.

사대부의 집터였던 이곳의 집들은 일제 초창기인 1920년대까지는 별다른 변화가 없었다. 하지만 1930년대에 서울의 행정 경계가 확장되면서 도시는 새롭게 변모하게 된다. 북촌의 양반 가옥들은 사라지고 작은 규모의 한옥들이 집단으로 건설되기 시작한 것이다. 개발업자인 당시의 목수들이 도시형 집단 한옥으로 지었다. 일각에서는 일제에 의해 계획된 것이라고 해서 북촌의 변형을 비판하지만, 북촌 한옥은 전통적인 한옥 양식을 간직하고 있다는 점에서 높이 평가받고 있다.

그런 북촌의 한옥 보존과 재생의 경우를 생각해 보자. 2000년 들어서 정부는 이 지역을 한옥 보존 지구로 지정하여 한옥을 철거하지 못하게 한다. 한옥 살리기를 통해 재생된 한옥의 외형은 더 수려해지지만, 한옥에 담긴 전통 주거 방식, 즉 길과 마당을 통한 공간과 생활의 확장이나 길과 집의 관계를 통한 마을이나 공동체의 가능성은 사라진 지 오래다. 한옥의 보존으로 마당은 있지만 열린 마당이 아니라 닫힌 마당만 있을 뿐이다. 원래 우리네 전통 마당은 안이면서 바깥이다. 마당이 내부인 것은 낮지만 울타리가 있기 때문이다. 그러나 마당은 외부이다. 그것은 막힘 없는 하늘 쪽으로 마당이 '무한히' 열려 있기 때문이다.

한편 울타리의 어원은 "울"이라고 한다. 울은 확대하여 "우리"(공동체)로 발전한 것이다. 이것은 내부 외부의 명확한 구분보다 "울"의 존재로 중간영역을 갖는다. 이 중간영역은 내부 외부에 속하기도 하고 속하지 않기도 한다. 이러한 상반된 영역이 존재하는 것이 바로 마당이다. 마당은 인간의 땅이면서 우주의 땅이다. 이러한 의미에서 공간의 깊이는 무한하다. 그리고 이 무한한 깊이는 철학적, 시적 또는 형이상학적 의미도 포함한다.

마당은 우리에게 안온감과 개방감을 동시에 가져다준다. 북촌 한옥에서 보았듯이 삶의 거처를 마련하는 것이 공간의 작업이고, 이 작업의 수행에 공간적 존재로서의 인간의 개체적이고 집단적인 삶의 행복과 자기실현이 달려 있다고 한다면, 우리는 이 복합적인 공간을 고려해야 한다. 그러나 북촌의 한옥 마당은 공간의 근원성을 이미 상실했다. 담장 역시 전통적인 담장으로 개보수했지만 담장을 넘나드는 길과 집의 관계는 이미 막혀 있는지 오래다.

건축과 거주

독일어의 공간raum이라는 명사의 어원적 의미는 "자리를 만들어 내다, 비워 자유로운 공간을 만들다, 떠나다, 치우다" 등의 여러 가지를 의미하는 '로이멘räumen'에서 왔다. 로이멘은 "하나의 공간, 다시 말해 경작이나 이주할 목적으로 숲속의 빈터를 만들다"를 뜻한다. 인간의 삶이 이루어지기 위한 필수조건은 어디엔가 정착하는 것이다. 그리고 정착은 무엇인가를 지음으로써 이루어진다. 그것은 '삶은 어디에, 무엇을 지으며, 영위되어야 하는가'의 문제로 다가온다. 그것은 공간과 건축의 문제는 삶과의 관련 속에서 성찰되어야 함을 의미한다. 건축함의 본질은 거주하게 함이다. 독일의 건축가 마이어 보헤Walter Meyer-Bohe는 "겨울이 따뜻하지 않고 여름에 시원하지 않으며 어느 계절에나 잘 적응하지 못하는 집은 집이 아니다"라고 말했다. 즉 인간 존재와 공간의 근원적 관계를 거주로 파악하는 것이다.

하이데거M. Heidegger는 "건축함은 본래 거주함이고, 거주함은 인간이 이 땅 위에 존재하는 방식이다"라고 하였으며, 또한 "거주함은 울타리로 둘러싼 채 머물러 (또는 체류하고) 있음을 의미하며 거주함의 근본 특성은 보살핌이다"라고 하였다. 그래서 인간 생활의 기본 요소인 의식주衣食住 중에서 '주住'는 인간으로 하여금 안정된 생활을 가능하게 하는 중요한 요소다. 건축은 삶을 담는 그릇이라고도 한다. 인간이 거주하는 집이나 가정은 비바람을 막는 등 우리의 안락한 삶을 확보하기 위한 한갓 숙소나 머무는 곳이 아니다. 식사·독서·수면·놀이·사랑·만남 등의 일상이 이루어지는 삶의 공간이다.

거주는 주로 사람과 장소 간의 총체적인 관계를 가리킨다. 인간은 거주 공간을 만들고, 그 안에 체류하면서 공간과의 관계를 맺으며 살아가는 '거주하는 존재'이다. 마을을 이루고 함께 살아가는 이들이 기대어 사는 건축물이 그 공동체의 원점이 되기도 한다. 중국 구이저우성貴州省에는 쩡충增冲이라는 아주 작은 마을이 있다. 이곳에서는 북을 높이 매단 고루鼓樓 건물 여러 개가 마을의 중심이 된다. 그중에는 13층에 높이가 25미터가 되는 것도 있다. 특이한 것은, 주택을 먼저 짓고 그 안쪽에 고루를 세운 것이 아니라 600년 전부터 고루를 세운 다음에 주택이 그것을 둘러싸며 지어졌다는 점이다.

건축이 존재하는 이유는 인간 공동의 생활을 지탱하기 위한 것이다. 공간은 인간 공동의 생활에 규칙으로 작용하며 건축은 일상의 생활을 지탱하는 공통의 언어이다. 그리하여 주민들은 씨족사회를 강화하기 위해 몇 번이고 고루를 고쳐 지었다. 옛날에는 긴급한 일이 벌어졌을 때 마을 사람들을 모으기 위해 쓰였으나 이제는 모이는 장소, 마을공동체의 다목적 집회 장소, 광장, 무대 등으로 쓰인다. 고루 주변에서 세탁도 하고 머리도 감을 만큼 활기에 찬 커뮤니티 센터이고, 때로는 토론하거나 권력을 행사하는 장으로 쓰인다. 고루 건물의 시작에서 보았듯이 인간적인 방식으로 존재한다는 것은 거주하는 것이다. 그 장소 위에 우리의 몸과 마음과 삶의 전체가 깃들인다. 그런 장소들의 공간들을 짜 맞춤으로써 거주할 능력이 있을 때에만 건축할 수 있다.

사실 건축은 자연 속에서 생존을 확보하기 위한 문명 방식의 한 가지로 시작되었다. 인간은 자연에서 나왔지만 자연 상태에서 살기를 거부하고 인간만의 문명을 일구기 시작했다. 인간은 거친 자연 속에서—우주를 배회하는 소행성의 충돌이나, 화산 폭발이나, 미지의 박테리아 또는 신종 바이러스의 출현만큼이나 우연하고 임의적인 힘들에 의해 일어나는 사건들로부터 살아남기 위한 생존조건을 스스로 설정하여 세웠다.

자연과의 관계에서 당혹스러운 처지에 놓인 인류는 건축을 통해 논리적이고 질서정연하고 유의미한 해답을 선택할 수 있다. 질서와 무질서의 대비를 형상화한 건축은 인간이 자기의 존재를 증명하고 지적 능력을 발휘했다는 확실한 증거인 것이다. 건축의 실존적 목적은 대상지를 장소로 만드는 것이며, 주어진 환경에 잠재적으로 나타나는 의미들을 드러나게 하는 것이다. 건축은 이것을 만족시키기 위하여 시작된 문명 방식이다.

인류 초창기의 건축은 자연현상과 풍경, 그리고 인간의 눈에 보이는 천체의 운동과 계절의 변화에 관여하고 소통하려는 노력의 일환이었다. 건축에는 날씨와 빛을 변화시키는 힘이 있다. 그것은 건축의 고유한 힘이다. 미국 뉴멕시코주의 푸에블로 인디언인 주니족들은 공간을 일곱 개—동서남북, 위의 세계, 아래의 세계 그리고 중앙으로 나눈다. 이렇게 나눈 구역들에는 자연의 요소, 즉 북쪽은 공기, 남쪽은 불, 동쪽은 땅, 서쪽은 물뿐만 아니라 계절과 색깔이 부가된다.

북쪽은 겨울의 고향으로, 남쪽은 여름의 고향으로 여겨진다. 동쪽은 가을, 서쪽은 봄의 고향이다. 붉은색은 남쪽을, 흰색은 동쪽을 나타낸다. 위의 지역은 다색으로 나타나며, 아래 세계는 검은색으로 나타낸다. 중앙을 모든 지역의 대표로서 대립하고 있는 서로 다른 여러 지역을 함께 모은다. 주니족에게 일곱 개로 구성된 체계는 그들의 생활방식을 규정한다. 이와 같은 상징 형식의 장소는 삶의 방향을 제시하기 위한 도식으로 기능한다.

이렇게 인간이 지은 인위적 거주지나 마을은 우연한 정착의 결과가 아니라 그가 터하고 있는 풍경에 대한 이해와 그로부터 열리는 실존적 상황을 드러내는 것이다. 즉, 인간이 정착지를 선택하는 것은 인간의 자의에 따른 것이 아니라 풍경이 그를 초대할 때이다. 이는 다시 말해 단 하나의 '시점'으로 풍경을 바라보면서 그 속의 조화와 다채로움을 관망하고 전체적인 구성을 음미하는 것이다. 더 세심한 지각을 지녔다면 그 밑에 감춰져 있는 기하학적인 면모까지 알아챌 수도 있을 것이다. 즉 인간은 서식지를 찾는 것이 아니라 거주지를 찾는 것이다. 거주는 생존 현상이 아니라 실존 현상이며, 이러한 실존 현상으로서의 거주는 존재의 문제와 관련되었다.

사람들은 거주하기 위해서 빈 공간에 건축물을 짓고, 건축물들—발전소, 다리, 도로, 비행장, 공장, 시장, 주택—에 의해서 장소가 생기고, 이 장소는 사방의 공간을 허용함으로써 대지·하늘 등 다른 지역들로부터 자연물과 인공물을 수용하는 사방의 공간을 설립한다. 하이데거 식으로 표현하면, 거주지를 짓는다는 것은 인간에게 말을 걸어오는 존재의 의미를 모아 어떤 형태로 응결시키는 것이다. 진정성 있는 거주는 이러한 모음에 기초하여 이루어진다. 하이데거는 그리스 신전을 하늘과 대지 그리고 인간과 신을 모으는 장소로 본다. 이렇게 보면 공간은 사물 사이에 존재하는 곳이기도 하다. 신전은 대낮의 태양과 하늘의 광활함 그리고 밤의 어두움을 비로소 드러낸다. 신전은 그렇게 우뚝 서 있으면서 공중의 보이지 않는 공간을 드러내고, 주위의 산천초목과 독수리와 황소, 뱀과 귀뚜라미를 그 자체로서 드러낸다.

물론 이런 경우 빈 공간이라는 개념은 조금 퇴색한다. 하이데거는 "인간과 공간에 대해서 말하면, 마치 인간은 한쪽에 서 있고 공간은 다른 한쪽에 서 있기라도 하듯이 그렇게 들린다. 그러나 공간은 인간에게 마주 서 있는 상대가 아니다. 공간은 외적인 대상도 아니요 내적인 체험도 아니다. 인간이 있고 그리고 그 바깥에 공간이 존재하는 것이 아니다"라고 했다. 사물은 많든 적든 공간을 만들어 준다.

거주함의 공간을 위한 건축함과 사유함이 기하학과 수학에서 말하는 절대공간의 유래이고, 그래서 거주하기 위한 공간이 공간의 본질이 된다. 다시 말해 하이데거는 상대적 공간이 절대적인 공간의 유래·본질이라고 생각한다. 릴케의 글에서 행복한 경험을 잘 드러내는 이런 표현이 있다. "마치 사물들이 한곳으로 모여 공간을 만들어 주는 듯했다." 이 예문에서 공간은 구체적인 것, 상황에 제약을 받는 것이다. 우리가 일종의 비유로 어떤 상황을 답답하게 느낄 때, 그 이면에는 역시 활동 공간의 부족이라는 본래 의미가 숨어 있다.

하이데거는 인간 활동에서 창조되는 상대적 공간 개념으로 공간을 정의하고 있다. 하이데거의 공간은 한계라기보다 그것이 에워싸는 그 무엇에 대한 창조이며, 아는 것knowing보다는 하는 것doing에 더 가깝고, '이것은 얼마나 정확한가?'라는 문제라기보다는 '내가 그것을 할 경우 어떤 일이 일어날까?'와 관련이 있다. 일단 그는 공간의 옛 의미를 통해서 "공간이란 취락과 숙박을 위해 비워진 자리"라고 말함으로써 거주 개념을 통하여 근본적인 공간 감각의 변화를 표현한다. 거주한다는 것은 공간 속에 고정된 자리를 갖는 것, 그 자리에 속하는 것, 그 안에서 뿌리를 내리는 것이며, 인간은 자신의 세계에서 거주하는 방식을 배워야 한다는 것이다.

거주와 실존

지구상에는 수많은 종류의 거처가 있다. 거처 없이, 집 없이 삶은 이루어질 수 없다. 집은 인간의 거주하는 행위가 이루어지는 기본적인 장소이다. 기와나 짚으로 만들어졌든, 콘크리트나 유리로 만들어졌든 인간은 그곳에서 머물고 체류하면서 보호받으며 살아왔다. 거주는 공간을 물리적으로 점유하는 것에 근거한다. 우리가 지상에 거주하려면 집을 비롯하여 교량이나 공장 등 갖가지 건물을 지어야 한다. 인간은 거주할 수 있는 존재이기에 거주할 공간을 측량해 내며 그 안에서 거주하며 존재한다.

한편 실존existence이라는 용어의 본래 의미는 우리가 알다시피 바깥ex에 있다sistere는 것이다. 이를테면 고통스러운 순간에 그리한다. 즐거울 때 나는 즐거움에 빠진다. 그저 행복에 겨울뿐이다. 그런데 고통의 순간에는 나를 내 앞에 세운다. 왜 나는 사랑을 못 받는지, 왜 내가 시한부 삶을 살아야 하는지 묻고 또 묻는다. 그리고 고통은 그 의미가 드러나고서야 물러간다. 배움은 그렇게 고통과 상실에서 얻는다. 거기에 함몰되지 않고 넘어설 때 우리의 영혼은 빛을 얻는다. 이처럼 인간이란 존재는 자기 자신 바깥으로 나가 서며 스스로 초월하고 삶을 확장한다.

하지만 인간은 자신이 만들지도 않았고 자신이 마음대로 바꿀 수 없는 세계에 내던져졌다. 자신이 마음대로 할 수 없는 이러한 세계에서 우리는 우리 자신의 삶을 형성해야 한다. 산다는 것이 부담스러운 짐으로 느껴진다. 삶은 쉽지 않은 것이다. 동물과 달리 인간은 삶을 짐으로 느끼는 것을 넘어 소중하고 고귀한 존재로 인정받고 싶어 한다. 그러나 세상은 그리 호락호락하지 않다. 일상적으로 우리는 일에 쫓기며 살고, 이로 인한 스트레스를 자극적인 오락과 향락을 통해 빨리 씻어 버리고 싶어 한다.

거주의 탈존성과 존재 사유

우리는 돌, 나무, 흙 같은 자연 속의 재료를 가지고 건축물을 만든다. 그리고 그 건축물이 부산물로 만들어 내는 빈 공간 안에서 생활한다. 그 공간에서 생활하기 시작하면 윈스턴 처칠의 말처럼 그 공간은 또 우리를 다시 만들어 낸다. 조선 시대의 주거공간은 크게 두 영역으로 구분된다. 아녀자들의 생활공간인 안채와 남자들의 생활공간인 사랑채가 그것이다. 사랑채는 외부로 열려 있어 개방적이고, 안채는 외부와의 소통이 제한적이어서 폐쇄적이다. 조선 시대 선비들의 생활공간이요, 서재였던 사랑방은 나름대로 격식을 지닌 실내 의장을 추구하였다. 인간이 지상에 거주한다는 것과 건물을 짓는다는 것이 불가분의 관계에 있는 한, 건축도 그것이 구현되는 거주의 방식에 의해 규정될 수밖에 없다. 그에 따라 삶, 의식, 문화도 변하여 왔다.

하이데거에게 거주는 단지 인간만의 주거문제가 아니라, 오히려 세계와 사물과 관계하는 존재 방식을 의미한다. 영어에서 '거주자'는 'habit-ant'인데, 'habit'의 어원인 'habere'는 'to habit(갖기)' 또는 '바깥 세계에 자기를 보여 준다'는 뜻을 가지고 있다. 하이데거의 거주는 인간의 탈존성을 내포하고 있다. 예컨대 타자 경험의 양태인 '짝짓기' 행동에서 보여 주듯이 인간은 다른 이성을 보기 위해서 혹은 자신을 보여 주기 위해서 자기 자신을 벗어나려고 한다. 관음증voyeurism과 나르시시즘narcissism은 인간의 본성이다. 그런 인간 존재를 왜 '탈존'으로 이해해야 하는가? 인간은 나 중심의 방식으로는 자기를 찾을 수 없고, 탈중심적인 관계 맺음이라는 방식으로만 참나를 찾을 수 있기 때문이다. 이것이 '탈'이 지닌 핵심적 의미이다.

인간은 자아 내에 자폐적으로 머무를 때 구체적 인간으로 세계화할 수 없다. 세계 구성의 중심으로서 자기와 대등한 또 다른 자아를 인정하는 탈중심화를 통하여 그 자신을 세계화할 수 있다. 그래서 인간은 그 자신을 세계화시키기 위해서 그가 아닌 다른 자아와의 관계를 요청한다. 말하자면 인간은 자신을 초월하는, 즉 탈존하는 존재자이다. 인간은 생물과 신적인 것 사이의 존재자로되, 유한자의 영역을 넘어서 신적인 것과 하나가 되고픈 동경을 간직한 존재자가 아니던가?

인간은 끊임없이 자신을 초월하여 세계로 향하여 나아간다. 인간의 탈존 본성은 때로는 성스러움을 갈망하고 지향하기도 한다. 이때 성스러움이란 것은 인간이 자신보다 더 강하고, 우월한 힘, 존재, 그리고 그들이 속한 세계를 상정하는 모든 것을 아우른다. 예컨대 집을 짓는 것 속에 왜 사는가에 대한 답이 이미 담겨 있다. 인간은 두 가지의 집을 지었다. 하나는 신을 위해 짓는 집이고 다른 하나는 인간을 위해 짓는 집이다. 자신의 운명과 세상의 모든 신비로움에 관심을 가졌던 인간은 신의 집에는 임신한 여자의 모습을 그리거나 동굴 내부 공간에 '어머니로서의 대지'라는 관념을 투사함으로써 자연의 풍요로움을 기원했다. 또는 두 다리로 땅을 딛고 선 인간은 돌을 거대한 다리처럼 높이 세움으로써 자기 자신을 표현했는데, 이 구조물은 땅의 신에게서 벗어나 순환하는 자연현상을 주관하는 태양의 신을 향했다.

인간의 탈존성은 건축과 거주 방식을 통하여 하늘과 대지와 인간과 더불어 서로 어우러져 관계를 맺게 한다. 건축가 코르뷔지에Le Corbusier는 자신이 설계한 도안은 고층 건물과 고층 건물 사이를 녹지로 만들어서 고층 건물의 발코니에서 바라보면 넓은 자연을 볼 수 있게 계획하는 등 각각의 세대에서 바라보는 자연이 많음을 강조했다. 하지만 이는 그저 바라보는 자연일 뿐이었다. 옛 도시에는 마당에 나무가 있었고, 방문을 열고 나가면 어디서나 하늘을 바라볼 수 있었다. 옛 도시에서 자연은 항상 바라보는 것을 넘어 더 적극적으로 소통할 수 있는 상대였다.

우리나라의 정자 건축을 보면 자연을 대하는 성숙한 건축의 모습이 보인다. 우리나라 산천에는 경치가 좋은 곳이면 으레 정자가 있다. 선비들은 자신이 머물고 싶은 곳이 있으면 그곳에 정자를 지었다고 한다. 정자는 그 기능부터 자연과의 교류를 위해서 만들어진 것이다. 정자에 머무르는 선비는 자연 속에서 서예, 시, 그림, 음악 등을 통해서 높은 수준의 도를 닦는 삶의 탈존성을 영위했다. 인간 존재를 탈존으로 해명하는 까닭은 그가 자신의 한계를 자각하고 이를 극복하여 더 나은 존재가 되려는 존재의 진리 안에 서 있기 때문이다. 인간은 자신의 본성인 탈존성으로부터 이 시대에 필요한 존재 의미를 언어화하고 세계와 문화에 다시금 그 의미를 정초한다.

한편 집은 사람이 살아가는 목적 그 자체이며, 집을 짓는 것은 사람이 살아가는 방식을 짓는 것이다. "내가 이런 집에 이런 사람들과 함께 있다니!"라든가, "야, 멋지다. 경치가 너무 좋구나!"라든가 "이 동네에서 살기를 잘했다"라는 감정은 세계와 내가 집을 매개로 관계를 맺고 있다는 뜻이다. 집은 내가 이렇게 세계 안에 위치하고 있다는 사실을 일깨워 준다.[2] 사람들은 때때로 어떤 장소에서 신성한 장소의 정신으로 보이는 것에 의해 감동을 받는다. 우리 중 일부는 산에서, 일부는 해변에서, 일부는 대성당과 같이 인간이 만든 경이로움으로부터 장소에 대한 사랑을 체험한다. 하이데거는 이러한 사태를 염두에 두면서 '존재자가 존재한다'는 기적에 대해서 말하고 있다. 이 경우 존재자는 그것의 존재 자체를 통하여 우리들의 관심을 끄는 것이다.

이처럼 어느 순간 우리는 존재자가 무엇이든 그것이 존재한다는 사태 자체에 대해서 경이를 느낄 때가 있다. 이러한 경이의 눈으로 거주함을 바라볼 때 우리 자신을 비롯한 모든 존재자의 고유한 존재를 훤히 드러내 주면서 그것들에 대한 우리의 감각은 일깨워진다. 비로소 모든 존재자의 고유한 존재가 드러내는 근원적인 세계가 열리게 된다. 이러한 세계를 하이데거는 존재의 '열린 터Lichtung'라고 부른다. 그리하여 인간 존재가 이 세계의 존재와 전면적으로 열린 관계 속에 있는 것이다.

인공물이나 자연 같은 존재자는 자신의 존재를 이해하지 못하고, 존재에 대해 의문을 가지지도 않는다. 숲이나 바위, 샘물을 존재자의 차원에서 인식하면 그냥 숲이고 바위이고 샘물이지만, 그것이 가지는 깊이, 경이로움, 광채 등 근원적인 데 주목하면 그게 바로 존재인 것이

2. 건축가 루이스 칸은 집 밖에서는 좀처럼 느낄 수 없는 이러한 원초적 감정을 '놀라움의 감각(sense of wonder)'이라고 하였다. 자기 집에서 저 멀리 산과 강이 보이면 "여기에서 저 산과 강을 보며 살고 있다니, 참 감사한 일이다"라고 말한다. 이런 일상적 표현은 "아, 이렇게 살아야 하는 것이로구나!"라는 놀라움의 감각에서 비롯된 것이다. 놀라움이 없으면 피어나고 지는 꽃을 보아도 시가 나오지 않으며 아무런 깨달음도, 상상도, 창의적인 생각도 떠오르지 않는다. 놀라움의 감각은 사람을 존재하게 하고 표현하게 해 준다. 일상생활 속에서는 집과 집 사이의 간격처럼 가까운 거리만 보고 살지만, 그래도 가끔은 눈을 들어 먼 산과 하늘을 바라본다. 아무리 좁은 건물이라도 옥상에 올라가면 고층 건물들 너머로 하늘이 트이고, 내가 이 세계 속에서 살고 있음을 느낀다. 이 평범한 사실들은 나를 둘러싸고 있는 세계, 그리고 나의 시선이 닿는 먼 세계를 향한 놀라움의 감각이 오늘날에도 계속되고 있음을 보여 준다. 김광현(2018), 『건축이 우리에게 가르쳐 주는 것들』, 뜨인돌, 154~157쪽 참고.

다. 존재는 눈에는 보이지 않지만 존재자를 그 충만함과 고유한 것으로 만들어 주는 근원적인 것이다. 사람들은 존재에 대해 알려고 하지 않고, 그저 숲이나 나무 같은 존재자의 차원에서 말하고 있을 뿐이다.

사실 하이데거의 존재 사유에서 존재 자체는 한마디로 뭐라고 규정할 수 없는 그러면서도 존재하는 모든 것을 관류하면서 살아 움직이게 하는 원초적인 모습으로 드러낸다. 하이데거에 의하면 존재자가 존재자로서 규정될 수 있는 것은, 인간은 물론 신과 같은 최고의 존재자라도, 어떤 하나의 존재자에 의해서가 아니라 존재자들의 전체에서다. 존재자의 전체성, 그것이 존재다. 거기서는 단적으로 존재자 '전체'가 문제가 되는 것이다.

그런데 이 '전체'란 무엇인가? 그것은 어떤 특별한 존재자가 아니다. 그러기에 존재가 존재자들로부터 독립하여 따로 존재하는 것은 아니다. 그것은 모든 존재자들의 위나 옆에 존재하는 것이 아니라 존재자들에 즉해서 존재한다. 존재는 존재자가 아니며 존재자들을 그렇게 있게 하는 가능터전으로 우선한다. 즉, 존재는 존재자들의 생성근거로서가 아니라 의미근거로서 우선한다. 즉 인간에게 주어진 세계 전체가 의미론적 차원에서 경험될 때 그것이 곧 이해로서 형성되는 것이다. 그러므로 이해는 방법론적 과정이 아니라 이해 자체의 수행 방식이며 실천과정으로 드러난다. 그리하여 다양한 존재자가 존재하고 인간과 세계의 모습이 전체로서 성립하고 있는 것에 대해 '존재적으로 이해'하면서 살아가며, 아울러 존재하고 있는 우리 자신의 존재 양태의 구조와 의미에 대해 되묻고 그를 해명하고자 하는 점에 존재론의 기초가 있다고 할 수 있다.

사물과 자연 등 존재자가 존재한다는 것은 그 자체로 참이다. 하지만 가장 평범하고 진부하기 짝이 없는 사실이며 이에 통상적으로 우리의 관심을 전혀 끌지 못하는 사실이기도 하다. 그러함에도 어떠한 존재자든 모래알이든 꽃이든 그리고 자기 자신이든 그것이 존재한다는 사태 자체가 우리의 관심을 끌고 우리를 사로잡을 때가 있다. 극히 드문 순간이어서 경이감이나 불안감이라는 근본 기분을 통해서 존재론적 의미를 체험한다. 이러한 사태 체험을 통하여 존재자가 존재에 의해 드러나 있음을 이해할 수 있을 때 존재자에 대한 인식과 지식은 존재의 진리 영역으로 나타나게 된다. 진리는 결코 인식이나 판단에 대한 이론이 아니라, 존재자가 실재하게 되는 존재에 관계되어 주어진다. 그리하여 인간은 다만 객체적이거나 실체적 진리의 층위에 머무르지 않고 존재 자체로 초월해 간다.

존재 개념은 초월적 특성을 지닌다. 존재는 개별 존재자의 존재 양태나 속성을 뛰어넘어 그 존재자의 있음 자체를 묻기에 그 질문은 존재의 모든 조건성을 뛰어넘는다. 우리는 간혹 기차를 타고 가면서 멀리 보이는 평화로운 시골 마을에 마치 신선들이 깃들어 있는 것 같은 느낌을 받을 때가 있다. 그 마을과 그 마을의 모든 것이 신선들의 비호 속에 있는 것처럼 느끼게 된다. 성철 스님이 "산은 산이고 물은 물이다"라고 말한 것도 산과 물의 그 존재 자체의 신비로움은 우리의 언어로 도저히 표현할 수 없음을 인정한 것이다. 그 산과 물에서 변화된 것은 하나도 없다. 이때 변화된 것은 산이나 물이 아니라 그것들을 보는 우리의 마음이 경이로움을 담을 수 있는 열린 공간으로 된 것이다. 이러한 앎은 본질적으로 존재론이다. 존재의 진리는 인간의 내적 능력 전체가 통합적으로 작동할 때 가능하다. 이러한 앎은 인식론을 넘어서 있다.

현존재, 실존, 세계-내-존재

하이데거의 철학은 존재 물음에서 시작한다. 존재 물음이란 존재의 의미에 대해 묻는 것을 말한다.[3] 하이데거에 따르면 '존재한다는 것은 도대체 무엇을 의미하는가?' 하는 물음은 인간만이 제기할 수 있는 만큼, 인간은 존재 이해를 지닌 존재자이다. 동물적 차원에서 존재자는 존재자 그 자체로서 문제되지 않고 욕구와 본능 충족의 대상으로만 문제될 뿐이나, 오직 인간에게만 존재자 전체가 존재하는 것으로서 문제가 된다. 그리고 이렇게 인간이 존재자 전체를 문제 삼을 수밖에 없게 되는 것은 우리가 존재자 전체에 이미 열려 있기 때문이다.

하이데거는 인간의 존재 방식, 그것이 열려 있는 존재라는 의미에서 "현존재Dasein"[4]라고 부른다. 존재하면서 항상 존재의 문제가 열리는 존재자는 바로 하이데거가 "현존재"라고 부른 인간이다. 인간은 병아

---

3. 존재에 대한 하이데거의 통찰은 '존재는 존재자가 아니다'라는 것이다. 결론부터 말하자면 존재는 인식되는 것이 아니라, 스스로 자신을 드러내고 사유를 확장하는 것이다. 존재는 존재자와 다르게 규정되어 있지 않은 충만함이다. 하이데거는 이것을 독일 작가 괴테가 산 위에 있는 오두막의 벽에 썼던 짧은 시구에서 찾는다.
　　"모든 산봉우리에 정적이 있다…."
　　괴테가 말한 '정적'은 이론적으로 파악할 수 있는 대상이 아니다. 그럼에도 우리는 산봉우리에 정적이 '있다'는 것을 느낄 수 있으며, 그 정적은 우리 마음에 스며 오면서 그 속으로 빠져들게 한다. 간단히 말해 눈에 보이는 것이 존재자(산봉우리)이고, 눈에 보이지 않는 것이 바로 존재(있다)라고 할 수 있다. 정적이 있다고 할 때 그 '있다'는 것, 즉 존재의 의미는 한마디로 말할 수 없다. 존재는 눈에는 보이지 않지만 존재자를 규정하는 근원적인 지평이다. 존재는 고정된 실체가 아니기 때문에 의도적인 제작의 의미는 아닐지라도, 계속해서 다시 창조되고 다시 연출될 필요가 있다. 시는 이러한 지속적인 연출이나 그것을 언어로 표현함으로써 "존재 구성"에 참여한다. 박찬국(2018), 『삶은 왜 짐이 되었는가』, 21세기북스, 86~89쪽 참고.
4. "현존재"는 인간을 이성적, 감성적, 신적, 영적 등등의 제한된 규정 아래에서가 아니라 존재의 현(現), 존재의 거기, 존재가 자기 자신을 드러내는 자리로서의 인간이라는 규정 아래에서 탐구하기 위해 선택된 용어이다. 예컨대 인간은 존재가 자기 자신을 드러내 보이는 열려 있는 자리인 것이다. 현존재[거기-있음]의 '현(Da)'이란 '거기'라는 뜻을 지니고 있으며, 공간을 의미한다. 그리하여 '거기 있음'이라는 뜻의 현존재는 공간을 여는 존재, 즉 세계를 여는 존재가 된다. 여기서 공간은 물리적 공간이 아니라 실존적 공간이다. 사물적 존재가 일정한 규칙에 따라 배치되어 있는 공간이 아니라 인간이 모든 존재자들과의 관계에서 자신을 드러내는 공간이다. 이기상(2011), 『쉽게 풀어 쓴 하이데거의 생애와 사상 그리고 그 영향』, 누멘, 207~211쪽 참고.

리가 닭이 되는 것처럼 미리 정해진 내용이 없다. 인간은 어느 사물들과 달리 자신을 고정된 대상, 즉 객체로 이해하지 않는다. 하이데거는 인간을 새롭게 보기 위해서 우리가 인간에 관해 지니고 있는 잘못된 선입견을 해체하고자 한다. 즉, 인간을 한 번 '있는 그대로' 보는 것이다. 그것은 인간이 '지금 여기 있음'이라는 인간 존재의 현사실성에 주목한다. 현존재란 세계 속에 '현재' 존재하고 생활하며, 자기 자신 이외의 존재자와 맺은 관계 속에서 특히 자기 자신의 '존재'의 모습을 어떠한 형태로든 스스로 결정하면서 살아가야만 하는 존재자라는 의미이다. 그리하여 인간은 행위pragma를 통해 과거·현재·미래로 이어지는 시간성을 현재에서 구현한다.

현존재는 존재에 근거하며 존재 의미를 묻고 존재를 드러내게 하는 터(Sein의 Da)라는 뜻을 갖는 조어다. 존재에 대해 묻고 찾는 것은 인간뿐이며 인간에 대해서만 존재의 의미가 있다. '현존재'란 '그 존재에서 현재의 자신의 존재에 관련되어 있는 존재자'인 것이다. 그리하여 존재와 현존재의 관계는 상호 대화자의 관계이다. 양자는 서로 맞물려 있는 상호적인 관계인데 존재 물음의 방식으로 먼저 말을 걸게 된다. 존재가 존재론상으로 우선이기에 존재 물음에서부터 시작해야 한다. 즉, 인간 현존재에게는 "존재의 목동"으로서 "존재의 진리를 보호해야 할" 과제가 떠맡겨져 있다.

인간은 존재에 의해 말 건네진 자로서 그리고 말 건넴에 취해진 자로서 남아 있다. 사유는 "존재의 진리를 말하기 위해 존재에 의해 말 건넴으로 받을 수 있다". 그 과정에서 인간의 존재성이 의미로 실현되는 과정이 해석학적 성찰 없이 받아들여진다면 그것은 맹목적이고 공허한 인간 행위의 결과물, 무의미한 속물적 행위의 결과물에 지나지 않을 것이다. 해석학적 지평과 연관된 그런 존재와의 관계에 있는 인간을 근대적 자아나 주체와는 구별하기 위해서 존재 물음을 묻고 존재를 드러나게 하는 실마리로서의 인간을 뜻한다는 의미에서 Dasein(현존재)인 것이다. 이 모든 걸 볼 때 인간의 본질적인 체류는 "존재에 가까이" 있음임이 입증된다.

하이데거는 인간이 지상에 본래적으로 거주할 경우, 인간은 죽을 자로서 지상에 거주하는 방식이자 사유하는 방식이라고 한다. 사람은 생존 본능에 매몰되어 있는 동물과 달리 자기 삶이 언젠가는 끝난다는 사실을 안다. 예를 들어 인간은 죽음을 생각하면서 자신의 인생을 덧없는 것으로 느낄 수 있는 유일한 동물이다. 이렇게 인생의 의미를 물을 수 있다는 것이야말로 인간의 가장 본질적인 특성인 것이다. 인간의 존재 실현 과정은 '죽음을 향한 존재'이다. 그리고 죽음을 향한 존재로서의 인간의 삶은 인간이 시간적 존재이며 이 인간의 시간성은 유한성에 있음을 드러낸다.

이러한 유한한 삶 속에서 잘 살기 위해 어디에 살아야 하며 또 무엇을 해야 하는지 끊임없이 물어 가면서 존재하는 존재다. 그래서 인간은 어떤 존재가 될지 끊임없이 질문을 한다. "나는 무엇 때문에 사는가?" "무엇을 하면서 살 것인가?" 즉, 이 세계에 내가 어떻게 존재하는지를 물으면서 나의 존재를 '근원 현상'으로 받아들여 이를 역사적 현실 속에서 해석하여 그 존재 의미를 탐구하는 것이다. 하이데거는 이러한 사람의 독특한 존재 방식을 단순하게 있음, 또 생존과 구별하기 위해 '실존'이라고 불렀다.

인간은 삶과 죽음 사이에서 항상 자신의 존재를 우려하며 살아간다. 인간은 언제 죽음이 찾아올지 모른다는 근심과 우려 속에 살아간다. 우리는 앞으로 삶을 어떻게 살아야 할지 고민한다. '나는 누구인가?'라는 물음은 스스로가 자신의 존재 가능성을 무엇으로 보고 그

가능성을 어떻게 미래로 던지며 현재의 나를 바꾸어 나가는 데 있다. 실존의 관점에서 보면 거주는 새로운 존재 방식과 사유 방식, 삶의 방식을 의미한다. 사람들이 오래전부터 자기 힘과 기술로 집을 지어 온 역사가 증명하듯이 거주는 인간의 본성에 맞는 삶의 방식, 살아가는 삶의 전체 모습을 지칭한다. 그리하여 우리가 살아가는 모든 공간과 시간을 포괄하는 개념이다.

미국의 남서부 지역에 아메리카 인디언 나바호Navajo족이 있다. 그들은 호간hogan이라는 집을 지었다. 그들의 전통에 따르면, 어른이 되려면 반드시 호간이 있어야 했다. 호간은 그냥 집이 아니고 생활에 질서를 부여하기 위해 꼭 필요한 것이었다. 그래서 그들에게는 이런 말이 있었다. "호간이 없으면 너는 계획을 짤 수 없다. 밖에 나갈 수도 없고 미래를 위해 다른 것을 계획할 수도 없다. 먼저 호간을 지어야 한다. 호간 안에서 앉게 되고 계획이 시작된다." 호간 안에 있는—거기에 있는 인디언이 바로 자신을 초월하며 세계로 나아가려는 현존재의 삶이 바로 실존인 것이다.

여기서 중요한 사실이 발견된다. 인간에게 있어서 그의 존재가 실현되어 있는 현재는 아직 현재 실현되지 않은 어떤 가능성과의 관계에서만 실현된다는 점이다. 인간은 이렇게 늘 미래에 정향되어 있기 때문에 현재에서 과거를 만난다. 미래가 바로 과거를 현재화시키는 동기 부여의 역할을 하는 것이다. 결국 인간이 자신의 존재를 실현시키는 삶을 살아가는 데 가장 중요한 사실은, 인간이 미리 앞서서 아직 이루어지지 않은 어떤 상태를 향해 기획하면서 살아간다는 것이다. 그래서 현재는 나의 존재론적 현재 없이 이해되지 않으며 나의 존재 역시 현재화하는 사건의 지금을 떠나서는 성립되지 않는다. 그리고 현재화는 일상적 과정에서 이루어진다.

현존재는 자신을 기획투사함으로써 가능성을 확장하는 것이다. 이러한 기투에서 현존재는 자신과 그 밖의 다른 존재자의 존재 의미를 발견하며, 세계가 개방된다. 세계는 오로지 인간 현존재의 활동성 자체로부터 알려질 수 있고 다시 말해 인간 활동성과 분리할 수 없는 곳이다. 잘 알려진 바대로 로빈슨 크루소는 비록 아무도 없는 무인도에 떨어져 혼자 살지만, 자신의 세계를 바탕으로 삼아 그 무인도를 삶의 거처로 만들어 간다. 사람에게 중요한 것은 그곳에서의 자신의 삶을 어떻게 바라보고 관찰할 것인가, 자신의 생활을 어떻게 공간으로, 장소로, 환경으로, 풍경으로 바꾸어 갈 것인가 하는 점이다.

이렇듯 삶의 세계를 만들어 갈 수 있다는 것이 바로 인간 현존재의 독특함이다. 세계는 오직 형성해 나가는 인간에 의해서만 창조적으로 그의 것이 될 수 있다. 엄밀히 말해 세계-내-존재(세계-안에-있음)는 현존재에 붙어 있는 어떤 속성이 아니라 그 본질에 따라 현존재가 그 속에 머무를 것을 요구하는 그런 존재 구성들이다. 세계를 나름대로 관찰하여 창조적으로 자기 것으로 만듦을 의미한다. 그리하여 현존재가 세계 내 존재자를 가능성을 지닌 것으로 경험하고 세계를 자신의 활동 가능 영역의 총체로 경험한다.

세계-내-존재로서의 현존재는 언제나 주어진 상황 속에서 자신을 발견한다. 비록 현존재는 문화적·사회적 상황 속에서 제약되어 있지만, 그는 세계를 의미 있게 만들어 가는 존재자다. 성왕聖王이라 불리는 고대의 제왕들은 자연 인식과 진리 파악 그리고 기호 제작과 의사소통에 있어서 특별한 능력을 지닌 현존재이자 세계-내-존재이다. 해·달·별 등 자연의 질서, 즉 천문天文을 눈으로 파악하며 인류 문명, 즉 인문人文을 개창했다는 점에서 이들은 자연에 대한 탁월한 해석자들이다. 해석학은 '의미 해독'을 위한 방법론이다. 세계란 의미 부여된 전체이다. 나의 세계, 우리들 각자의 세계는 그 사람이 부여한 의미 부여의 장이고 거기에는 그 사람에 맞는 사는 방식의 전체성이 있다. 자연의 세계를 해석하여 문명을 열어 간 성왕들처럼 세계-내-존재로서 현존재의 활동은 목적과 인과 연관적 행위가 아니라, 기획투사하면서 자신의 가능성을 열어 가는 행위다.

우리가 자신을 의미 구현과 의미 추구의 존재로 규정한다면, 그 의미 전체는 인간의 존재성에 기반을 두고 결정된다. 세계는 우리가 스스로 자리를 잡고 생활에 의미를 부여하는 터전이다. 그리고 우리는 거주의 조직fabric에서 활동하고 의미를 만들어 낸다. 그런데 우리는 잠자는 시간을 제외한 거의 모든 순간을 일상에 쫓겨서 살고 있다. 학생은 시험공부에, 어른은 직장 일 혹은 자식 일에 쫓긴다. 온통 이런 일들에 사로잡혀 있다 보니 우리는 그 일과 관련이 없는 것들에 대해서는 아무런 관심을 가지지 못한다.

하지만 우리 인간은 자신의 내부 세계에 갇혀서 살아가는 존재자가 아니라, 자기 자신의 존재인 실존을 비롯하여 다양한 유형의 존재에 대해 근원적으로 열려 있는 존재자이다. 세계는 지각 안에서 주체에게 자신을 내어 준다. 하이데거의 실존 개념에 따르면, 인간은 이미 그 열려진 장場 속에 살고 있다. 하지만 인간의 거처인 열린 장은 언제나 확고하고 친숙한 터전이 되지는 않는다. 그것은 우리가 쫓아다니던 일상적 의미나 가치가 허망하게 무의미의 심연으로 꺼져 들어가 친숙했던 모든 것이 낯설어지기 때문이다.

인간의 거처인 열려진 장에로의 나아감은 각각의 실존이 구체적으로 수행해야 하는—스스로의 가능성에 자신의 생을 거는 삶이기에 그 거처의 근거가 가리어져 있다. 그로 인해 밀려오는 공허감이 가져다주는 근원적인 느낌인 불안이 뒤따른다. 불안이란 기분은 허무감

내지 무상감과 같은 느낌이다. 대개 죽음에 직면하는 경우이거나 굳이 죽음을 목전에 두지 않고서도 우리가 언젠가는 죽을 존재라는 사실을 깨닫게 되면 그간 집착했던 모든 것의 허망함을 뼛속 깊이 느끼며 불안에 사로잡힌다. 죽음에 대한 불안이 엄습하기 이전의 우리는 '세상 사람들'이 숭상하는 가치들에 연연하고 그것들을 기준으로 모든 것을 평가하면서 자신의 우월성을 확보하려는 왜소한 인간에 불과했다.

불안은 특정한 대상과 관련된 것이 아니라 삶의 거처 전체가 흔들거려 무의미한 삶의 심연으로 빠져드는 그런 느낌이다. 그런 경우 우리는 앞으로 나갈 수도 없고 뒤로 물러설 수도 없는 답답한 심정을 느끼게 된다. 그때 존재자가 아주 낯설게 엄습해 올 수 있다. 오직 존재자의 낯설음이 우리를 압박해 올 때만, 존재자는 경이를 불러일으키며 놀라움의 대상이 된다. 그러한 놀라움 속에서 "왜"라는 물음이 튀어나온다.

한편으로는 물에 빠진 사람이 지푸라기라도 거머쥐듯이, 기반이 흔들릴수록 더욱더 그것을 고정화하고 고착시키려는 것이 인간의 본능일 것이다. 그러나 삶을 고정화하기 위해 우리는 어느 곳에 못을 박고 살고 있는가? 문제는 바로 변화, 뜻하지 않게 느껴지는 변화이다. 이러한 변화는 탄생에서 죽음에 이르는 자신의 존재 전체가 갖는 수수께끼를 인간이 가장 첨예하게 의식하게 한다. 이로써 우리는 모든 존재자가 드러내는 유일무이한 충만한 존재에 감응하는 열린 인간이 될 수 있다.

존재 이해와 기술적 사유

인간 존재는 사물 존재가 아니기에 살아지는 몸―우리가 보는 눈, 감촉할 수 있는 손, 듣는 귀 등을 갖고 있을 때―의 그 존재 방식을 떠나서 달리 규정할 수 있는 것이 아니다. 몸은 자신의 실재를 구성하는 다양한 행위들에서 벗어나면 존재론적 지위를 상실한다. 세계는 지각하는 신체로서의 나에게 가장 근원적인 방식으로 주어져 있다. 이 세계의 유일성을 객관적으로 사고하는 것은 불가능하며 그것은 단지 참여적으로 체험될 뿐이다. 우리가 세계를 이해하는 일을 시작할 수 있는 유일한 길은 세계에 대한 우리의 구체적 참여를 통해서이다. 그것은 주위의 세계로의 실천적이고 물질적인 얽힘을 통해서 주어진다. 사람은 구체적인 사회적 조건, 선결 조건과 욕망의 구체적 틀sets, 구체적인 사물과 제도 속에서 태어난다. 우리의 생활 전체가 실제로 거기서 영위되는바, 현실에서 경험되고 또한 경험될 수 있는 세계이다.

그리하여 인간은 항상 무언가를 하고자 하며, 어떤 것과 관계를 맺고자 한다. 예를 들어 연필은 필기구가 될 수도 있고, 예술 작품의 소재가 될 수도 있다. 이렇게 대상은 늘 무엇과의 관계 속에 있는 것이지 그 자체로 주어질 수 없다. 가장 쉽게, 우리가 생각하는 '것', 생각에 '번뜩 떠오르는' 대상, 생각이 향하게 되는 대상에 대해 말해 볼 필요가 있다. 즉, 체험 속에 어떤 것이 들어 있고, 그 어떤 것을 의식하는 의식이 작동하고 있다는 것이다. 일상적으로 말하자면, 우리는 항상 뭔가를 지향하는 의식을 발동시키면서 살고 있다. 멍한 의식은 의식이라고 말하기 쉽지 않기 때문이다. 체험의 고유성인 지향성은 체험이 의식 작용을 필수적으로 포함하고 있고, 따라서 지향성은 곧 의식

의 지향성이다. 이런 의미로 이해된 지향적 체험은 후설Edmund Husserl
의 현상학에 따르면 "의식은 언제나 의미를 지닌 그 무엇과 관련을 맺
고 있다"고 한다. 우리 인간은 언제나 늘 세계와 지향적 체험 관계를
맺고 있는 주체이다.[5]

　또는 우리의 의식은 "어떤 것을 어떤 것으로서 파악한다"라고도 한
다. 앞서의 '어떤 것'이 감각적인 것이라고 한다면, 이 어떤 것을 파악
하고 있는 뒤의 '어떤 것'은 감각적인 것을 선행적으로 포괄하는 무엇
이어야 할 것이다. 후설은 파악에는 '앞서 잡음'이 속한다고 말한다. 그
리하여 지향성의 구조를 갖는 의식은 단순히 주어진 것만을 그저 수
동적으로 받아들이고 있는 것이 아니라 그러한 수동성을 넘어서 그
이상의 작용을 하는 것이다. 이것은 사태 자체가 부여하는 통일된 형
태의 체험들로 성립하게 하는 직관의 문제로 재정의된다.

　후설의 문제 인식을 가다듬은 하이데거는 '존재 물음의 길'로 방향
을 잡으면서 주관 객관의 인식론적 이분법 자체를 부정한다. 하이데거
는 이분법의 부정을 통해 존재를 이해하는 인간의 독특한 존재 방식
을 드러낸다. 인간은 존재와의 본질적 관련 안에 있기에 우리가 세계
와 관계하면서[6] 우리 존재와 의미를 세계 속에서 언제나 해석하고 있

---

5. 하이데거는 후설이 그의 초중기 현상학에서 발전시킨 지향성 개념의 정체를 올바로 이해하기
위해서 필요한 것은 "어떤 특별한 예리한 통찰력"이 아니라, 바로 사태를 올바로 볼 수 없도록
만드는 모든 유형의 "선입견을 제거하는 일, 그리고 볼 것을 단순히 보고 붙잡아 두는 일"이라
고 주장한다. 그런 점에서 하이데거의 세계내존재는 주체가 언제나 세계와 지향적 관계를 맺고
있다. 후설의 지향성 개념은 하이데거가 세계와 지향적 관계를 맺고 있는 세계내존재로서의
현존재라는 개념을 정립할 수 있는 토대를 마련해 주었다. 이에 대해서는 이남인(2014), 『현상
학과 해석학』, 서울대학교출판문화원, 171~186쪽 참고.
6. '관계한다'는 표현은 무엇인가 만들어 내다, 무엇인가 정리하여 살피다, 무엇인가 쓸모 있게 하
다, 무엇인가를 포기하고 분실하다, 계획하다, 달성하다, 탐지하다, 질문하다, 고찰하다, 서로 논
하다, 규정하다 등을 뜻한다. 이러한 관계성을 하이데거는 배려적 관심이라 표명했다. 즉 이에
는 자기 자신이 무엇인가를 조달하기 위한 배려함과 동시에 어떤 일들이 제대로 잘되지 않을
것이라든지, 실패할 수도 있다는 걱정도 포함된다. 예컨대 중단, 나태, 단념, 휴식 등은 배려적
관심의 결손된 상황이기 때문에 여기는 가능성으로서의 배려적 관심을 전제해야 한다. 해석은
이러한 배려적 관심에 의해 생긴다. 이에 대해서는 양해림(2014), 『해석학적 이해와 인지과학』,
집문당, 91~92쪽 참고.

다고 한다. 그래서 나는 일체의 객관화하는 행위에 앞서 그 세계와 이미 결합되어 있고, 친숙해 있으며, 그 세계에 뿌리를 내리고 있다. 이런 측면이 '거기에'와 '거기-있다'라는 표현들을 구성하며, 이것들이 없으면 존재론은 있을 수 없을 것이다. 하이데거의 그러한 존재론적 방향 설정은 어디까지나 후설의 현상학적 태도에 의해 깨우쳐진 것이다.

주관과 객관의 이분이라는 이원론적인 힘의 형이상학에 바탕을 둔 사유 방식을 하이데거는 기술적 사유라는 이름 아래 비판하고 있다. 기술적 사유를 하게 된 인간은 자신이 마치 신이라도 된 듯이 모든 사물을 지배하려고 한다. 대지 역시 수많은 에너지 자원을 매장하고 있는 것으로 간주하여 무자비하게 파헤치고 유린한다. 기술적 사유는 재현의 정확성 여부로 진실을 판단하는 것이다.

주관과 객관의 재현 모델에 의하면 세상은 무엇보다 보이는 것이며, 우리 앞에 놓여 있기 때문에 재현의 대상이 될 수 있는 것이다. 재현 중심의 기술적 사유는 주관인 인간이 객관인 대상 세계를 마음대로 조작하고 이용하며 지배할 수 있다는 생각을 하게 된다. 간단히 말하면, 정확한 재현으로서의 지식 개념으로 인해, 세상은 고안된 이미지가 되며, 개별 인간은 세상을 통째로 통제하고 소유하려 한다는 것이다.[7] 결과적으로 세상은 궁지에 몰리게 되며, 인간 이성은 도구적 이성으로 몰락한다.

---

7. 자연과학이라는 새로운 학문이 바로 이런 기저 위에서 발달했다. 자연과학의 학문적 기틀을 마련한 F. 베이컨(Francis Bacon, 1561~1626)은 『신기관』에서 '아는 것이 힘이다'라는 유명한 말을 남겼다. 베이컨의 신학문 3부작의 하나인 『신기관』은 '자연의 해석과 인간의 자연 지배에 관한 잠언'이라는 의미심장한 부제를 달고 있다. 베이컨에게 '안다는 것'은 연구 대상으로서의 자연의 작동법칙을 발견하는 것이었다. 어떻게 앎에 이르는가? '관찰, 비교, 실험의 방법'을 통해 앎에 도달한다. 앎의 목적은 무엇인가? 『신기관』의 부제에서와 같이 '인간의 자연 지배'가 목적이다. 이에 대해서는 홍승표(2018), 『인공지능 시대의 사회학적 상상력』, 살림터, 146~152쪽 참고.

우리는 보통 존재자들을 볼 때 그러한 것들이 무엇이며 어떠한 성질을 가지고 있는지에 관심을 갖는다. 예를 들어 실증과학을 살펴보자. 실증과학은 그것이 자연과학이든 역사과학이든 자연과 역사라는 '존재자'의 다양한 사실이 구체적으로 부여된 것으로 간주하고 조사해 그 현실적 모습을 파악하려고 한다. 물론 이때 실증과학 그 자체는 이들 '존재자'가 '존재한다'는 의미를 당연히 분명한 것으로 여기고 이를 캐물으려 하지 않는다. 그러나 잘 생각해 보면, 이 '존재자'의 '존재한다'는 의미가 명백하게 고찰되지 않을 경우, 이를 다루는 과학의 근본 개념도 올바르게 확립될 수 없게 된다. 하이데거는 현대 자연과학이 자신의 학적 대상에 대한 존재자적 지식은 이끌어 내지만 그 존재론적 의미를 포함하지 못한다는 한계를 지적한다. 이 존재론적 개념은 다만 자연과학의 근본 개념을 확장시키는 것만으로는 얻어 낼 수 없다는 것이다.

과학과 기술 이전에 인간은 사물들과 관계하는 근원적인 방식이 있다. 인간 현존재는 객관적 대상화 또는 사물화에 앞서 이미 그 의미 연관성 속에서 이해하고 있다. 우리가 도구로서의 존재자와 관계하며 그것을 그 의미 연관성 속에서 이해한다는 것[8]은 우리는 이미 그 열려진 장場, 즉 개시성 속에 살고 있다는 것이다. 하이데거는 바로 현존

---

8. 존재자가 사물 존재자이기에 앞서 도구로서 그 의미 연관 안에 미리 주어진다는 것은 무슨 의미인가? 예를 들어 우리가 사기그릇을 사용할 때 우리가 실제로 사용하는 것은 그릇의 사기, 즉 객관적 사물로서의 그릇이 아니라 그릇의 빈 공간이다. 사기만 있어서는 그릇이 되지 못하며, 그 안이 비어 있기 때문에 비로소 그릇이 되는 것이다. 마찬가지로 그릇을 놓을 책상의 존재는 나무토막으로 메워진 사물적 부분이 아니라 그 위에 그릇을 놓을 수 있게 마련된 빈 공간이며, 책상이 있는 방, 방이 있는 집, 그 각각의 존재 역시 메꾸어진 벽이 아니라 벽이 없는 빈 공간이다. 즉 우리 주변의 존재자는 이처럼 자신의 존재 의미를 사물로서의 자신 밖에 가지게 된다. 그럼으로써 도구는 자신 밖의 다른 것을 지시하는 도구 연관성을 지니게 된다. 존재자가 사물로서가 아니라 도구로서 이해될 때, 도구 사용자로서의 나는 그것을 객관화해서 사물, 즉 사기나 나무토막이나 콘크리트 벽 등으로 파악하는 것이 아니다. 그러기에 앞서 나는 그것들을 그것의 존재, 그 빈 공간 속에서 파악한다. 이 빈 공간 속에서 도구는 대상화에 앞서 이미 열려진 도구로서 개시된 존재자로서 이해되며, 우리는 그것을 그 도구 의미 연관에 따라 사용할 수 있게 된다. 이에 대해서는 한자경(2013), 『자아의 연구』, 서광사, 299쪽 참고.

재가 자신의 실존과 세계에 대해 이러한 방식으로 열려 있는 상태를 "이해"[9]라 부르고 있다. 그리하여 인간에게는 그가 존재 이해의 장(자리)임을, 즉 현존재임을 깨닫게 해 주는 계기가 필요하다.

일상적인 삶을 영위하면서도 인간 현존재는 자신의 실존 및 세계를 가능성으로 느끼면서 살아가고 있다. 어떤 형태로든 자신의 존재인 실존에 대해서 전혀 무지인 상태로 살아가는 인간은 존재하지 않는다. 실제로 여타의 동물, 식물, 무기물 등과는 달리 우리 인간만이 매 순간 비록 주체적으로는 아니라고 할지라도 자기가 어디에서 와서 어디를 향해 가고 있는지―자기 자신의 삶 전체를 문제 삼는 인간만의 독특한 존재 방식―즉, 실존의 모습은 어떠한지 등에 대해 나름대로 암묵적인 양상에서 이해하면서 살아가는 존재자라 할 수 있다.

현대 기술 문명을 실질적으로 지배하고 있는 것은 세계를 기술적으로 소유하고 지배하려는 의지 내지는 탐욕이라고 할 수 있다. 오직 진리만 쫓아야 할 과학과 인문학마저 경제적 유용성에 가둔다. 이러한 주-객 이원적 도식에 기초한 기술적 사유에서 인간은 나와 사물, 나와 타자의 기본적이고 원초적인 관계를 표상, 계산, 관찰, 사용, 지배 등의 힘과 투쟁의 관계로 간주하게 된다.

주-객의 대립에 앞서 주-객이 마주 설 수 있도록, 즉 서로 관계를 맺을 수 있도록 그렇게 비어 있는 자리가 곧 개시성이다. 그 관계의 장은 빈 공간, 열려진 장, 개시성으로서 모든 이분화에 선행한다. 하이데거에 따르면 사물들은 일차적으로 과학적인 측정이 가능한 대상으로

---

9. 이해는 현존재 자신의 실존과 세계에 대하여 가능성을 향한 기투라는 방식으로 관계를 맺고 있는 상태를 의미하기 때문에, 기투로서의 이해는 현존재의 가능적인 실존 및 세계를 향해 이루어지는, 현존재의 실천적인 활동을 의미한다. 그런 점에서 하이데거의 이해가 취하는 근원적인 의미는 '어떤 일을 맡아보다', '무엇을 감당할 수 있다', '어떤 일을 할 수 있다'라는 점을 강조하면서 이해를 현존재의 근원적인 개시성의 한 계기로 받아들여야 한다고 한다. 이에 대해서는 이남인(2014), 『현상학과 해석학』, 서울대학교출판문화원, 206~208쪽 참고.

존재하는 것이 아니라 오히려 우리에게 말을 걸어오는 것으로 본다. 예컨대 별이 총총한 하늘을 보면 누구나 마음이 맑아지는 것을 느끼게 된다. 아울러 사물이 우리에게 말을 걸어오면서 그 자체로 놀람과 신기함을 불러일으키기에 사물과 자연이 갖는 가치는 우리의 주관적인 감정을 투사하여 얻어지는 것이 아니라 이미 사물과 자연 자체에 존재하고 있는 것이다.

하늘은 해가 돋고 지며, 달이 운행하고, 별들이 반짝이며, 한 해의 계절들과 낮의 빛과 어스름, 밤의 어둠과 밝음, 좋은 날씨와 흐린 날씨가 교차하고, 구름이 흐르고 파란 깊이를 갖는 에테르Äther가 존재하는 곳이다. 밤하늘 아름답게 떠 있는 초승달, 우리들 피부에 와닿는 감미로운 바람, 뭉게구름이 피어나는 하늘, 파란 하늘 아래 날아다니는 잠자리, 봄날 흩날리는 꽃잎 등 아름다운 행성 지구는 매 순간 우리들에게 자신의 신비를 활짝 열어 보인다. 우리는 자연이 연출하는 경이를 느낄 수 있어야 한다. 존재의 경이로움을 체험하게 되면 마음은 부드럽고 맑아진다.

이처럼 사물이 걸어오는 말에 귀를 기울일 때 비로소 현존재는 자신에게 열려진 가능성을 가능성으로 포착한다. 다시 말해 인간의 본질이 개시성이라는 것은 곧 인간의 본질이 기술적 사유로 인해 개별적 사물 존재에 고착되어 있던 것에서 벗어나 그것들을 포괄하는 전체적인 지평의 의미를 이해함을 뜻한다. 그렇게 현존재의 개시성은 열려진 장에서 자신을 주는 세계의 가능성을 위한 조건을 드러낸다. 인간이 살아가면서 겪게 되는 다양한 형태의 변화를 살펴보면 우리는 인간의 실존이 다양한 양상을 보이는 가능성 그 자체임을 알 수 있다. 실존은 바깥에 대해 열려 있는 채로 존재한다는 것이다. 우리가 산을 보고 세상을 보고 찬탄이 이는 순간은 적극적으로 실존적 의미가 있다. 이때 비로소 우리의 존재는 아무런 이유나 근거도 없이 산이 그렇게 존재하는 것 자체만으로 와닿는 것이다.

2

삶의 지평과 경계

경관과 삶의 테두리, 풍경

　한국이나 중국의 옛 그림들은 시대를 막론하고 높은 산을 배경에 담았다. 옛 어른들이 이르기를, "공부하다가 자주 먼 산을 봐라. 이 녹색은 세상에 가장 무해한 색깔이다. 신이 세상을 창조할 때 가장 많이 쓴 녹색이야말로 우리의 눈과 마음을 치유하게 하는 색깔이니 자주 먼 산을 봐라"라고 했다. 아마 이 말은 산이 많은 경관을 보는 것과 동시에 삶의 테두리에 부여하는 특혜를 의식하라는 의미도 담고 있는 듯하다. 우리는 산을 경관의 자원으로 의식은 하지만 삶의 테두리로서의 산의 가치를 곧잘 잊곤 한다. 결핍과 부재를 느껴야 비로소 그 가치를 깨닫는다.

　서울이 조선 왕조의 수도가 되었을 때 조상들은 새 왕조가 의도한 도성의 경계를 4개 산의 산등성이를 이어 쌓았다. 백악과 타락(낙산), 목멱(남산)과 인왕으로 이어지는 내사산內四山은 서울의 가장 중요한 산이다. 도성 밖 동서남북에도 높은 산이 있다. 외사산外四山으로 불리는 삼각산(북한산), 아차산, 관악산, 덕양산 말고도 청계산, 우면산, 구룡산, 대모산, 수락산, 불암산 등 수많은 산이 서울 안팎에 솟아 있다. 서울의 삶의 테두리는 산이라고 할 수 있을 정도이다.

경관이자 삶의 테두리, 산

고국을 떠나 해외에 나가 사는 주재원과 유학생이 가장 먼저 앓는 게 산에 대한 향수병이라고 한다. 특히 지대가 평탄한 파리와 외곽 지역에서는 한국 어디에서나 볼 수 있는 그 흔한 흐릿한 먼 산들의 실루엣을 볼 수가 없다. 파리에서라면 기차로 4시간, 자동차로 6시간은 족히 달려야 제대로 된 산을 만날 수 있다고 한다. 그러한 지리적 이유 때문인지 프랑스어에는 '등산'이라는 단어가 없다. 여행 중에도 한국산의 청정한 기운을 체감하기 어려워 여행 내내 갑갑한 느낌이 가시질 않았다고 한다.

오늘날 등산의 부흥은 도시화의 결과라고 할 수 있다. 이제 산은 산책과 같은 기분 전환 기능이나 사찰과 성묘를 하러 갔을 때와 같은 정신적 성찰의 효과를 기대할 수 있는 곳이라는 이미지를 띠게 된다. 종교와 결별하기 시작하는 18세기 말 유럽에서는, 장 자크 루소Jean-Jacques Rousseau의 명상 이후로 산은 이상적인 자연의 안식처가 된다. 도시의 소란 법석과 인간 사회의 사기 협잡에서 멀리 벗어나 인간의 순결성과 고귀함을 회복하는 장소로 생각하게 된 것이다. 중국뿐만 아니라 일본을 비롯한 동아시아의 중화 문명권에서는 산을 성스러운 존재로 여겼다.

서울에는 오랜 역사를 보여 주는 문화유산도 있고, 도시를 가로질러 흐르는 한강도 있지만, 산처럼 서울의 인상을 강렬하게 형성하고 표현하는 것은 없을 것이다. 서울의 산들은 서로서로 얽히고설킨다. 서울과 주변 도시들에서는 아파트 단지의 스카이라인보다 산자락이 항상 더 높이 솟아 올라와 있다. 도시화로 도시에 근접한 산자락에도 거주지가 조성되었다.

북한산에 올라 서울 도심부를 내려다보면 내사산으로 둘러싸인 도심부와 한강 그리고 멀리 관악산과 청계산이 그려 내는 경관은 외국 어느 도시에서도 볼 수 없다. 특히 관악산은 한강 남쪽에 우뚝하게 솟아 있는 산으로 유난히 쾌청한 날에는 서울을 바라볼 수 있는 최고의 전망을 제공한다. 도시와 산의 모습이 한눈에 들어온다. 도시와 산은 대화를 나누고, 서로 바라보고, 서로에게 가치를 부여한다. 독일 사회학자 게오르그 짐멜Georg Simmel은, "모든 '높음'은 '낮음'이 존재하기에 가능하고, 모든 '낮음'은 '높음'과의 대조에 의해서만 존재한다. 구성 요소 간의 상호작용이 낳는 긴밀한 관계 덕분에 하나의 전체라는 단위가 비로소 명백해진다"고 했다.

인간이 대지와 자연을 필요에 따라 개조해 온 수천 년 동안, 자연경관이든 인공경관이든 경관은 언제나 현실을 살아가고 있는 우리의 존재 양식이라고 할 수 있다. 일상적인 용례에서, '경관'이라는 용어는 '지표 위 사물'의 특수한 배열과 패턴을 의미한다. 이를테면 나무, 초지, 건물, 거리, 공장, 오픈 스페이스 등이다. 약간 기술적으로 정의하면, '경관'은 땅의 외관과 스타일을 가리킨다. 어느 시기의 어느 문화에서도 사람들은 경관에 존재하는 여러 종류의 공간이나 장소를 구별했고 각각의 종류에 서로 다른 용도와 의미를 부여했다. 경관은 메를로퐁티가 말한 "실천적 범주practical category"이다. 그것은 마르크스가 말한 대로, 우리가 "자연에 대항하고 그럼으로써 우리 자신의 본성을 변화시킬 때" 경관에 현현한다. 인간과 자연의 상호 의존적 대립이 경관 형태의 뚜렷한 한 측면이다.

선사시대의 그림들은 인간이 자연에서 느꼈던 생명력, 그리고 그 생명력에 대한 경외의 감정을 솔직하게 드러내고 있다. 그들의 삶은 오늘날보다 단순했고 자연과 직접적으로 교류하고 있었다. 콘던Condon은 경관에 대한 선천적 반응을 좀 더 정신적인 이론으로 제시한다. 이러한 선천적 반응은 대지와 자연을 필요에 따라 개조해 온 수천 년 동안 상호작용을 계속해 온 이항 대립적인 관계 속에서 성격의 변화를 거쳐 형성되었다고 한다. 그래서 초기의 경관 형태·리듬·'이야기'는 바로 인간 의식구조의 일부를 이룬다.

독일의 행위예술가 요제프 보이스J. BBeuys는 1982년 봄, 카셀 도큐멘타에 참가하면서 1987년까지 5년에 걸쳐 7천 그루의 어린 참나무를 카셀시에 심는 퍼포먼스를 시작했다. 작품명은 〈7천 그루 참나무〉이며, 거리에 어린 참나무를 줄지어 심으면서 나무마다 랜스버그의 화산에서 생긴 길이 12.2미터가량의 화강암 기둥들을 하나씩 박아 놓았다. 참나무가 자라면서 화강암 기둥들은 마치 참나무에 달라붙은 꼬리표처럼 보이게 될 터이고 카셀시는 7천 그루의 울창한 참나무숲으로 뒤덮이게 된다. 나무가 자라남에 따라 마치 상대적으로 작아지는 듯이 보이는 화강암 기둥들의 대비는 그가 항상 염두에 두었던 자연과 문명의 관계에 대한 은유가 될 만한 것이었다. 이를테면 자연경관은 우리가 인공형태를 만든 기간보다 훨씬 더 오랫동안 우리에게 '각인imprint'되었다. 인류 발전의 99퍼센트가 자연경관에서 일어났다. 단지 1퍼센트만이 마을, 건물 등의 인공경관에서 일어났다고 할 수 있다.

경관은 우리 주변 환경이 보여 주는 풍경이나 도시의 모습이다. 경관은 실물, 객관적 실체로서의 환경이라기보다는 우리에게 '보이는' 환경이다. 경관은 한 지점에서 보이는 지표면의 어떤 부분을 가리키는 말이면서 일정한 땅의 물리적 형태(보이는 것)에 시각 개념(보이는 방식)을 결합시킨 것이다. 경관은 철저하게 시각적인 개념이다. 보는 주체는 경관 밖에 위치한다. 우리는 경관 속에 살지 않는다. 우리는 경관을 바라볼 뿐이다.

경관은 그것이 동원하는 것에 의해 만들어지면서 단숨에 펼쳐짐으로써 우리가 '삶의 테두리'라고 부르는 것이 된다. 이런 경우 경관은 특정한 장소에서 무엇이 '자연스럽고natural' 무엇이 '옳은가right'의 조건을 형성하기 위해 이데올로기적으로 작용한다. 경관은 특정한 맥락 속에서 장소에서 살아가기 위한 '가능성의 조건conditions of possibility'을 수립한다. 삶의 테두리는 인간 환경의 전체와 조건이다. 이 환경은 본질에 있어서 인간적일 뿐 아니라 생태적이고 물리적이기 때문이다.

삶의 테두리가 구축한 세계는 거주의 장소이다. 그것은 우리가 스스로 위치시키고 생활에 의미를 부여하는 터전이다. 그것은 삶의 테두리 내에서 인간의 장소를 이해하는 방식, 그와 동시에 가로·주유소·숲·밭·주택으로 이루어진 세계 내에서 현명하게 사는 방식을 모색하는 것이기도 하다. 특히 녹지는 건강한 주거공간을 구성하는 필수 불가결한 부분이다. 매일 녹지를 접할 필요가 있다. 큰 공원도 필요하지만 모든 시민이 생활 속에서 녹지를 접할 수 있도록 작은 녹지가 도시 곳곳에 분포해 있는 편이 삶의 테두리를 구성하는 데 바람직하다. 삶의 테두리는 더 이상 감지된 경관이 아닌, 어떠한 집합이자 환경이 되는 것이다. 머물고, 거닐고, 서로 모여 사는 곳, 우리가 편안함을 찾을 수 있는 바로 그런 곳 말이다.

근래의 도시계획은 인구 밀도가 높은 도심에서 생물다양성을 갖춘 공간을 조성하려고 시도하지만 그리 성공적이지는 않아 보인다. 물론 아예 없는 것보단 낫지만 충분하지는 않다. 생물학자 리처드 풀러Richard Fuller는 "선호되는 풍경과 실제로 사람들에게 이로운 풍경 사이에는 큰 차이가 있다"고 말한다. 만약 모든 사람들이 잔디밭을 보는 것만으로 행복해질 수 있다면, 도심에서 교외로 이주하는 것이 정신건강에는 좋다고 평가할 수 있을 것이다. 영국 셰필드 시 근처 공원들을 이용하는 시민들을 설문조사한 리처드 풀러 연구팀의 보고에 따르면, 시민들은 잔디밭과 작은 나무 몇 그루만 펼쳐진 공원보다는 다양한 종류의 나무와 새들이 많이 있는 공원에서 시간을 보낼 때 심신이 더 상쾌하고 안정되고 덜 공허한 느낌이 들었다고 한다. 더 다양하고 더 혼잡한 풍경일수록 인간에게 이롭다.[10]

삶의 지평선

삶의 테두리와 그 안에 있는 인간 환경 그것이 단번에 말하는 것은 사물들이 거기-있다는 것의 지리성, 우리의 실존이 시작되는 그 지리성이다. 엘리아데Eliade가 강조한 바에 따르면, 원시인들은 "자신이 사는 영역과 그 영역을 둘러싼 미지의 불확정적인 공간 사이에 대립을 상정했다. 그들이 사는 영역은 '세계'—더 정확히 말하면 '우리의 세계'이고 우주이다. 나머지 영역은 우주가 아니라 일종의 '다른 세계'이고 낯선 혼돈의 공간이며 유령과 악령과 '낯선 이들'이… 거주하는 곳이다". 원시인들의 공간 체험은 인간을 받아주고 보호하는 거처로 여겨졌던 동굴의 모습에서 영향을 받은 것으로 보인다.

삶의 테두리라는 경계가 있어 우리는 보호되고 거주지에 위치한다. 삶의 테두리, 바로 그것이 전적으로 인간이라는 존재의 거처이다. 인

---

10. 현대인은 탁 트인 풍경을 좋아하지만 동시에 본인이 안전한 곳에 있다는 느낌을 선호한다고 알려져 왔다. 이러한 성향은 인류의 조상들이 오랫동안 아프리카 사바나 초원에서 수렵채집 집단으로 살면서 늘 보던 풍경과 일치한다. 도시 풍경의 생물적 다양성이 내포한 미적 가치에 대한 연구는 아직 초기 단계에 있지만, 지금까지의 연구 결과에 따르면 잘 정돈된 잔디밭과 관목은 자연을 갈망하는 인간의 두뇌에 공허하게 느껴질 수 있다. 인간 두뇌는 잘 정돈된 잔디밭보다 다양하고 복잡한 생태 환경에서 비자발적 주의 상태로 전환해 긴장의 끈을 놓기 쉽기 때문에 더 큰 심리적 안정을 느낄 수 있다고 한다. 찰스 몽고메리(2014), 윤태경 옮김, 『우리는 도시에서 행복한가』, 미디어윌, 183~188쪽 참고.

간이 거주하는 공간이 유한하다고 말하려면 공간이 끝나는 경계선이 있어야 한다. 낮에 뚜렷하게 보이는 공간들은 지평선이라는 다른 종류의 경계선을 가지고 있다. 지평선이란 말은 그리스어 어원에 의하면 둘러싼다는 뜻이다. 지평선은 인간의 시야를 둘러싼다.

지평선이란 무엇인가? 단순히 지리학적 정의로는 하늘이 지표면에 얹힌 곳에 있는 선이라고 규정할 수 있다. 지평선은 어떤 물체에 의해 가려지지 않는 이상 일정한 지역 안에서 우리의 자연스러운 시야를 사방으로 에워싼다. 지평선은 언제나 인간이 서 있는 높이에 머물러 있다. 오토 프리드리히 볼노브Otto Friedrich Bollnow에 따르면, 아무리 인간이 자신의 모든 한계를 넘어서는 존재로 규정하더라도 그는 지평선을 넘어서지 못한다. 지평선은 삶을 체험하는 테두리로서 절대적인 경계선이다. 지평선을 규정하는 가장 좋은 방법은 칸트의 개념을 빌려 지평선이 인간이라는 세계—내—존재의 초월적 구성틀에 속한다고 말하는 것이다.

반 퍼슨은 지평선에 대해서 흥미로우면서도 중요한 생각을 해낸다. 그에 따르면, 인간이 세계에서 적응하고 살게 하는 것은 지평선이다. 왜냐하면 "인간은 무한한 세계에서 살 수 없고, 무한한 시야는 인간을 불안하게 만들기" 때문이다. 그럴 때 인간은 자신이 버려졌다는 느낌을 받는다. 인간을 둘러싼 공간을 유한하고 조망할 수 있는 환경으로 통합하는 것이 지평선이다. "지평선은 이처럼 보호하는 면모를 보여 준다." 반 퍼슨은 이렇게 말한다. "지평선은 인간을 에워싸면서 인간의 고향이 되어 준다." 지평선은 세계를 인간을 품는 집으로 만든다.

니체는 『반시대적 고찰』의 2부에서 지리학 개념인 지평을 비유의 의미로 삼아 말하기를, "살아 있는 모든 것은 지평 안에서만 건강해지고 강해지고 열매를 맺을 수 있다. 자신의 주변에 지평을 만들지 못하면… 힘을 잃고 쇠약해지거나 때 이르게 몰락한다. 유쾌함, 양심, 쾌활한 행동, 다가올 일에 대한 믿음―이 모든 것은… 조망할 수 있는 것, 해명되지 않는 어두운 것과 밝은 것을 구별해 주는 선이 존재할 때 가능하다"고 했다. 여기서 강조할 점은 삶의 테두리가 하나의 관계, 즉 인류가 지구의 면적과 동시에 맺는 생태학적·기술적技術的·상징적인 관계라는 사실이다. 바로 이 점에서 지구는 인간적이고, 인류는 지구적이다. 따라서 삶의 테두리는 측정할 수 있으면서도 동시에 측량할 수 없다.

　삶의 테두리에 지리적 성격을 부여한 에릭 다르델Éric Dardel에 의해 풍경이라는 개념으로 제안할 수 있다. 동물의 본능적 생존은 환경과 관계하고 있으나 인간의 지평성은 풍경의 세계를 형성한다. 우리가 어떤 낯선 세계에 들어갔을 때 그 세계가 가지고 있는 자연의 경이로운 경관과 그 경관의 분포적 특성에 대해 그리고 그 속에서 사는 사람들의 삶의 양식에 호기심을 갖는 것은 자연스러운 발상이다. 그것은 인간 삶의 어떤 지리적 공간 속으로의 적응적 과정의 시작이라고 할 수 있다. 그런데 경관에 대한 사고에는 르네상스 시대 베네치아와 플랑드르에서의 상업 자본주의 출현으로까지 거슬러 올라가는 특별한 역사가 있다. 영어로 'landscape painting'이라고 쓰는 풍경화는 '광학'의 재발견과 새로운 항해술, 새로운 상인 계급의 발전과 함께 출현하였다.

　예를 들어, 차를 타고 이동하고 있는데 갑자기 더 이상 저쪽으로 가고 싶지 않고, 그 길로 계속 가고 싶지 않은 때가 있다. 풍경을 지나치지 않고 멈추고 싶을 때가 있는 것이다. 바로 거기서만 볼 수 있는 것, 다른 어디에서도 만날 수 없는 것으로, 풍경이 가진 유일함을 강조한다. 그때의 풍경은 보통 사물로서 가지는 익명성과 무기력함에서 빠져 나오도록 한다. 요컨대 내가 정말 이곳에—다시 살아난 '그곳'에—있다는 갑작스러운 느낌, 독일어로 da-sein이라 표현하는 이 느낌, 그리고 내가 존재한다는 느낌을 우리에게 주는 것이다. 그리하여 풍경은 생명의 매개체가 된다.

풍경의 성격은 대개 땅과 하늘과의 관계에서 결정된다. 풍경은 객관적인 공간과는 다르다. 풍경은 마치 생명체처럼 시점의 위치와 시선에 따라 변하기 때문이다. 풍경은 스스로 나타나야 하는 것이며, 아니 그보다는 한순간에 형성하는 것이고, 본질은 영향을 주고 확산하는 것이며, 분위기인 것인 동시에 전파되는 것이어야 한다. 물리적으로 그래야 한다. 하늘의 경우에 빛과 구름과의 색, 그리고 땅의 경우에 지표면의 기복과 식생과 질감 등이 일으키는 상호작용의 여러 가지 양상에 따라 그 성격이 결정된다. 그 외에도 산, 수목, 물과 같은 사물들을 중심으로 풍경은 펼쳐진다. 이리저리 흔들리는 가지가 무성한 나무들, 갑자기 구름을 뚫고 나오는 빛이 바로 그것이다. 마을은 이러한 풍경 속에 자리한다. 풍경과 마을은 상응 관계 속에 있으며, 풍경의 의미가 마을 속으로 스며든다. 즉 마을의 형태와 자연적 풍경의 조건은 서로를 머금는 관계를 갖는다.[11]

풍경이라는 현상은 시점과 시선에서 독립적이지 않다. '풍경을 본다'라는 것은 시점과 시선을 이용한 매우 창조적인 행위임을 새삼 느끼게 된다. 그렇다고 전망이 풍경을 만들어 내는 것은 아니다. 놀라운

---

11. 불어의 "풍경(paysage)"은 "고장(pays, 마을)"에 "-age"라는 접미사가 풍경이라는 단어를 만들어 내고, 이것이 프랑스에서 ('집합', '행위', '행위의 결과'라는) 세 가지 가치를 내포하고 있다. 우리는 풍경을 "고장을 전반적으로 인식하는 것"이라 정의한다. 풍경이란 간단히 말해 '조합'이다(보들레르는 "그러한 나무와 산과 물, 집들의 결합을 두고 우리는 풍경이라 부른다"라고 말했다). 그리하여 이러한 논리에 따라 풍경이라는 것은 "시선, 아니 정신이 전체적인 의미 속에 모아 놓은" "서로 분리되어 있고 일정치 않은 모양의 요소들의 결합"이라 정의하게 되었다. 그리고 풍경적 행위(paysagement)라는 것은 고장에서 풍경을 추출해 내자는 것이고, 고장에서부터 풍경을 발전시키자는 것이다. 프랑수아 줄리앙(2016), 김설아 옮김, 『풍경에 대하여』, 아모르문디, 138~140쪽 참고.

것을 말하는 것도 아니다. 풍경이란 보기 드물다고 만들어지는 것도 아니다. 다시 말하지만 전망과 구별되는 것이다. 전망이란 "~의 전망", "~을 향한 전망" 등 그것은 항상 위치의 결정과 연결되어 있다. 하지만 풍경은 그 안에서 자신의 지점을 초월하면서 이 지점을 세상에 대한 매개물로 만든다. 시점의 위치에 따라 사물의 배열이 변화하고, 그로써 그 형태의 게슈탈트가 근본적으로 해체되어 새로운 도형을 의식하게 된다. 시각의 변화는 풍경의 실존이며 자연은 자신의 진실을 드러낸다. 풍경의 의미는 그곳에 실존하는 자가 자기 실존의 고유영역으로 돌아올 때 비로소 주어진다. 그러기에 인간과 독립된 그 자체의 자연적 풍경은 존재할 수 없으며, 또한 자연적 풍경을 초월하는 인간도 존재할 수 없다.

지평의 체험, 풍경

산은 단순히 감각으로 우리에게 다가오는 것이 아니라 지구 전체에 대한 제유提喩로서의 의미를 지닌다. 물론 그것은 추상적인 추리로 이어지는 관계가 아니라 우리의 감정을 통해서 직접 느껴지는 것이다. 순간과 한 지점에 한정된 우리의 지각에 작용하는 지평을 매개하는 것은 어떤 감정 상태이다. 우리의 현실 지각은 부분적이면서도 언제나 그것을 에워싸고 있는 환경에 이어져 있다. 이때의 감정은 단순히 주관적인 심리 현상이 아니라 바깥의 정세情勢를 말하여 주는 감정에 의지하고 있다고 해야 한다. 전체는 대체로 배경의 또는 바탕의 감정으로서 우리에게 현존하는 것이 되는 것이다. 산은 감정의 제유로서 우리에게 지구를 지각하게 한다. 그런 점에서 보면, 풍경은 "인간 존재의 총체성, 그가 지구와 맺는 실존적 유대, 혹은 이를테면 그의 시원적인 지리성을 문제 삼는다. 지구는 그가 자기를 실현하는 장소, 토대 그리고 수단인 것이다".

산이나 지구가 우리에게 감정적 의미를 지니도록 하는 것은 단순히 커다란 땅덩어리라는 사실로 인한 것이 아니라, 그것이 우리의 삶에 깊이 관계되어 있기 때문이다. 물론 여기에서 삶에 대한 관계란 실용적인 것보다는 삶의 전체에 대한 느낌이다.[12] 산은 눈앞에 보이는 산이면서 그것을 넘어가는 전체성을 시사한다. 이러한 경험에서 목전의 것과 그 너머를 이어 주는 것이 지평이다. 지평은 큰 테두리가 그보다 작은 이곳 여기에 삼투하여 존재하는 방식을 가리킨다. 우리가 보는 지평이나 산은 한 번에 지각으로 주어진다. 지평은 물론 우리의 시각에 나타난다. 또 그것은 우리에게 어떤 정서를 불러일으킨다. 그러나 그것들은 실용성이나 과학적 관심과는 거리가 있는 느낌이다.

지평은 순수하게 봄과 보임의 공간에 한 번에 존재한다. 우리가 사는 현실의 핵심이 물건을 만지고 신체를 움직이는 공간에 있다고 한다면, 지평의 체험은 어디까지나 가능성으로서의 열림에 머문다고 할 것이다. 마찬가지로 산은 그 거리와 크기로 인하여 거의 자동적으로 관조라 부르는 태도를 유발한다. 그것은 사물에 대하여 일정한 거리—그러니까 실용적인 의도로부터의 일정한 거리를 유지하면서 사물이 나타나는 그대로를 보는 것을 말한다. 이것은 어떤 사물의 있는 그대로 또는 그 미적인 성질의 관점에서 보는 것을 말하지만, 세계의 일체의

---

12. 산을 보는 감정이나 감흥은 작은 지각 체험에 촉발되어 삶의 실용적 맥락을 넘어가는 형이상학적 해방감을 가져온다. 이 형이상학적 해방감은 어떤 적극적인 의미를 가진 것이 아니라 주어진 삶으로부터 거리감일 수도 있다. 순간의 의아감도 그러한 거리를 만든다. 그러나 궁극적으로 이 의아해하는 마음은 실존적 전율을 동반하는 것일 수도 있고 또는 삶의 초월적 근거에 대한 외포 또는 외경으로 이어지는 것일 수도 있다. 해방감이 형이상학적이라고 하는 것은 그 체험이 정서나 감각의 직접성을 가진 듯하면서도 그것이 사실적으로 주어지지는 아니하기 때문이다. 김우창(2014). 『깊은 마음의 생태학』, 민음사, 256~261쪽 참고.

것을 그러한 거리 속에서 보는 것을 의미할 수도 있다.

영국의 대지예술가인 리처드 롱R. Long은 아예 자연에 대한 인간의 개입을 최소화함으로써 자연이 인간에 의해 소유되는 대상이 아니라 인간이 거쳐 가는 장소임을 보여 주고 있다. 그는 도보 여행을 하며 체험하는 풍경 그 자체가 예술이라고 말한다. "길은 수많은 여행자들의 현장이다. 걸으면서 지나간 장소는 걷기 전이나 걷고 난 후에도 같은 곳에 존재한다." 만일 누군가가 그 길을 걸으면서 땅 위의 돌들을 한 줄로 배열하였다면 그것은 인간이 그 장소를 거쳐 갔음을, 또 그 장소에서 풍경과 하나가 되어 자연의 일체감을 느꼈다는 것을 확인하는 것이다. 예술은 그러한 존재의 신비를 드러낸다. 이렇듯 우리가 의식하는 지평—자연과 세계, 존재하는 것에 대해 모든 것이 잠재적으로 관계되어 있다. 이것이 현실이 되는 것은 말할 것도 없이 우리가 그 지평을 가로질러 여행함으로써다.

일상적인 차원에서 보면, 어떤 풍경을 바라보면서 느끼는 편안한 마음에서도 나타난다. 어느 날 창을 열고 얼굴을 밖으로 내밀다 보면 하늘과 땅의 상관관계에서 펼쳐지는 맑은 풍경이 한순간 우리를 감격하게 할 만큼 우리에게 가득하게 다가오는 경우가 있다. 얼마 전 세르비아 출신의 건축가이자 지도 디자이너인 저그 세로빅Jug Cerovic이 국내 포털업체인 네이버와 함께 만든 지하철 노선도가 화제가 된 바 있다. 서울의 중심인 남산을 가운데 두고 한강을 곡선으로 표현했으며 여의도도 섬으로 그려 넣었다. 기존의 노선도에 담겨 있던 추상적인 점과 점의 관계가 서울의 실제 지형을 반영하여 다시 배치된 것이다. 구체적인 장소들이 첨가된 이 새로운 지하철 노선도를 보면서, 평준화되고 균질화되는 오늘의 도시에서도 지형, 풍경, 장소는 여전히 힘을 가질 수 있음을 배우게 된다. 이때의 풍경은 우리를 들어 올려 정신적인 것에 닿도록 한다.

다시 말해 풍경이란 우리의 마음을 우연히 또는 어쩌다 보니 '움직이는' 것이 아니라 필연적으로 '건드린다'. 풍경이란 세상이 그 활발한 상관관계를 통해 그 자신을 발산시키며 열릴 때, 그리하여 우리가 그것을 느끼도록 나타난다. 감각적 가득함이 있으면서 일정한 거리 속에 펼쳐지는 풍경은 우리에게 기쁨을 준다. 이럴 때 풍경은 우리에게 새로운 무언가를 보여 준다. 그것은 동시에 바라봄을 가능하게 하는 기쁨이다. 이 기쁨은 활기를 부여하는데, 이것은 단지 은유적인 의미만을 지니고 있지 않으니, 자연에 '연결된' 우리는 그 안의 생명력에 기대어 그 생명력을 실질적으로 이용해 왔다. 유념해야 할 것은 풍경이 질서에 대한 요청이 아니라 삶을 만들어 내는 긴장감의 촉발을 활성화하는 요청에 응한다는 것이다.

생명체의 근원적 필요의 하나는 자신의 삶을 규정하는 근본적 조건의 확인이고 그에 대한 신뢰이다. 그것은 세속화되는 세계에서 삶과 세계에 대한 초월적인 근거에 관한 탐구가 끊이지 않고 이어지는 이유일 것이다. 하늘과 땅 그리고 그것이 시사하는 거대한 공간은 우리의 삶의 근간을 이룬다. 어떠한 인식이든 그것은 주관적이거나 주관의 형식에 의하여 구성되는 것이라고 하더라도 인식 대상의 규모가 우리에게 영향을 미친다. 산은 우리의 보는 눈을 제약한다. 오히려 산은 우리를 압도한다.

지구는 이론적으로는 하나의 구체球體이고 행성이다. 그러나 그것은 또한 우리의 감각적 경험의 배경으로 언제나 존재하는 어떤 것이다. 그것은 무게와 안정의 근원적인 원천이며, 풍경은 그 위에 안정한다. 그것은 옆모습을 가지고 있지 않고, 그 윤곽을 한눈으로 살필 수 없기에 완전히 탐지될 수 없고, 지각의 대상이 될 수 없다. 하지만 그것의 현존은 근원적이다. 우리의 세계에 대한 체험에서 가장 중요한 것은 지구, 바다, 도시와 같은 것인데, 이것들은 우리를 둘러싸고 있으면서, 소유할 수도 없고 형체도 없고 시작도 끝도 없는 어떤 것이다. 파스칼은 "이 무한한 공간의 영원한 침묵이 나를 두렵게 한다"고 말한다. 그는 이처럼 자신을 무화시키는 우주 공간의 광활함에 대한 경이로움에 사로잡히면서도, 동시에 "우주는 공간으로 나를 한 개의 점으로 에워싼다. 그러나 나는 사유로 우주를 포용한다"는 역설적인 공간적인 체험을 말한다.

바라봄이 공간을 만들어 낸다. 본다는 것은 생각 이전의 생각, 즉 여기에서 생각은 한다기보다는 주어지는 것이다. 그리고 그것은 눈으로 보는 대상에 일치한다. 거기에는 생각에 따르는 애씀도 없고 의지적으로 시도하는 생각에서와 같은 대상과의 거리도 없다. 생각은 감각에 일치한다. 만일 산을 바라보는 일에서 우리가 조화와 통일의 느낌―하나가 됨의 느낌을 갖는다면, 이 하나 됨은 생각과 감각의 하나 됨도 포함하는 것이다.

오늘날 환경심리학에 따르면 사람들이 어떤 공간 속에서 아늑함을 느끼는 데에는 몇 가지 조건이 있다고 한다. 이 가운데 특히 중요한 것은 이른바 인간적 규모human scale라는 개념이다. 말하자면 공간의 크기나 배치가 적당한 물리적 한도를 지켜야 한다. 공간의 배치가 너무 넓어도, 너무 훤하게 트여 있어도 사람들의 정서는 불편해진다. 이 점에서 전통 건축이나 도시 조경은 적어도 인간적 크기를 넘지 않았으며, 그 결과 사람들은 안락함을 느낄 수 있었다. 반면 턱없이 큰 광장을 추구하는 것은 근대적이다. 4개의 트인 도로에 둘러싸인 반듯한 사각형의 이런 공간 속에서 사람들은 편안하지 않다. 소위 '광장공포증'은 이런 취향 때문에 생겨난 것이다.

인간과 환경의 관계에 관심이 있는 지리학은 기본적으로 자연환경을 심각하게 고려하지 않을 수 없다. 환경의 제약을 크게 받던 과거로 갈수록 인간 생활을 고려할 때 환경의 영향을 보다 심도 있게 고려해야만 했다. 근대 이후 환경을 극복하는 인간의 능력이 진보를 거듭해왔고 그 결과 오늘날에는 기술적으로 환경적 제약의 한계를 뛰어넘을 수 있는 여지가 많아졌다. 이는 한때 인간 생활의 역할이 약화하였음을 의미하기도 했으나 최근에는 반대로 환경에 관한 관심의 증가로 귀결되고 있다. 환경은 극복해야 할 대상이 아니라 인간이 어울려야 할 동반자이기 때문이다. 따라서 여전히 환경은 인간 생활을 이해하기 위한 필수적인 밑그림이다.

자연과 문화의 경계, 지리적 존재

우리는 자신이 생물학적 자아라는 사실을 부정할 수는 없다. 인간을 움직이는 것은 본능이다. 어떤 사람이건 공기가 맑고 햇빛이 많은 곳을 좋아한다든지, 먹을 것이 풍부한 곳을 선호한다든지, 부드럽고 온난한 기후를 선호하고 지나치게 건조하거나 추운 곳을 회피한다든지 하는 기본적인 경향은 공통되게 지닌다. 우리의 몸은 공기와 영양분을 취하고 찌꺼기를 배출하는 그릇이다. 이는 분명 인간이 보편적으로 지닌 생물학적 경향이기도 하고, 또 이것이 몸의 습성과 관련해서는 기본적인 토대를 이루기도 한다.

그러나 인간에게 그것은 환경 조건에 대한 충분한 지침의 역할을 하지 못한다. 다만 이러한 보편성을 지향하고 전제하면서도 어쩔 수 없이 주어진 자연환경에 최대한 적응하는 과정에서 문화적 차이가 불가피하게 나타난다. 에스키모인들은 아프리카에 사는 원주민과 신체적인 습성을 비롯해 여러 면에서 다를 수밖에 없다. 모든 문화는 나름의 전형적인 신념, 규범, 가치를 가지고 있지만, 이것들은 끊임없이 변화한다. 환경의 변화나 이웃 문화와의 접촉에 반응해 스스로 모습을 끊임없이 바꾼다.

지도와 지리적 존재

동물은 환경 세계에 닫혀 있다고 한다면 인간이 관계하는 환경 세계는 고정적이지 않고 가변적·중층적이라는 점이 다르다고 할 수 있다. 애니미즘이 지배적인 신념체계일 때 인간의 규범과 가치는 동물, 식물, 요정, 유령 등 다양한 존재들의 관점과 이익을 고려하게 된다. 세상에 존재하는 것들은—모든 장소, 동물, 식물, 자연현상이 의식과 감정을 지니고 있으며 인간과 직접 의사소통을 할 수 있고 더 나아가 자신들이 더불어 사는 거주지를 다스리는 질서에 대해 협의했다. 그래서 수렵채집인 무리는 어떤 연유로 이를테면 큰 무화과나무를 베지 못하게 한다든가 흰꼬리여우의 사냥을 금지할 수 있었다.

인간 몸의 문화적 성격은 몸이 폐쇄적이고 고립적인 경향을 지니는 것이 아니라 부단히 타자와 연관을 맺고 결합하려는 경향을 지니고 있다. 예컨대 샘, 유령, 데몬 등이 애니미즘계를 구성하는 것과 같이 애니미즘은 인간을 세상에 살고 있는 수많은 존재 중 하나에 불과하다고 보았다. 애니미스트는 말이나 노래, 춤이나 의식을 통해 이들 모두와 직접 소통할 수 있다. 이 모든 소통행위의 특징은 말을 거는 대상이 국지적 존재라는 점이다. 우주적인 신들이 아니라 특정한 사슴, 나무, 시냇물, 유령이다. 이런 종교는 세계관이 매우 국지적이고, 특정 장소나 기후 현상이 지닌 독특한 측면을 강조하는 경향이 있다. 대부분의 수렵채집인은 면적 1,000제곱킬로미터도 안 되는 지역에서 평생을 보냈다고 한다. 살아남기 위해서, 특정 계곡에 사는 사람들은 그 계곡을 지배하는 초인적 질서를 이해하고 그에 맞춰 행동할 필요가 있었던 것이다.

인간이 아직 가보지 못한 미지 세계의 관심은 인류의 탄생과 함께 지속해 왔다. 미지의 세계에 관한 관심과 더불어 자기가 어디에 있는지 확인하려는 인간의 부단한 욕구로 인해 지도가 만들어지게 되었다. 모든 지도는 땅의 형태를 표현하는 것을 목표로 해 왔다. 땅의 형태는 지구의 표면과 거기에 존재하는 사물로 구성되어 있다. "내가 있는 곳은 여기야"라는 말과 함께 손가락으로 지도를 가리키는 제스처를 하게 된다. 그러면서 지도가 제공하는 정보를 "신체적인 방향 공간성"으로 바꿔 읽으면서 목적지로 이동하게 된다. 지도는 우리 신체로, 특히 시각으로 보려고 해도 볼 수 없는 지표를 축소하고 요약해서 보여 준다. 신체와 지표를 가교로 하여 지표를 우리의 신체 안으로 거두어들이는 인터페이스가 바로 지도다.

인간은 기껏해야 지상 2미터 높이의 시선으로 주위를 둘러보고 확인하고 생활하고 활동한다. 그 상태로는 좁은 범위의 지표밖에 둘러볼 수 없다. 게다가 지상에는 산악이나 삼림 등 시선을 방해하는 사물도 많다. 그러므로 인간에게는 이러한 제약을 넘어 지표를 널리 둘러보고 싶은 바람이 있는 것이다. 하늘, 그리고 그곳을 날아다니는 새에 대한 동경은 이러한 바람의 중요한 요소가 된다. 옛날부터 통치자는 지상에서는 멀리 볼 수 없는 지배 영역을 작은 산의 정상에 올라가서 내려다보면서 자신의 권위를 과시하는 의식을 치르기도 했다.

처음부터 지도는 직접 이용할 수 있는 도구로 존재했다. 도구로 사용된 지도는 분명한 목적을 가졌기에 부족의 생활 영역을 다소 충실하게 재현한 약도였다고 한다. 지도를 보는 행위는 산과 평야, 하천, 길 따위를 알아보는 것이다. 지도에 그려져 있는 것, 그리고 기재되어 있는 것에서는 그 목적에 도움이 되는 정보를 얻는다. 현재에도 문명의 발달이 늦은 민족들은 넓은 지역을 이동하는 데 정확한 지리적 지식을 가지고 있으며 지도 제작의 능력도 우수하다.

인간이 자기의 생활반경을 그림을 곁들여 설명하고 그 지식을 이웃이나 후손에게 전달하기 위해 지도를 만든 것은 아주 오래전부터의 일이다. 이러한 예는 경험이나 경험 세계를 개인 차원에서뿐만 아니라 문화를 공유하는 인간 집단의 차원에서도 공유할 수 있다는 것을 보여 준다. 따라서 경험 세계의 안과 밖이라는 말은 개인을 넘어선 문화 집단의 차원에서도 사용할 수 있을 것이다. 그렇다면 두 가지 경험 세계가 존재한다는 말이 된다. 하나는 개인이 자신의 오관을 통해 지각하는 경험세계다. 또 하나는 개개인의 경험들을 묶어서 집단으로 공유할 수 있는 경험세계다. 그것이 바로 전 시대에 걸쳐 지도가 이야기하고 그리려고 해 온 것이다.

지도사가들의 말에 따르면 원시 사회의 초기부터 주거지와 자연환경을 묘사하는 간략한 형태의 지도들이 제작되었다고 한다. '문자로 기록된 것을 가지고 역사를 이해한다면 지도의 역사는 이것보다 더 오래되었다. 지도의 제작은 문자를 선행한다'라는 말이 있듯이 문자를 갖지 않은 미개 민족도 이전부터 지도를 지니고 있었다. 하지만 지도에 무엇이 그려졌는지, 또 그려진 것이 무엇을 의미하는지는 역사적으로나 사회적으로나 다양하다.

예를 들어 사하라 사막의 유목민인 베두인족은 색깔 있는 모래나 자갈을 이용하여 지형의 분포적 특성과 각 위치를 나타내는 사지도砂地圖, sand map를, 에스키모 원주민들은 물개 가죽 위에 나무 조각을 붙여 육지나 섬의 윤곽을 나타내거나, 혹은 나무 조각에 해안선의 형태를 조각한 모습의 지도를, 마셜제도의 원주민들은 코코야자나무 잎줄기에 돌이나 조개껍질을 엮어서 섬의 위치나, 해류, 파도의 방향 등을 표시하는 지도를 지니고 있다.

인간은 지구의 표면, 즉 지표를 활동의 장으로 삼아 왔다. 현재까지 공중은 물론이고 지표에 속하기는 하지만 수중은 아직 인간의 활동이나 생활의 장으로 보기 어렵다. 인간은 여전히 땅을 떠나서는 살 수 없는 상황에 머물러 있다. 인간 존재는 지리적 존재이다. 그러므로 내가 어떤 위치에 놓여 있는가는 '나'를 이해하는 중요한 준거가 된다. 어떤 한 사람이 누구인지 또는 어떤 존재인지를 알기 위해서 일반적으로 그 사람의 이름 다음으로 중요하게 여기는 것은 출생지·국적·주소(거주지)이다. 더 상세하게는 그가 속하고 있는 대륙·반도·도시·지방이 관심의 대상이 된다. 이상의 사실에서 알 수 있듯이 인간은 자신이 사는 삶의 공간상에 있는 여러 가지 지리적 요소(자연적·인문적 요소)들의 위치(절대적·상대적 위치)와 이에 따른 각각의 요소들의 공간적 분포 특성에 관심을 보이고, 그것을 그들 삶과의 관계라는 맥락적 필요성과 자신의, 혹은 집단의 경험적 이미지와 결합하여 지리적 존재의 삶의 방식을 구성해 간다는 것을 알 수 있다.

전통적으로 땅이라고 하는 단 하나의 매개물로 수많은 신체가 사회적 장을 형성한다. 지금까지의 일상생활을 보면 우리는 대개 오가던 범위에만 머물며 살아왔다. 하지만 철도나 자동차와 같은 기계적 교통이 발달하면서 도시는 공간적으로나 사회적으로 확장하였다. 스마트폰 지도에서 길 찾기를 하면 지하철이나 버스 등 대중교통, 자가용, 자전거, 도보 등 네 가지 방법이 나온다. 같은 목적지라도 지나가는 경로가 다르고 시간과 거리가 다르다. 이를 통해 도시 안에서 목적지로 갈 수 있는 모든 방법을 알려 준다. 그러나 내비게이션의 지도는 자동차를 위한 정보만을 제공한다. 자동차 전용으로 개발된 것이므로 정보가 배타적인 것은 당연한 일이다. 문제는 오늘날의 도시 계획이 오직 자동차만을 중심으로 이루어지고 있다는 점이다. 지도에 담긴 네 가지 방법들 중 자동차용 경로만을 기준으로 삼는 것이다.

'탐험하고 정복한다'는 근대의 사고방식은 세계지도의 발전에 잘 나타난다. 근대 이전에도 수많은 문화권에서 세계지도를 그렸다. 단언하건대, 그중 어느 것도 세계 전체를 정말로 알고 그린 것은 없었다. 낯선 지역은 그냥 빼 버리거나 상상 속의 괴물이나 불가사의로 멋대로 채워놓았다. 이런 지도에는 빈 공간이 없었다. 이런 지도들은 세계 전체에 대해 잘 알고 있다는 인상을 주었다. 15~16세기에 유럽인들은 빈 공간이 많은 세계지도를 그리기 시작했다. 비어 있는 지도는 유럽인 자신들이 세계의 많은 부분에 대해 무지하다는 사실을 분명하게 인정했다는 점을 의미한다. 이것은 유럽인의 제국주의 욕구뿐 아니라 과학적 사고방식이 발전하기 시작했다는 것을 시사한다. 유럽인들은 마치 자석처럼 지도에서 비어 있는 곳들로 이끌렸고 공백을 신속하게 채워넣기 시작했다. 그 시기에 유럽 탐험대는 아프리카를 일주하고, 아메리카를 답사했으며, 태평양과 인도양을 횡단하고, 세계 전역에 그물처럼 기지와 식민지를 건설했다. 이처럼 지도는 전통적으로 권력의 도구이다. 영토를 지배하기 위해서는 영토를 관리해야 하고, 이를 위해서는 영토를 주파해야 한다. 그래서 지도가 필요하다.

지(地)-권력과 영역

조선 시대에는 왕권의 강화와 국가 통치의 필요성으로 행정구역의 이름을 수집하며 수많은 행정지도가 제작되었다. 또 다른 지도들은 이와 반대로 한반도를 관통하며 지속적으로 이어지는 산맥 체계에 따라 산줄기와 물줄기를 강조한다. 조선 시대 지방의 군현 지도들은 사방이 산으로 둘러싸인 도읍에서 성곽, 감영, 봉수, 창고, 도로망 등이 산세의 어디에 위치하는지를 보여 준다. 지도는 단순히 공간을 재현하는 것이 아니라 '재현의 공간'으로서 각 역사 고유의 공간 지식의 기록 방식을 보여 주는 역사적 자료인 것이다. 국가의 영토에 대한 지도를 만들어 내는 것은 일종의 지-권력geo-power이며, 영토 조사나 행정 항목을 생산해 내거나, 국경과 접경지역을 구획하는 것들도 마찬가지다.

유럽 중세에는 기독교 세계라는 유럽 전역의 보편제국 관념으로 인해 영토적 경계가 분명하지 않았다. 산과 강, 숲 등으로 막연하게 구분되던 애매한 영토 관념은 근대 국가의 성립과 더불어 '국경'으로 지도 위에 명확하게 표시되었다. 개별적이고 지역적인 국민/민족 국가가 등장하고 '국토'의 지위를 획득함으로써 국가 자체와 일체화되기에 이른다. 그리하여 국가는 자연적이며 영원한 실체라고, 어떤 시원적 시기에 모국의 흙과 사람들의 피가 섞여서 창조된 존재라고 주장한다.

하지만 국가는 상상의 공동체이다. 모든 상상의 공동체는 실제로 서로 알지는 못하지만 서로 안다고 상상하는 사람들의 공동체. 이 것은 새로운 발명은 아니다. 왕국, 제국, 교회는 상상의 공동체로 수천 년씩 기능해 왔다. 국민 또한 국가가 만든 상상의 공동체 효과이다. 즉 상호 주관적 실체라고 할 수 있다. 수천만의 한민족이 반만년 역사의 대한민국이라는 국가의 존재를 믿고, 국기인 태극기를 보면 흥분하고, 국가의 신화를 거듭 이야기하면서 국가는 상상의 존재라는 자신의 속성을 숨기려 최선을 다한다.[13]

---

13. 고대 중국에서는 수천만 명의 사람들이 서로를 단일 가족의 구성원으로 보았다. 천자가 그들의 아버지였다. 중세에 수백만 명의 독실한 무슬림은 그들 모두가 위대한 이슬람 공동체의 형제자매라고 생각했다. 하지만 이런 상상의 공동체는 서로서로 잘 알고 지내는 수십 명으로 구성된 친밀한 공동체의 보조 역할에 불과했다. 이처럼 오랜 옛날에도 민족은 존재했지만 그 중요성은 오늘날보다 훨씬 적었다. 국가의 중요성이 오늘날보다 훨씬 떨어졌기 때문이다. 게다가 고대에서 국가가 어떤 중요성을 지녔든 간에, 지금껏 살아남은 국가는 거의 없다. 현존하는 국가 대부분은 산업혁명 이후에야 진화한 것이다. 유발 하라리 지음(2016), 조현욱 옮김, 『사피엔스』, 김영사, 511~514쪽 참고.

지-권력이란 국가를 위해 작동하고, 국가에 의해서 만들어진 지리적 지식을 의미한다. 근대 국가는 먼저 지도 위에 영토를 명확히 설정하고 그 경계의 내부를 독점적으로 지배하는 형태로 상정되었다. 국가는 영토성을 통해 외부와 구별되는 대신 내부의 통일성을 추구한다. 이런 경우 '국민the nation'이라는 헤게모니적 개념이 구성되고 유지되는 것을 이해할 필요가 있다. 즉, 누가 시민이고, 어떻게 권리가 제한되며, 어떤 역사적 신화가 국민을 규정하고, 어떻게 그 국민이라는 것이 국가의 관료주의적 작동 속에서 제도화되는가 등과 같은 질문을 고민할 필요가 있다.

사람들이 각자의 삶의 터전을 만들고 그러한 삶터들이 평화롭게 공존할 수 있는 사회를 건설할 경우 지도에 의한 영토성 관념의 형성은 중요하다. 국민국가의 영토성에 의한 영역의 형성에서 중요한 세 가지 요소는 경계 만들기, 그 경계를 중심으로 안팎을 구분하기, 누구를 내부로 포섭하고, 다른 누구를 외부로 배제하는 통제행위이다. 지도가 표상하는 실재의 현실은 개인에게 생활의 공통성을 경험하고 민족적 정체성을 확인하게 한다.

따라서 국토에 대한 공속감은 영토민들이 하나의 사회체를 이루며 살고 있다는 무/의식적 연대감의 기초가 된다. 그것은 국가라는 사회체가 내세우는 주권의 정통성에 서슴없이 동의하게 된다. 일제가 한국을 식민화할 때, 가장 먼저 실시한 일이 토지조사사업(1910~1918)이었음은 잘 알려진 사실이다. 국토의 범위와 지리, 자연지형의 위치, 인구와 자원의 분포 및 이동, 생산물과 그 가치를 분석하여 일목요연하게 도해화함으로써 새로 획득한 지리적 영역 위에 식민지적 영토성을 구축하려 했던 것이다. 이보다 먼저 영국은 인도를 정복하면서 1802년 4월 10일 인도 대측량사업을 시작한다. 이 프로젝트는 무려

60년간 지속한다. 영국은 인도 전체의 지도를 꼼꼼하게 작성하고 국경선을 표시하고 거리를 측정했으며 심지어 에베레스트산을 비롯한 히말라야 봉우리들의 정확한 높이를 최초로 측량하기까지 했다.

지도의 형성과 발달을 통해서 보았듯이 인간의 존재는 지리적이라는 것을 알 수 있다. 이처럼 계통발생적으로나 개체발생적으로 유기체의 입장에서 처음부터 공간적 구별 능력 혹은 방향설정 능력이 시간적 구별 능력보다 생존과 직결될 정도로 중요하다. 인간적 삶과 공간 연관은 인간 존재의 근본조건이다. 말하자면 사물은 공간 안에 '존립'하고, 동물은 공간 안에서 생존하고 인간은 공간에 '거주'한다.

원시민족의 경우에 공간 표상은 분명히 여러 구체적 방향설정의 우연한 집합에 불과하다. 그러한 장소의 다양한 방향들은 어느 정도 정돈되어 있는데, 이 원시적인 '공간'은 집단, 가족, 종족이 체험했던 하나의 '공간'에 맞춰진다. 그것은 각 개인에 의해 체험되며, 무의식적으로 감정이 강조된 소정의 느낌과 결부되어 있다. 한편 고지도는 산맥과 강줄기를 보여 주지만, 현대 지도는 고속도로를 보여 준다. 이러한 고속도로의 승리, 즉 인간과 인간의 이동 승리는 바로 터널과 다리에 의해 가능해졌다. 터널과 다리를 통해 산과 강을 넘나드는 도로가 완성되고, 이로써 산과 강은 바라보는 대상으로 바뀐다.

지도가 발달하고 관심 영역이 늘어나면서 지형, 지역 구분, 생활방식, 민족 등 포괄적인 내용이 다루어지기 시작한다. 이처럼 인간의 공간 안에 있음은 여타의 존재자들과 다르며, 그것이 인간을 인간답게 만드는 고유한 존재 방식임을 절실하게 인식해야 한다. 인간의 활동 범위가 넓어지면서 삶의 반경도 확장되어 인간의 영역territory이 성립한다. 동물도 영역을 본능적으로 추구한다. 영역은 인류의 문명에서 무시하기 힘든 중요한 공간조직의 한 형태이기에 영역을 자연적으로 주어진 것으로 당연시하는 경향이 있다. 특히 자신의 생존과 종족의 보존을 위해 영역을 형성하고 지키는 행위는 인간을 포함한 모든 동물에 내재된 본능으로서 너무나 자연스럽고 당연한 것으로 이해되는 경향이 있다. 우리가 속한 가족, 민족, 국가, 집단의 생존과 유지를 위해 어쩔 수 없다고 당연시하고 정당화한다. 하지만 우리는 자명한 것, 당연한 것으로 생각하는, 굳어진 사고 습관을 근저에서부터 되물을 필요가 있다.

영역은 지역을 구성하는 가장 기본적인 요소이다. 영역적 형상 territorial shape의 발달과정은 지역이 경계를 획득하고 공간구조에서 독특한 단위로 규정되는 과정이다. 그것은 경제, 정치, 행정 등의 사회적 현상이 지방화localization되는 것과 관계가 있다. 영역이라는 용어는 지리적 공간과 권력을 함축적으로 의미하며 여기엔 권력 관계가 중요한 역할을 한다. 이런 경우 영역을—예를 들어 경제자유구역, 야생동물 보호구역 등의 경계로 갈라놓아 구역을 확정했다고 할 수 있다.

지도를 들여다보면 도시에서 구조라는 것이 확연하게 드러난다. 시각적으로 인식되는 도시의 구조는 길과 그 길로 인해 나뉜 땅, 즉 필지라는 물리적인 기본 요소로 구성된다. 도시를 전체적으로 조감하고 그중 특정 부문에 대해 성장을 촉진하거나 억제하도록 도시 공간을 효율적으로 관리하기 위해서 토지이용규제나 특정시설제한구역 등으로 지정할 수 있다. 일단 지역을 특별한 기능이나 구조를 갖도록 구역화하는 구성에 성공하게 되면 영역은 '장소판매'에 이용되거나 자원과 권력을 차지하기 위한 이념적 투쟁에서 하나의 무기로 활용된다. 예를 들면 영역은 사회 내부의 지역주의 이데올로기나 지역 정책에 유리한 자원이나 권력으로 이용된다.

인간의 영역성은 사회 정치적 과정을 통해 만들어진다고 한다. 그러한 견해에 따르면, 즉 인간이 영역을 만들고 경계를 설정하는 것은 특정 권력 관계 하에서 자신들이 원하는 목적을 달성하기 위한 정치적 전략의 결과라는 것이다. 조선이 한양을 수도로 삼을 때 지금의 청계천을 경계로 북촌과 남촌을, 경복궁을 경계로 북촌과 서촌으로 구분한다. 특히 북촌과 남촌에는 신분과 당색이 서로 다른 사람들이 거주하였다. 북악산 아래 북촌은 고위 관료들의 거주지였고, 목멱산(남산) 아래 남촌은 상대적으로 하급관료들이나 중인들의 거주지였다. 영·정조 때부터 고종 때까지 북촌은 당시의 집권세력인 노론의 주요 거주지였다.

정치지리학에서 특정의 개인, 집단 혹은 기관에 의해 점유된 지리적 공간이 가시적이거나 혹은 비가시적인 경계와 울타리를 바탕으로 내부와 외부를 차별화하고, 배제와 포섭의 권력적 통제를 표출하는 장소가 되었을 때 이를 영역이라 부른다. 예를 들어 부동산 소유권과 관련된 영역, 신체나 가정과 같이 개인의 프라이버시와 관련된 영역, 경찰의 수사권과 같은 행정적 경계, 기숙사 방 내부에서 룸메이트 사이에 만들어진 구획화된 공간, 고급 아파트 단지에서 외부인의 출입을 통제하기 위한 공간 등은 이러한 영역적 형태들의 예이다. 그러기에 인간의 영역적 행위를 다른 동물들의 영역적 행위와 비슷하게 취급하는 관점은 비판을 받을 수밖에 없다.

실존의 문화지리학

근대기에 접어들면서 나침반과 측량기술 등 지도 제작의 배경이 되는 지식과 과학기술이 비약적으로 발전하여 지역에 관한 기술記述의 내용이 크게 증가했고 정확도도 매우 높아졌다. 아메리카 대륙의 발견은 과학혁명의 기초가 되는 사건이었다. 그것은 유럽인에게 과거의 전통보다 지금의 관찰 결과를 더 선호하라고 가르쳐 주었다. 그리고 방대한 새 영토를 통제하기를 원한다면 신대륙의 지리, 기후, 식물상, 동물상, 언어, 문화, 역사에 대해서 막대한 양의 새로운 정보를 수집해야 했다.

19세기 후반에 지리학자들은 경관과 주민의 다양성에 대해 자세하게 기술하는 수준을 넘어 자연적인 조건이 인간의 생활방식, 특히 인간 사회에 어떻게 영향을 미치는지를 설명하고자 했다. 지역의 범위를 정하고 위치를 정확히 지적하며 어떤 인간집단이 그곳의 자연의 압박에 대처하고 극복하며 적응하고 그러한 자연 지역을 인간 생활에 유리한 환경으로 어떻게 바꾸어 가는지 등이 지리학의 중요한 관심사가 된다.

분명 공간은 우리 삶의 기본적인 조건 가운데 하나이다. 바로 여기, 발 딛고 있는 '이' 공간에 대한 우리의 지각, 공간 감각은 자명한 현실의 일부를 구성하며, 우리의 일상이 온전히 영위될 수 있도록 지탱해 주는 토대가 된다. 만일 누군가의 '실존'에 관해서 말할 수 있으려면, 쉬운 말로 "그가 살아 있다"라고 말할 수 있으려면, 기본적으로 그는 공간적으로 일정한 위치를 차지하고 그것을 유지할 수 있어야 한다.

실존으로서 어떤 개체가 정체성/동일성을 보존하고 있다는 말은 일정한 시기에 어떤 공간에서 그의 삶과 생명의 리듬이 지속되고 있음을 뜻한다. 그렇게 본다면 지도를 대할 때 우리는 지도를 '보는 게' 아니라 '해석한다.' 이 행위를 통해 지도의 공간은 우리와 특정한 관계를 맺고 특정한 소속감을 부여한다. 앞에서 살펴보았듯이 개인은 국가라는 공간을 지도가 제공하는 표상을 통해 인식한다. 즉 지도적 공간의 영토성에 우리 자신이 귀속됨으로써 그 공간의 주권자로서 신분증을 발급받는 것이다.

현실 지리의 영토화 그리고 시각화와 장소 확정은 비중 있는 현실감을 부여한다. 여기서 '현실'이라는 말은 가령 우리가 행위를 할 때 진지하게 고려하는 것 혹은 현재 그 누구도 진지하게 의심할 수 없는 것을 뜻한다. 만일 지도를 통해 우리가 해석하고 발견해야 하는 것은 사실에 대한 정보가 아니라 그 시대가 무엇을 중요하게 여겼는지, 또 세계를 어떻게 믿고 표상했는지를 드러내는 역사적 선험성인 것이다. 역사적 선험성은 개개인의 경험 이전에 주어진 사고와 행동의 양식이며, 무의식적으로 작동하는 까닭에 우리가 미리 자유롭게 선택할 수 있는 조건은 아니다. 그러나 역사적 선험성의 결과라 할지라도 그것이 지속적으로 다른 것이 될 수 있다는 점, 즉 어떤 상태에 머물러 고착화되지 않는다는 것에 유념할 필요가 있다.

우리가 스스로 경험하고 행동하는 방식은 우리가 존재하는 사회적 환경이나 타자와의 관계 속에서 구체화한다. 우리는 다른 사람들이 우리를 어떻게 보고, 우리가 그들을 어떻게 보는지, 우리가 다른 사람들에게 어떻게 행동하고, 그들이 우리에게 어떻게 반응하는지의 관점에서 규정되고, 또 스스로 규정한다. 개인적 차원에서뿐 아니라 가정·직장·학교와 같은 사회적 제도들 안에서 역시 그러하다. 제도화된 삶의 공간에 관한 관심은 문화지리적 접근의 필요성을 부각시켰다. '지리'라는 것의 의미를 인식, 확인, 부여하는 과정들은 언제나 사회적이고 정치적인 과정이다. 다시 말해, 지리라는 것은 객관적으로 주어지는 것이 아니라 땅을 읽고, 해석하며, 써 나가는 과정이고, 이것은 필연적으로 문화, 담론, 권력/지식 등의 문제와 결부될 수밖에 없다.

따라서 모든 지리학은 문화지리학이다. 문화지리가 하는 일은 주어진 장소 혹은 지역이 개인에 대해 갖는 함의들이 발생하는 맥락에 초점을 맞추는 것이다. 문화지리는 장소와 공간이 형성되는 방식과 장소와 공간 스스로가 그 속에 사는 사람들의 신념과 가치를 형성할 수 있다는 문제를 집요하게 파고든다. 이를테면 차이나타운China Town이란 의미는 '중국 사람들이 모여 사는 공간'이라는 지시체적 담론을 넘어서 다양한 함축의미들, '신비한 혹은 열등한 아시아인들의 삶의 장소', '호기심을 유발하는 관광의 장소', '유혹과 부도덕적인 쾌락의 공간' '범죄와 빈곤' 등의 의미를 담고 있으며 이러한 의미는 권력을 잡은 백인들에 의해 규정된다.

피터 잭슨의 주장처럼 "문화지리는… 역사적으로 우발적이고, 지리적으로 특수한 문맥들 속에서 발생하는 실제 사회적 실천들을 통해 문화가 생산되고 재생산되는 방식에 초점을 맞춘다". 문화지리학은 오늘날 정체성 형성, 문화적 차이의 구성, 시민권과 소속감 등 사회적 과정에 관한 복잡하고 중요한 문제들을 다루고 있다. 이러한 과정들은 공간과 장소, 경관과 환경, 공적인 것과 사적인 것과 같은 지리학의 핵심적 범주들에 대한 전통적 이해 방식에 이의를 제기한다. 몇몇 에세이에서 문화적 차이를 다루는 경우, 문화적 차이가 어떤 곳에서는 칭송받지만, 또한 어떤 곳에서는 인종차별적으로 정치화되어 대량학살이나 일상적 압제의 근거로 제공되기도 한다.

문화지리학은 자연환경과 그 속에 거주하는 인간 공동체 간의 생태적 연계를 보여 주기 위해 지도를 이용해 왔다. 지도는 정교한 문화적 생산물이다. 시간을 뛰어넘는 보편적 기술로서의 그래픽 커뮤니케이션이라기보다는 문화적으로 특수한 하나의 지리적 재현 양식이다. 지도는 현실을 축소하여 표현할 것을 요구하기에 모든 것을 지도에 재현할 수는 없다. 이런 의미에서 모든 지도는 주제의 선정을 수반한다. 그렇다면 지도는 그 주제를 선택하는 작업에서부터 그것을 지도에 어떻게 표현할 것인지에 대한 방법까지 선택해야 한다. 그것은 '무엇을 그리고 말하기 위해 지도를 제작하는가?'라는 주제 선정과 직결된다. 이 점이 지도와 위성이 보여 주는 화상의 근본적인 차이이다.

　지도를 이용함으로써 모든 유형의 문화형태와 과정에 대한 공간적 표현이 가능해졌다. 모든 물리적, 사회적 행동과 마찬가지로 문화는 공간적으로 구조화되고 지리적으로 표현되기 때문에, 지도는 어떻게 문화가 공간적으로 형상화되고 상호작용하고 변화하는가를 시각화하고 재현하는 강력한 양식으로 남아 있다. 지도화는 모든 사회에서 어떤 형태로든지 문화적 활동—지식의 기록, 재현, 소통에 대한 그 사회의 관심을 표현하는 것으로 간주된다. 그러므로 문화와 공간의 상호 연계 연구에서—예를 들면 종교적 군집을 이루는 몰몬교의 변화하는 공간 패턴, 신석기 시대 작물 경작의 공간적 확산, 아파르트헤이트 Apartheid(인종차별정책) 당시 남아프리카공화국 케이프타운에서 인종 분리의 패턴 등을 포함하는 지도화는 분석의 필수 불가결한 도구이며 재현의 중요한 양식이다.

　문화지리적으로 접근하는 의미구성물은 이미 '주어져 있다'기보다는 끊임없이 재생되고 누적되는 것이다. 그러기에 문화지리적 분석은 끊임없이 상호 의사소통 과정을 통해 쌓이고, 변형되는 의미의 구조화 과정을 연구하는 것이다. 공간이 인간의 상관물로서 그 안에서 사는 사람과 얼마나 긴밀하게 연계돼 있는지는 공간이 사람에 따라 다르게 작용할 뿐 아니라 한 개인에게도 당시의 상황이나 기분에 따라 다르게 느껴진다는 사실에서 드러난다.

　문화지리적 접근에서 주목하는 것은 특수한 장소에 관해 우리가 서로 다른 견해들을 갖고 있다는 것이다. 기독교도에게 지역 교회는 공동체의 버팀목이라는 연상을 일으키는 장소이자 자신의 신념과 가치들을 키워 주는 공간으로서 특별한 중요성을 지닌 공간이 될 수 있다. 반면에 무신론자에게 교회는 건축학적으로 흥미 있는 옛 건물일 수 있지만, 그 안이나 그 주위에서의 그 혹은 그녀의 행동이 어떤 의미를 지닌다고 보기는 어렵다. 장소는 의미들로 가득 차 있다. 장소가 주어진 지역에 사는 사람들의 생각과 신념에 반할 수 있는 생각과 신념을 차용할 수도 있고, 반대로 그에 의해 형성되기도 하는 방식을 연구하는 것 또한 문화지리의 지속적인 관심사이다.

문화지리는 장소와 그에 고착된 의미들 사이의 관계를 결코 망각해서는 안 된다는 것을 강조한다. 유홍준은 똑같은 정자라도 경상도의 정자와 전라도의 정자가 서로 다른 맥락 속에 있다고 본다. 경상도의 정자가 유흥을 즐길 수 있는 경치 좋은 계곡에 세워져 있다면, 전라도의 정자는 생활공간에 세워져 있다는 것이다. 그래서 경상도의 정자와 전라도의 정자를 바라보는 느낌도 다르다고 한다. 경상도의 정자가 자연을 압도하는 듯한 느낌을 준다면, 전라도의 정자는 생활 속에서 인간의 삶과 어우러져 조화를 이루고 있는 느낌을 준다고 한다. 같은 정자라도 어떤 공간에 세워지는가에 따라 의미가 달라지는 것이다.

코라와 토포스

우리는 이 공간 속에서 지리적으로 생각하고 판단하고 결정하고 상상·예측하면서 살아가고 있다. 무엇보다도 인간은 스스로 자연 전체 및 사물 세계와 거리를 두고서 그것들과의 간격을 유지할 수 있는 '공간화'의 가능성을 지니고 있다. 그리하여 부버M. Buber는 공간성을 인간 의식의 시초, 이른바 인간의 삶의 '제일의 원칙'으로 간주한다. 우리가 공간을 별도로 설정하고, 표시하고, 변경하고, 사용하고, 알게 되고, 그것에 가치와 의미를 부여했을 때, 공간은 '장소'가 되었다.

지리 존재론

인류의 역사를 돌아보면 어느 민족이든 자기 나라가 세계의 중심이고 나머지 나라들은 이 중심을 기준으로 얽혀 있다고 믿었다. "이란은 세계의 중심에 있어서 몸 한가운데에 있는 심장처럼 다른 어느 나라보다 소중하다"고 과거에 이란 사람들은 말했다. 지리적 존재로서 이런 사고방식은 자연스럽게 삶의 감각과 일치한다. 당연히 자기 영토에 있는 세계의 중심을 정확히 하겠다는 사명이 생겨났다. 그래서 그리스인들은 델포이에 있는 "세계의 배꼽"[14]을 숭상했고, 유대인들은 예루

살렘 성전이 세워진 바위를, 중국인들은 북경의 황궁을 세계의 중심으로 보았다. 세계의 중심에 대한 자민족적 사고는 아메리카 대륙이 발견되어 근원적인 공간 질서가 상대화되기 전까지 지속하였다.

16세기 이전에는 지구를 일주한 인간이 아무도 없었다. 상황은 1522년에 바뀌었다. 마젤란의 배가 3년에 걸쳐 7만 2,000킬로미터를 항해한 끝에 스페인으로 돌아온 것이다. 오늘날에는 중산층 정도의 수입이 있는 사람이라면 단 48시간 만에 쉽고 편안하게 지구를 일주할 수 있다. 우리의 상상력은 이 세계에서의 경험에서 생기는 것이며, 우리의 삶 자체도 지구에 의존하여 유지된다. 그런 점에서 우리는 지구 활동의 일부로 포함된다. 그런 생각은 인간과 세계 사이를 구분하는 현재의 방식에 저항한다. 자민족 중심적 세계관뿐만 아니라 우리가 세계 '안'이 아니라 밖 혹은 위에 있다는 판타지는 부정된다.

존재의 이와 같은 지리성은 인간이란 존재가 지구 속에 자신을 새기고 있으며 또 그가 그 대가로 어떤 의미 속에 새겨지고 있다는 사실이다. 바로 이런 의미에서 그는 지리적이다. 우리가 지리적인 것은 우리 신체의 물리적 규정을 넘어서, 우리 자신 안에서 지구 전체가 관계된다는 의미에서이다. 달리 말하면, 우리는 아주 멀리서 일어나는 일이 우리와 관계되어 있다는 점에서 인간적이다.

인간이 거주하는 이 땅은 바로 지구를 일컫는 것이다. 인간은 이 지구상에서 진화했으며 우리가 아는 한 언제나 이 행성에서 살아왔다. 지리는 지구상에 인간이 존재하면서 생겨났다고 한다. 그런데 존재론

---

14. 로마인들은 도시를 건설할 때 땅의 움빌리쿠스(umbilicus), 즉 배꼽을 찾아내려 했다. 그들은 천문학과 지리학을 결합하였다. 먼저 태양의 이동경로를 따라 하늘을 사등분하고 이 네 부분이 만나는 지점이 투영된 땅 위의 지점을 찾아냈다. 이렇게 해서 중심을 알게 되면 도시의 테두리를 정하고, 그런 다음 서로 직교하는 두 개의 큰 도로를 만들어 도시를 사등분하고, 이렇게 계속 분할하였다. 이때 움빌리쿠스에는 종교적인 뜻이 있었다. 로마인들은 그 배꼽 아래로는 땅속에 있는 신들과 연결되는 동시에 배꼽 위로는 하늘의 신들과 연결된다고 여겼던 것이다. 이지훈(2009), 『존재의 미학』, 이학사, 235~238쪽 참고.

에는 지리학이 빠져 있고 지리학에서도 존재론이 빠져 있다. 지리학은 인간이 '어디에' 존재하고 있는지를 묻는 학문이라면 지리학에서 위치나 분포가 중요한 것은 당연하다. 그러나 존재론적 관점에서 보면, 지리적 현상이 '어디에' 위치하고 분포하는지가 중요한 것은 그것을 통해 내가 누구인지, 우리가 누구인지 설명할 수 있기 때문이다. 지리학이 끊임없이 보여 준 것은 실질적으로 지구상에 동일한 거기가 두 번 존재하지 않는다는 점이다. 거기-있다에서 거기는 언제나 단수이다.

현존재는 아무런 전제 없이 인간의 있는 그대로를 존재의 관점에서 보고자 한 것이다. "Dasein"은 "거기에 있음" 또는 "있음의 그곳에"로 번역될 수 있는데, "그곳에"란 모든 존재자의 존재가 자기 자신을 드러내 보이고 있는 그 자리를 말한다. 다르게 표현하면, 현존재는 존재가 '거기-있음'이라는 공간적-시간적 장소에 배어 있는 종류의 존재이다. 따라서 있는 그대로의 인간, 인간의 '거기-있음'일 뿐인 존재로 다룬 것이다. 각자로서 어떻게 있어야(존재해야) 하는 것이 거기-있음(현존재)에게 문제로 제기된다. 거기 혹은 거기-있다에서 거기의 문제는 지리학의 시작과 다름없다. 그러한 토대 위에서 구체적인 존재경험에 뿌리를 두고 있는 지리-존재론을 구축하고자 시도한다. 그렇게 함으로써 우리는 세상을 지리적으로 구성할 수 있다는 것을 인정하게 된다.

인간의 존재 물음은 인류가 오래전부터 그들의 삶의 터를 마련할 때부터 이미 일어나는 사안이라고 할 수 있다. 대개 터를 열어 주는 중심 사물로는 높은 곳 혹은 산, 수목과 더불어 분지 혹은 계곡 그리고 호수 혹은 만bay 등이 대표적이다. 신화에서 그곳은 신성한 장소로서 죽을 운명을 타고난 인간의 삶이 출발하는 원점이면서, 동시에 귀환해야 할 목적이 된다. 이렇게 터를 열며 중심으로 기여 하는 사물은 출발과 원점으로서 그것을 향해 주위의 모든 것이 집중하는 양태를 지닌다. 이렇게 터는 사물을 중심으로 인간에게 신성한 의미의 세계를 열어 준다.

거기에서는 사물과 인간이 서로 의존해 있고, 서로를 존중해야 하며, 그리고 인간의 정신과 사물이 서로 완벽하게 호응하는 존재자의 존재 소리에 귀를 기울인다. 인간이 인간답게 산다는 것은 사물이 자신의 고유한 존재를 드러내도록 돕는 것을 의미한다. 인간은 존재의 소리에 귀를 기울이면서 세계와 사물의 근원적인 모습을 드러내는 존재론적 장소인 현존재로 존재하지 않으면 안 된다는 것이 하이데거의 생각이다.

존재론적으로 표현하였을 때, 거기-있다는 것의 지리성은 바로 우리의 실존이 시작되는 그 지리성이다. 인간의 실존은 자신을 여기의 한 장소에만 연결시키는 것이 아니라 세상 전체에 나를 연결시킨다. 즉 자신을 세상에 속하도록 하는 것이다. 거의 모든 신화에서 삶의 터가 말해질 때, 언제나 어떤 사물을 중심으로 구체화하고, 그 사물에서는 대개 하늘과 땅의 모임이 선명하게 드러난다는 사실이 목격된다. 이러한 대표적인 경우가 바로 산이다. 산은 땅에 속하면서 하늘을 향해 일으켜 세워졌다는 점에서 하늘과 땅이라는 두 가지 요소의 모임이 탁월하게 구현된 사물이다. 조선의 수도 서울은 백(북)악산을 주산으로 형성되며, 그곳에 천명을 받는 황궁을 위치시켰다. 실로 그리스와 로마, 이슬람 신화나 설화에서도 세계는 어떤 중심을 가진 것으로 드러나고 있다. 그리고 그 중심은 하늘과 땅의 두 방향의 수직적 세계축을 상징하는 산과 나무로 구체화한다. 나무도 산과 마찬가지로 중심적 터로서의 역할을 하는데, 나무 역시 하늘과 땅이 결합하는 것으로 밝혀지기 때문이다. 물론 여기에 관련되어 있는 것은 근원적인 생존의 의식이라고 할 수 있다.

예컨대 1999년 5월 17일 뉴질랜드 의회가 인간의 어떤 권리들을 유인원들에게 확대하는 법안을 부결시켰다는 사실이 우리와 상관이 없는 게 아니라는 도덕적 의미에서 우리와 관련이 있다. 그뿐만 아니라 그것은 우리 신체의 한계를 매우 벗어나 있는 '그곳에서', 우리가 결코 발을 들여놓을 일이 없을 것 같은 그곳에서 벌어지는 일이 우리의 실존 자체를 구성한다는 의미에서 존재론적으로 우리와 관계가 있다. 이런 측면에서 아주 먼 곳에서 일어나는 일은 우리의 존재를 구성한다. 지구가 수평선에서 하늘과 맞닿아 있듯이, 우리의 존재는 우리의 손가락 끝을 넘어 확장되어 지구의 정반대쪽, 화성 그리고 그보다 더 멀리 우주의 극한까지 다다른다. 이것이 인간의 존재 안에서 계속되는 실존적인 전개이다. 이런 계속성으로 인해 실존의 전개는 신체들의 기하학적 규정을 항상 벗어난다. 하이데거는 인간에게만 있는 독특한 그러한 '있음'을 표현하기 위해 실존이라는 용어를 사용한다. 그것은 인간이 자신의 삶 전체를 있는 그대로 문제 삼는 존재 방식 때문이다.

　　우리는 세계 내에 살고, 공간에 거주하며, 장소를 만든다. 전통적으로 지리학은 인간이 살아가는 공간 대부분에 기능적으로 접근해 왔다. 공간이 우리 삶과 어떤 관련을 맺고 있는지, 혹은 그와 같은 공간을 통해 어떻게 삶의 변화를 설명하고 이해할 수 있는지에 대해서는 여전히 관심이 적다. '공간적 전환spatial turn'은 공간이라는 인식소가 삶을 이해하는 데 본질적인 요소임을 알려 준다. 그것은 지리학이 공간을 통해 세상과 소통하는 '지금 여기'의 삶의 학문으로 거듭나게 한다. 삶의 지리적 조건은 삶의 공간적 속성을 의미한다. 세계는 선험적으로 사방으로 퍼지는 공간 속에 배치되어 있다. 우리가 일상 속에서 생활하는 거리나 광장의 공간이나 우주의 비어 있는 공간은 똑같은 공간이다.

우리의 공간은 태초부터 존재해 온 기본 환경이라고 할 수 있는데 그것은 3차원으로 비어 있다. 우주왕복선에서 찍은 사진 속의 우주 공간은 무한한 공간이지만 실제로는 잘 인식되지 않는다. 하지만 거기에 별과 달이 보이기 시작하면 공간감이 생겨나기 시작한다. 이로 미루어 보아 공간은 인식 불가능하지만 그 공간에 물질이 생성되어 태양빛이 그 물질을 때리게 되면 특정한 파장의 빛만 반사되어 우리 눈에 들어오게 되면서 공간은 인식되기 시작한다는 것을 알 수 있다.

생성의 코라와 운동의 토포스

그리스 철학자 플라톤은 우주 창조 이야기를 기록한 『티마이오스』라는 책에서 '코라chôra'를 만물을 담을 수 있는 '수용체', '원초적인 공간', '만물을 떠받치는 기저' 혹은 '틈'이라고 설명했다. 플라톤이 이데아론을 수립하다가 이데아계와 현실계의 두 세계를 무리 없이 매개시켜 주는 제3의 요소를 상정하게 된다. 그 매개항이 바로 코라이다. 한마디로 코라는 정신의 눈에만 보이는 이데아에다 감각의 눈으로 볼 수 있는 가시적 형상을 부여해 주는 장치라고 할 수 있다.

플라톤은 만물의 근원이 되는 이 공간 '코라'를 어머니에 비유하기도 한다. 어머니의 태胎와 같은 신비한 공간이자 시간이다. 혼자 있으면 아무것도 아닌 것들이 어머니의 뱃속으로 들어와 일정한 시간을 인내하면, 생명을 잉태하고 태어날 태아胎兒가 된다. 코라는 누가 봐도 알 수 있고 존재하는 것으로 나오기 위해 자기 안에 어떤 것이 담겨 있고 또한 보호되는 것을 허용한다. 코라는 어머니의 태처럼 모든 인간이 태어나기 위해서 반드시 거쳐야 할 공간이자 시간이다. 플라톤의 코라는 생성genesis의 코라이고, 이 생성 자체는 절대적 존재의 반영이다. 코라는 땅도 아니고 하늘도 아닌 어떤 장소다. 코라는 감각 기관으로 감지할 수 없고 느낄 수 없는 꿈과 같은 어떤 것이다. 생성이 일어나는 터전은 잘 보이지도 않고 불편하다. 코라는 '존재'도 아니고 '비존재'도 아닌 공간으로 우주에 생성되는 모든 형태가 원래 있었던 '중간'이다. 코라는 자신을 정의할 의미를 본질로 가지지 않는다.

플라톤이 『티마이오스』에서 보여 주는 코라라는 용어는 매우 지리적인 성격을 지닌다. 그리스 단어인 '코라chora'는 아테네 도시문명을 이해하는 핵심 단어다. 코라의 원래 의미는 고대 그리스 도시 밖에 있는 장소를 의미한다. 코라는 고대 그리스어로 도시와 버려진 땅 사이에 존재하는 중간 지대의 공간, 즉 '경계'다. 두 장소나 경계 사이에 있는 장소이자 광대하게 비어 있는 공간으로 사람들에게 신성한 곳으로 간주되었다. 이쪽도 아니고 저쪽도 아니지만, 도시와 질서가 존재하기 위해, 반드시 필요한 마지노선이다. 존재도 아니고 비존재도 아닌 그 중간을 이르는 용어인 코라는 무존재가 존재하도록 시간과 공간을 제공해 주는 어머니의 자궁과 같은 장소다.

한편 코라와 비교되는 토포스topos라는 용어가 있다. 이 단어는 원래 논거를 발견하고 이야기를 만들어 가는 데 쓰이는 말들의 터전을 뜻했다. 아리스토텔레스는 '토포스'는 본래 장소를 나타내는 말은 아니었으나, 말들의 논거를 장소에서 찾았기 때문에 후에 토포스가 장소와 관계를 맺게 되었다. 무한정한 것이 코라라고 한다면, 토포스는 어떤 물체(신체)가 존재하고 위치된 장소를 항상 지칭한다. 아리스토텔레스에 따르면, 토포스는 일정한 공간적 외연을 가지고 있으며 "자신의 대상을 둘러싸고 있다". 더 구체적으로 아리스토텔레스는 토포스가 "무언가를 둘러싸는 물체의 경계" 혹은 "둘러싸는 도구의 외피"라고 규정한다. 물고기는 물속에 있고, 새는 공중에 있는 등등. 즉 대상 주위를 휘감은 일종의 피부라는 것이다.

그런데 아리스토텔레스의 토포스는 정적인 위치가 아니고 그 안에 근본적 운동 즉 장소의 안과 장소의 사이에서 발생하는 운동을 담고 있다. 아리스토텔레스는 우주에 여러 개의 토포스가 있고, 토포스마다 각각의 원리와 법칙이 있으며, 토포스마다 물질이 달리 작용한다고 생각했다. 그는 그런 장소가 사물을 직접 감싸고 움직인다고 보았다. 즉, 토포스는 장소의 힘을 의미했다.

고대 동양에서는 동서남북 네 방향에 우주를 다스리는 제왕과 그 밑에서 사방을 수호하는 신수神獸가 있다고 여겼다. 동방의 청룡, 서방의 백호, 남방의 주작, 북방의 현무가 제각기 네 개의 방위를 지키는 신이었다. 도시가 세워질 땅도 여기에 잘 맞게 골라야 했다. 이것은 집이 설 터에 고유한 힘이 있다는 것과 동일한 믿음에서 나온 것이다. 우리의 삶의 모든 것에 공간이 있고, 공간 속에 모든 것이 있다. 그래서 공간의 문제가 삶의 문제이고, 게다가 삶이 공간에 새겨놓은 의미가 다시 삶을 구속할 수 있음을 보여 주어야 한다. 고대 그리스나 로마에서는 많은 신들이 특정한 성지나 숲, 샘물과 관련이 있다고 여겼다. 하나하나의 땅에 제각기 '땅의 혼'이 숨어 있다는 것인데 결국 어떤 장소에는 어떤 의미가 있다는 것이다. 이제 우리는 당사자의 입장이 되어 그 사람이 공간들을 어떻게 인식하고 무엇을 느끼는지를 말할 수 있어야 한다.

나무는 그늘을 만들지만, 이것만으로는 장소가 되지는 못한다. 이 나무가 다른 것보다 잘생겼거나 더 좋은 조망을 얻게 해 주거나 하여 주위와 구별될 때, 그리고 이 나무 밑에 되풀이하여 사람들이 모일 때 비로소 장소가 된다. 그래야 토포스가 되고, 나무와 그것이 있는 자리를 감싸는 장소의 힘을 발휘한다. 토포스의 역동적인 특성은 자연적 장소natural place에 대한 아리스토텔레스의 설명에서 분명하게 드러난다. 그것에 따르면 각 요소는 그것이 끊임없이 방향 지어진 우주 내의 특정 장소에 속하게 된다. 요컨대, 흙과 물은 아래로 움직이고, 공기와 불은 위로 움직인다. 장소는 필연적으로 장소 내부와 장소 간 둘 다에서 발생하는 움직임을 하게 되므로, 장소를 단지 공간적인 것으로 다루거나 시간적인 것과 구별하여 취급하는 것은 부적절하다.

아리스토텔레스는 운동을 전제하고 있는데, 공간이 문제가 되는 것은 공간이 운동과 만나기 때문이다. 토포스가 없이는 어떤 운동도 없을 것이다. 그래서 장소는 이 물체의 구성, 다시 말해 그것의 움직임과 분리될 수 없다. 그런데 플라톤이 각각의 감각적 현실은 하나의 장소, 고유한 장소를 당연히 소유하고 있으며, 그 장소에서 자신의 기능을 수행하고 자신의 본성을 간직한다고 설명할 때, 그는 코라라는 용어를 사용한다. 데리다에 따르면, 고대 그리스어에서 코라가 "누군가에 의해 점유된 위치, 고장, 사람이 사는 장소, 현저한 자리·신분·직위·부여된 위치, 영토 혹은 지역"으로 정의될 수 있다고 한다. 따라서 그것은 "추상적 공간과는 반대로 둘러싸인 장소"이다.

가령 방송사는 그것의 물질적 속성—예를 들어 방송사가 차지하고 있는 땅덩어리와 그 위에 서 있는 건조물들의 총합뿐만 아니라 그 이상으로 전국으로 송출하고 있는 이데올로기와 정보의 사회적 성격이라는 맥락에서 해석되어야 한다. 기든스는 근대사회에서 지리적 장소와 공간을 구별해야 한다고 말한다. 전근대 사회에서는 거주자들에 의해 공간과 장소가 대부분 일치되어 있었다. 그런데 근대성이 출현하면서 지역과 멀리 떨어져 있는 사람들 사이에 관계가 가능해짐에 따라 공간과 장소는 분리되기 시작한 것이다.

코라는 모든 생성하는 것에 그 위치를 제공한다. 따라서 "모든 존재하는 것은 어떤 장소(토포스) 속에 있고 어떤 장(코라)을 정하고 있어야만 한다". 연필을 예로 든다면, 연필의 존재는 그것의 물질적 장소 안에 있으면서 동시에 그것의 실존적 환경(장소) 안에 있다. 그러니까 그것은 그것의 토포스와 코라 안에 있다. 토포스는 연필이라는 대상이 물질적으로 어디에 있는지 규정해 준다. 그 이상도 그 이하도 아니다. 따라서 그것은 이 대상의 물질적 장소라고 할 수 있다. 한편 코라는 사물의 실존과 불가분의 관계가 있다는 것이다. 여기서 분명히 하고자 하는 것은 연필의 코라가 연필의 토포스로 귀결될 수 없다는 것이다.

그렇다면 연필의 물질적 장소로 환원 불가능하며 그것의 윤곽을 초월할 수 있는 이 장소는 무엇일 수 있는가? 그것의 환경이다. 다시 말해 관계적 직물/조직이며 이 조직 안에 연필이 존재하고, 그것이 없다면 연필은 존재하지 않을 것이다. 연필에 대한 정의, 즉 "글을 쓰기 위한 사물"이라는 것은 우선적으로 문자 언어(글쓰기)라는 상징적 체계를 상정한다. 글쓰기는 차례로 그것이 재현하는 또 다른 상징적 체계, 즉 음성 언어(말)을 함축한다. 두 체계는 인간관계, 즉 이 체계들을 통해서 소통하는 사람들의 관계를 함축한다. 다른 관점에서 보면 문자 언어는 하나의 기술적 체계인데, 이 체계는 이번에는 매우 물질적인 자연적 혹은 인위적 사물들을 함축한다.

연필용 나무를 생산하기 위한 숲, 연필의 심을 생산하기 위한 결정화된 탄소, 종이를 생산하기 위한 제지 공장(연필은 허공에다 글을 쓰는 게 아니다)이 필요하며, 또 우리가 글을 쓸 때 종이를 놓을 수 있는 테이블이 필요하다. 코라가 실존의 자국이자 모태라고 한다면, 위의 조건들이 연필이라는 실존의 모태이자 연필의 자국이 될 수 있다.

연필이 없다면, 다시 말해 글을 쓰기 위한 사물들이 없다면 문자 언어를 비롯하여 위에서 나열된 체계들은 성립하지 않기 때문이다. 그런 점에서 코라는 제네시스genesis, 즉 생성인 것이다.

플라톤의 이 용어는 모든 존재의 근본을 이루는, 존재가 존재하기 위하여 전제되어야 하는 '그릇' 또는 '공간'을 말한다. 그것은 무언가가 전개되게 해 주는 출발점에 있으며, 한정하지 않고 규정하지 않는 열림일 수 있다는 것이다. 코라의 근본적인 특징은 그것의 열림(벌어져 있음)에 있다고 할 수 있다. 코라는 경계를 가진 개방성의 관념과 연관되지만, 그러한 개방성은 그것 안에서 무언가가 나타나는 것을 허용하고 그럼으로써 나타나는 어떤 것이 그러한 개방성에서 출현emergence하는 것을 허용하는 개방성이다.

따라서 개방성은 그 자체로 출현의 형태 즉 외부로의 역동적인 열림의 특성을 가질 수 있다. 출현은 항상 그 속에서 나타나는 것에 대한 그리고 그것이 감안하는 개방성으로서의 특성을 반영한다. 다시 말해 경계가 있다는 것은 경계가 지워질 수 있는 곳, 즉 사물이 발생할 수 있는 열린 영역이 있다는 것이고, 출현이 있다는 것은 출현이 발생할 수 있는 개방성이 있다는 것이며, 개방성이 존재한다는 것은 열려 있는 것에 출현할 수 있는 것이 존재한다는 것이다. 이것이 코라를 매트릭스 혹은 자궁 혹은 그것을 받아들인다는 점에서 용기로 특징지어지는 이유이다.

이런 측면은 주체나 객체, 객관성이나 주관성의 용어로는 포착되는 게 결코 아니다. 연필을 그것의 토포스로 한정하는 것이 객관적일 수는 없을 것이다. 연필이 존재하기 위해서는 어떤 코라가 객관적으로 필요하기 때문이다. 이 코라가 주관성에 속한다고 주장하는 것도 허위일 것이다. 그것은 숲과 제지 공장은 객관적으로 존재하며 연필의 실존에 객관적으로 필요하기 때문이다. 그러나 또한 사실인 것은 연필의 실존에 역시 필요한 상징적 체계들(문자 언어·음성 언어·돈 등)이 많은 주관성의 매개물들이라는 점이다. 문학·사랑의 편지·지폐·투기·상상력 등을 통해서 말이다.

이처럼 토포스로부터 코라로 이동하면서 감각적 현실에 대한 물리적 설명과 묘사로부터 그것의 정의로의 이동이 이루어진다. 물체들의 이 같은 필요한 위치 결정을 설명하기 위해 플라톤은 코라라는 용어에 의존한다. 그리하여 한편으로 상대적인 물리적 장소와, 다른 한편으로 이러한 위치 결정의 토대를 이루는 존재론적 속성이 구분된다. 그것에서 유념해야 할 것은 지도 제작상의 장소topos와 실존적 장소chôra의 차이이다. 현실에서 모든 장소는 이 둘을 동시에 보존한다. 그러나 근대성은 지도 제작 전문가에 불과했다.

존재의 토폴로지

토포스는 하이데거에게서 '존재의 토폴로지Topologie des Seyns'라는 용어와 함께 등장한다. 존재의 토폴로지는 단적으로 존재의 토포스에 대한 물음 내지 '존재의 장소 사유'이다. 여기서 언급되는 존재는 전통적인 명사가 아니라 동사로서 스스로 일어나는 사태이다. 자연물인 돌과 나무와 동물은 존재하지만, 자신에게 닫혀 있는 반면에 인간의 존재는 어떤 식으로든 열려 있다. 우선 가장 분명한 것은 사람은 물체와 달리, 또 동물과 달리, 살면서 항상 자기 삶의 의미를 문제 삼는다는 사실이다.

이제 이렇게 사람이 실존하는 존재자라는 것이 밝혀짐에 따라 실존의 의미가 전개되는 '거기에 존재함'이 인간의 과제로 주어져 있기에 자신을 '자유로운 트임의 장' 안으로 데려와야 한다. 그렇게 함으로써 존재의 진리로서의 장소가 물어지는 사유가 성립한다고 할 수 있다. 따라서 존재의 장소를 대상화하여 탐구하는 것이 아니라, 존재 자체가 발현하는 '진리의 토포스'에 주목함으로써 토포스의 사태를 지시하고 드러내며 밝히는 사유이다.

그렇다면 하이데거에게서 토포스는 무엇인가? 장소로서의 토포스는 존재가 스스로 드러나고 감추는 터이며 존재의 진리가 일어나고 모이는 곳이다. 토포스는 그때그때 사건화하는 장소·영역·차원·가까움·로고스이다. 토포스는 열리고, 트이고, 밝히고, 모으고, 간직하고, 은폐하며, 투쟁하고, 사건화하는 장소를 의미한다. 이런 맥락에서 존재의 토폴로지는 장소를 개념 파악하는 것이 아니라, 장소라는 사태로부터 장소를 열고, 탈은폐하며, 언명하는 사유이다.

그리스의 신전은 어떤 종교적 활동에 용지를 제공하려는 실용적 목적에 의해 건축된 것이 아니다. 대신 신전은 신을 인간과 분리시키되 인간과 가까운 거리에 자리를 마련하는 방식으로 그 고유의 장소로 산을 데려간다. 아울러 신전은 땅, 바다, 하늘과 같은 풍경을 신과의 관계에서 그리하여 인간들 자신과의 관계에서 드러낸다. 즉 신전은 그 자체에 의미가 담겨 있는 신성한 풍경을 드러내는 것이다. 신전은 그것이 자리하고 있는 풍경과의 관계에서 그것이 역할을 하는 방식으로 풍경을 드러낸다. 역으로 말하면 풍경은 바로 그 풍경과 그 안에 자리 잡고 있는 건축물의 대비를 통하여 비로소 펼쳐지고 있다.

이때 신전은 하이데거의 사방—하늘과 땅, 죽을 운명의 인간, 신성함을 한 자리에 모이게 하는 장소로서 존재론적 터가 되는 것이다. 그리스 신전은 주위를 굴복시키지도 않으며 주변 풍경 속으로 사라지지도 않는다. 그것은 그렇게 있으면서 주위의 바위 같은 사물들에게 자신들의 진리를 드러내게끔 한다. 이러한 신전에서 비로소 성스러운 것이 성스러워지고, 신은 스스로를 임재하게 한다. 성스러움이 존재를 되지시하고 있듯이 동시에 그것은 "신성의 본질 공간"으로서 자기 자신을 넘어서 있는 무언가를 지시하고 있다. 이 신성의 본질공간은 "그 자체 다시금 오직 신들과 (유일)신을 위한 차원만을" 보장하고 있다. 이러한 신전은 사물과 행위 각각에 자신의 시간과 공간을 부여한다.

이런 점에서 존재의 토폴로지는 장소 사유로 펼쳐지며, 장소 사유는 우선 이미 사유된 것을 사유되지 않은 것의 연관에서 논의하는 일이다. 세계와 사물 사이의 내밀한 관계로서의 존재는 우리가 세계와 사물을 지배하려는 의지에서 완전히 벗어날 때 자기를 드러낸다. 그것은 말해진 것에서 말해지지 않은 채 남아 있는 것을 언어에게로 끌어오는 일이다. 하이데거에 따르면, 이때의 언어는 의사소통의 수단이 아니라 세계와 사물을 '불러낼mennen' 수 있는 능력, 다시 말해 세계와 사물을 근원적으로 현현하게 하는 '환기력Ruf'을 가진다. 이런 경우 "존재가 우리에게 말을 걸어온다"[15]라고 한다.

다시 말해 사유된 것은 사유되지 않은 것의 관점에서 알아보고, 사유되지 않은 것을 사유해 낸 것으로서 낱말로 오게 함을 의미한다. 장소 사유의 근본적 특징은 어떤 최종적인 대답에서 모든 물음을 제거

---

15. "존재가 말을 걸어온다"는 것은 달리 말하면 경이라는 기분 속에서 존재가 우리를 엄습하는 사태를 뜻한다. 경이라는 기분 속에서 존재는 우리가 어찌할 수 없는 '근본적인 힘'으로 우리를 엄습하면서 세계와 사물을 그전과는 완전히 다르게 드러낸다. 존재가 우리에게 엄습하는 사건은 요란하지 않게 '정적의 소리'로서 우리에게 말을 건다. 이때의 언어는 '존재의 소리에 귀를 기울이고 그것을 자신 안에 깃들게 하는 시어'를 가리킨다. 시인은 시어를 억지로 지어낼 수 없다. 그는 침묵 속에서 존재가 정적의 소리로서 울리는 것을 듣고, 그 존재로부터 증여되는 것을 이야기한다. 시가 존재의 소리를 구체화하는 것인 한, 시는 항상 자신 속에 꿰뚫을 수 없는 깊이와 신비를 간직한다. 박찬국(2018), 『삶은 왜 짐이 되었는가』, 21세기북스, 191~198쪽 참고.

해 버리는 본질 규정이 아니라, 물을 만한 가치가 있는 것과 열린 채 남아 있는 것 안으로 들어서는 것이다. 그때그때의 가장 근원적인 말함이고, '진리 사건'이며 '언어사건'이다.

하이데거는 장소에서 공간이 유래함을 밝히고 있다. 즉, 공간들은 그것의 본질을 장소들로부터 받는 것이지, 이른바 '그' 공간으로부터 받는 것이 아니라는 것이다. 존재의 장소가 열림으로써 거기로부터 물리적 공간 및 추상화된 기하학적 공간이 파생된다. 존재의 토포스는 공간의 존재론적 연원이며 본연이다. 사물들을 모으는 이 장소가 일어남으로써 공간이 전개된다. 사물이 공간 안에서는 독립된 대상이었지만 그것이 장소에 들어오면서 존재론적 맥락을 지니게 된다.

우리가 마시는 물에 깃든 샘과 샘에 깃든 암석, 그리고 암석에 깃든 하늘과 땅의 기운에 대해서 하이데거는 언급한다. 하이데거는 '사물론'에서 사물과 장소가 동근원적임을 밝히고 있다. 사물은 각기 나름의 방식에 따라 사방이 모여드는 터를 열며, 이러한 터들을 망라하는 공간은 결코 동질적이고 보편적인 연장 공간일 수 없다. 우리는 사물 자체가 장소이고 그것은 하나의 장소에 단지 귀속되지 않음을 인식할 수 있어야 한다.

그러므로 사물은 장소와 분리된 것이 아니라, 장소를 일으키고, 장소에 따라 사물의 고유성이 드러난다. 사물들은 하나가 창조의 주체가 되고 다른 하나가 그 창조의 질료나 피조물이 되는 것이 아니라, 서로가 서로를 창조하는 상호 창조의 과정을 이루어간다. 그러기에 사물로서의 터인 장소는 닫혀 있는 고정된 위치나 공간이 아니라, 오히려 사건화하고 열려 있는 역동적인 사태이다. 사물은 사건이 일어나는 장소이며 터이다. 인간의 삶과 관련하여 진정한 의미의 장소성은 어떤 사회 및 지역 공동체 구성원의 정체성과 함께 존재론적 안정감을 보

장해 준다. 그것은 마치 물고기가 물속에서, 새가 창공에서 자유로운
것과 같은 것이다.

3

삶의 사회 공간적 구성

공간의 사회적 생산

낡은 한옥과 다세대 주택이 혼재하여 있는 동네 카페에서 이웃들과 차를 마신다고 생각해 보자. 그 공간은 카페 주인이 가져다 놓은 소도구들로 마련되었다 해도 공간에서 갖는 친숙함, 다정함 그리고 따스함이란 '관계의 느낌relational feeling' 자체는 그 카페 공간을 점유한 동네 사람들에 의해 연출된다. 당신이 차지하고 있는 카페라는 사회적 공간이 당신의 일상을 어떻게 구성하는지 찬찬히 살펴본다면 우리의 삶이 공간을 일구는 삶이며 삶 그 자체가 공간이라 함이 옳을지 모른다.

삶을 담는 공간의 실천

사회는 공간적이다. 사회 자체가 이미 공간적인 틀 안에서 규정되며 그 안에서 모두가 공유한다. 진로문제와 학교폭력 문제로 고민하는 청소년을 위해서는 청소년회관이, 여성 직업능력 개발을 위해서는 여성문화회관이, 노인의 복지와 취업을 위해서는 노인복지센터가, 어린이 교육을 위해서는 어린이집이나 유치원이 지어진다. 인간 삶의 외연 확대가 공간의 확장을 통해 이루어진다고 본다면 인간의 삶은 바로 '공간 형성적인 것space-forming'이라고 말할 수 있다. 사람은 공간을 만들면서 하루하루를 살아가고 또한 수많은 사람이 함께하는 큰 사회도 만든다.

공간은 사회적이다. 우선 작은 것들부터 생각해 보자. 당신이 어디에 있는지부터 시작해 보자. 공간은 먼 곳에 있는 것이 아니라 나의 주변에서부터 생성되고 의미를 갖는다. 특히 집은 인간이 태어나서 죽음에 이르기까지 거주하는 공간이다. 당연히 삶의 기본적인 거처는 '집'이다. 집은 은밀한 개인의 공간인 동시에 사회적 공간의 최소 단위이기도 하다. 그래서 집은 아주 중요하다. 집에는 침실과 같은 개인 공간, 거실과 같은 공적 공간, 그리고 화장실과 같은 중간적인 성격을 띠고 있는 공간 등 다양한 성격을 지니고 있다. 요즘 사람들은 보다 더 개인적이고 특별한 자기만의 공간을 원한다.

집은 존재의 아늑한 거처로서만 작용하는 동시에 일상적으로 그 속에서 살아가는 인간의 생활을 조직화하고 규율한다. 당신이 접근 가능한 방과 당신이 배제되는 방, 혹은 허가가 있어야만 들어갈 수 있는 방을 생각해 보자. 사적 소유가 근본적 특성인 사회적 질서 속에서 일상적 경험이 이루어지는 대부분의 세계는 당신에게 닫혀 있는 곳이다. 더 나아가 그러한 장소에 당신이 들어갈 수 있는지와 없는지가 신분, 성별, 노소 등 겉으로 드러난 모습에 의해 영향을 받는 상황을 상상해 볼 수 있다.

사회적 공간은 그것이 표현하는 사회적 질서를 단순히 반영하는 것이 아니라 근본적으로 구성하는 역할을 하기도 한다. 실재하는 삶의 현장locale은 '공간과 사회' 양자가 서로 맞물려 만들어진 것이다. 즉 공간과 사회는 서로를 규정하면서 '공간화된 사회spatialized society' 혹은 '사회화된 공간socialized space'을 통해 우리 삶의 실재를 구현한다. 루이스 칸Louis Kahn이 교회를 예를 들며 다음과 같이 말을 한 적이 있다. "전혀 교회에 들어가지 않는 이들을 위한 공간, 교회 건물 가까이에 있으나 그 안에는 들어가지 않는 이들을 위한 공간, 그리고 교회 안으로 들어가는 이들을 위한 공간." 칸이 말하는 세 가지 사람과 공간엔 제각기 다른 의미가 있다. 사람들은 그저 교회를 지나 어딘가로 바쁘게 가고 있지만, 이들도 뭔가를 체험하며 교회 건물을 지나간다. 어떤 사람은 교회 계단에 앉아서 앞에 있는 광장을 바라보며 누구를 기다릴 수도 있고, 그 교회 건물이 유명하여 구경하러 올 수도 있다. 그리고 교회 안으로 들어가는 사람들은 당연히 예배를 드리거나 기도를 하러 왔을 것이다. 교회는 세 종류 사람들의 '사이'에 있다. 그러기에 '사회는 공간적이며 공간은 사회적이다'라고 할 수 있다.

농촌사회에서는 마을 집마다 마당이 있었다. 마당이란 '집의 앞이나 뒤에 평평하게 닦아 놓은 땅' 혹은 '어떤 일이 이루어지고 있는 곳'이다. 마당은 어떤 일을 하거나 어떤 일이 이루어지는 곳으로서 놀이나 활동, 노동의 공간이라고 할 수 있다. 주로 마을 마당이 모임, 공연의 장소가 되어 왔다. 마당은 장터와 같이 사람의 왕래가 빈번한 곳이나 마을마다 가지고 있는 고유한 장소를 일컫는다. 일반적으로 이러한 장은 주민의 경제 기반인 동시에 오락 기반도 되며, 따라서 주민의 생활은 공공마당으로 집중되는 양상을 보인다.

마을 마당과 같은 구체적인 공간은 그 안에서 사는 존재에 따라, 또 그 공간에서 진행되는 삶에 따라 다른 공간조직이 된다. 공간조직은 그 안에서 행동하는 사람과 함께 변하고, 그 순간 자아 전체를 지배하는 특정 견해와 지향에 따라 달라진다. 만약 공간이 그것을 인식하는 방식 바깥에 존재하는 중립적 매개물이 아니라면, 우리는 상이한 형태의 지식과 사회제도에 따라 이루어지는—다시 말해 공간조직의 여러 가지 형태와 변화를 추적할 수 있을 것이다. 그러한 공간의 사회성은 조직과 제도의 관점에서 접근할 수 있다. 특히 조직과 제도는 인간의 공간적 삶의 방식을 표현하는 보편적인 형식이다.

르페브르가 『공간의 생산』 머리말에서 "공간이란 고작 사회적 관계가 이루어지는 수동적인 장소, 그 관계들이 확실하게 모습을 드러내는 장소, 혹은 관계들이 유지되고 연장되는 과정의 총체에 불과한 것은 아닐까?" 하고 의문을 제기한 후 그렇지 않다고 단호하게 대답했다. 그렇듯이 우리도 공간이라는 개념이 사회 혹은 도시 등과 편의적으로 혼합되어 사용되거나 사회나 도시의 정적이고 물리적인 배경 혹은 자연·사회적 사건과 현상을 담는 컨테이너 정도로 이해되는 것에 반대하며 공간의 능동성과 가동성을 드러내고자 한다.

르페브르에 따르면 "공간은 생산된다".[16] 특히 공간을 사유하고 공간을 건설하며 공간을 개혁하는 '공간의 실천spatial practices'은 인류 역사만큼이나 오래되었다. 가령, 사막 위에 피라미드를 만들고 지형을 이용해 성곽을 축조하며 배산임수를 고려해 집을 짓는 행위는 그 자체로서 공간적 사유와 행동을 동시화한 것으로 그 역사가 인류의 문명사와 흐름을 같이해 왔다. 공간 개념의 파악이 인간의 경험과 사유에서 특유하게 나타나는 세계에 대한 경험과 이해에 필수적이다. 공간은 삶의 전체를 담아 놓은 것이니 사람이 꾸리려는 삶 중에 공간적이

---

16. 공간의 생산에 대해 르페브르는 '공간의 재현', '재현의 공간', '공간의 실천'이라는 3중의 개념을 제시한다. 세 가지 개념이라고 하지 않고 3중의 개념이라고 한 것은 이 세 가지가 서로 겹치기 때문이다. '공간의 재현'은 전문가가 도면이나 모형을 사용하여 계획하고 만들어 내는 공간이다. '재현의 공간'은 사람들이 생활하고 사용하면서 오랜 시간에 걸쳐 경험하는 공간이다. 건축가나 계획자 같은 전문가들은 자신이 만든 '공간의 재현'을 '재현의 공간'과 같은 것으로 여기기 쉽고, 생활자의 경험을 다 아는 것처럼 여기기 쉽다. 그러나 이 둘은 대립적이다. '공간의 실천'은 그 주체가 반드시 사람인 것은 아니다. '공간의 재현'은 계획자가 주체가 되고 '재현의 공간'은 사용자가 주체이지만, '공간의 실천'은 사람 외에 공간이나 물질이 주체가 될 수도 있다. 그렇다면 '공간의 실천'이란 무엇인가? 그것은 몸동작을 통해 반복적으로 지각되는 물리적 공간이다. 가령 조경가가 그럴듯한 잔디밭을 만들었다고 하자(공간의 재현). 그냥 놓아두면 빈 잔디밭인데, 축구를 좋아하는 사람들(몸동작)이 이곳에 와서 사용을 거듭하게 되었다면(재현의 공간), 이 축구장은 축구와 잔디밭에 의한 '공간의 실천'이 된다. 김광현(2018), 『건축이 우리에게 가르쳐 주는 것들』, 뜨인돌, 233~238쪽 참고.

지 않은 것이 없다. 이를테면 도시의 골격과 시스템을 짜는 일, 용도와 기능을 배치하는 일 그리고 길과 장소를 섬세하게 디자인하는 일 모두가 그것에 관계한다.

가령 크고 작은 집단을 연결하는 교통과 통신망, 모일 수 있는 회의장과 광장, 그러한 모임에 이르기 전의 많은 작은 모임의 장소와 계기, 또 한시도 빼놓을 수 없이 지탱되어야 하는 삶의 지원수단, 그것의 어느 정도의 체계화로서의 일상적 생활의 구조—이러한 것들이 없이는 복합적 사회에서의 인간 활동은 아무것도 이루어질 수가 없다. 이것들—최소한도의 생활과 사회활동을 가능하게 하는 기구와 수단들은 통일된 체계를 이룬다. 그것은 사회의 제도이고 물질적 구조이다. 그러면서 동시에 사회 내부에서 형성되는 의식이기도 하다.

공간과 사회의 변증법

인간은 공간적 존재인 동시에 사회적 존재로서 사적 공간과 사회적 공간에서 삶을 영위한다. 어떤 일정한 공간 속에서 사는 것이 물질적 존재로서 우리의 운명이라고 한다면, 공간의 의미를 묻는 일은 우리의 처지를 돌아보는 데 퍽 필요하다. 공간은 주어지는 것이 아니라, 공간에 대해 계속 질문을 던지고 거기에 대답하면서 구성해 나가야 할 어떤 것이다. 그런 점에서 보면, 공간이 어떻게 구성되어 있느냐를 묻는 것이 아니라, 공간이 왜 그렇게 구성되어 있느냐, 더 나아가 어떻게 구성해 나갈 수 있는가를 묻는다면, 이 작업은 사회적인 관계와 실천의 영역으로 나아간다.

우리는 공간적 전환을 강조할 필요가 있다. 지금까지 시간과 역사

카테고리에 주로 집중함으로써 세계에 대한 표상이 너무 제한되었음을 지적하고자 한다. 그뿐 아니라 지나치게 역사적으로 맥락화됨으로써 공간적 상상력이 주변화되고 편협해져 버린 사회이론을 비판적으로 살펴볼 필요가 있다. 근대에는 시간적 연속성을 바탕으로 한 인과관계와 역사의 선형적 흐름에 초점을 둔다. 그러다 보니 사회적 존재의 시간적 변천에 주목하는 탈공간화된 역사주의가 주된 패러다임이 되면서, (도시) 공간을 사회적 기능들의 부수적인 현상으로 여기는 경향이 강했다.

르페브르에 따르면 각각의 사회는 저마다의 공간을 생산한다. 고대 도시를 하나의 공간 안에 모여 있는 사람들과 사물들의 집합으로 이해해서는 안 된다. 고대도시는 고유한 실천 방식을 지니고 있었기에 고유한 공간, 즉 전유된 공간을 탄생시켰다. 일찍이 고대 그리스의 '아고라'는 인간적 만남과 소통의 광장인 모임터였고, '아레나arena'는 로마의 원형경기장이자 놀이 무대였다. 그리고 '폴리스'는 사람들이 만나는 일정한 장소를 의미하며, 거기서 정치적 담론이 교환되는 사회적 의미를 지닌 공간이었다. 그러기에 이 공간을 그 자체로서, 다시 말해서 발생과 형성, 버텨온 시간과 그중에서도 특별한 시간—그곳에 사는 사람들의 일상생활 리듬, 도시의 여러 중심 지역과 다중심 체제, 즉 광장, 신전, 경기장 등을 중심으로 파악할 필요가 있다.

도시는 시간과 공간의 틀에 의해 움직이는 사회적 현상이다. 사회적 현상으로서 도시의 주체는 인간이기에, 도시를 구성하는 공간이라는 물리적 틀은 시간에 따라 늘 변화한다. 이때 어떤 사회적 가치가 도시변화를 주도하느냐에 따라 도시변화의 양상은 달라진다. 늦어도 앙리 르페브르 이후부터 일반화된 관점에 의하면, 공간은 자연적으로 주어져 항상 존재하는 것이 아니라 사회적으로 생산된다. "(사회적) 공간은 (사회적) 생산물이다." 따라서 도시는 일련의 사물들을 잡다하게 수집해 놓은 공간이 아니며, 감각적인 사실들의 총합도 아니고, 마치 포장하듯이 다양한 물건들로 빈 곳을 채운 곳도 아니다. 다시 말해서 현상이나 사물, 물리적 물질성에 강요된 형태로 귀착되지 않는다는 것이다.

사회적 공간에 대한 담론들은 사회적 주체와 물리적 공간 간의 관계를 주제화한다. 예를 들면 사람들이 자유로이 만나기 위해 만든 빈터에는 정원garden, 코트court, 광장piazza 등이 있다. 이 세 공간은 쓰임새가 각기 다르다. 루이스 칸은 이 세 개의 차이를 이렇게 구별하기를, "정원은 사람을 초대하는 장소가 아니다. 그것은 생활의 표현에 속하는 장소다. 코트는 그것과 다르다. 코트는 아이의 장소다. 그것은 이미 사람을 초대하는 장소. 나는 코트를 '외부-내부 공간outside-inside space'이라 부르고 싶다. 거기에는 사람이 어디로 갈지 선택할 수 있다고 느끼는 장소다. 한편, 광장을 코트처럼 정의하자면 그것은 어른들이 누구나 머물 수 있는 장소라고 할 수 있다"고 했다.

앙리 르페브르가 창안한 사회적 공간이라는 개념에서 알 수 있듯이, 그의 사회철학은 의식보다 삶을 강조하는, 이른바 "의식이 삶을 결정하는 것이 아니라, 삶이 의식을 결정한다"는 마르크스적 전통에 서 있다. 이론의 출발점은 '모든 사회적 관계는 공간적이다'라는 명제로서 그는 '사회적 관계의 존재 양식'을 공간적이라고 간주한다. 우리의 공간은 관계로 이루어진다. 관계는 경제와 정치·문화·지리 등등의 측면에서 서로 얽혀서 성립된다.

대체로 공간의 관계를 재편하는 과정에서 생기는 가장 큰 문제가 공간과 사회 계층 간의 다양한 관계의 몰락이다. 나를 둘러싼 공간이 변하면서 그 변화된 공간으로부터 나 자신이 타자화되고, 그 순간 내

일상을 둘러싼 모든 것이 낯설어진다. 르페브르가 사회주의 체제는 고유한 공간을 만들어 내지 못했다는 것을 주장할 때 그 공간은 지극히 사회와 일상의 삶에 관련된 것일 것이며, 사회주의 혁명은 삶을 변화시키지 못했다는 결론까지 가능할 터이다.

하비David Harvey를 빌려 말한다면, 현대 자본주의 사회에서 자본의 운동이 우리의 일상 공간의 삶에서 형성되는 의식과 경험에 영향을 미친다고 할 때, 공간의 비틀, 그 해석의 행위는 그러한 영향의 분석에서 큰 부분을 차지할 것이다. 예를 들어 자본의 논리에 따른 전문상가의 집중 현상이 그러하다. 이를테면 공구상가가 청계천에, 가구점이 논현동에, 양복점이 소공동에 밀집해 있는 것과 같은 이치이다. 다시 말해, 사회적 현상은 공간 '위'에서 일어나는 것이 아니라, 사회적 현상과 공간 모두가 사회적 관계를 통해 구성되며 공간적인 것은 사회적 관계가 '확장'된 것으로 인식해야 한다는 것이다. 그런 점에서 보면, 신행정수도와 4대강 프로젝트는 국가 권력 구조와 지방 분권과 관련된 사회적 공간의 생산과정이라고 할 수 있다.

대단위 아파트 단지가 들어선 목동이나 일산, 분당 등 서울 근교의 신도시 지역은 서울을 생활근거지로 한 중간층의 생활공간으로 영역화되고 있다. 그런가 하면 구로구 등과 같은 전통적 공업지역과 성남, 부천 등의 서울의 주변 지역은 생산직 노동자층이나 도시 비공식 부분의 종사자들이 광범위하게 분포되어 있다. 이런 경우 사회적 공간은 이중 삼중으로 얽힌 사회적 관계, 즉 가족이라는 특별한 조직과 더불어 성별, 나이에 따른 생물학적·생리적 관계와 생산 관계, 즉 노동의 분업과 그 조직, 다시 말해서 위계질서에 따른 사회적 기능을 포함하며 각각의 활동에 적합한 장소를 할애한다. 그런 점에서 사회적 공간이란 바로 사회적 관계가 상호 연결되고 맞물린 광범위한 복합체라고 할 수 있다.

사회적 공간이라는 개념은 어떤 공간적 현상을 단순히 공간 그 자체만이 아니라 사회와의 변증법적 관계 속에서 파악한다. 그것은 사회적 관계 혹은 사회적 과정에서 공간을 개념화하는 것이다. 그런데 사회적 관계는 고정되어 있지 않으며 본연적으로 동적이기 때문에 공간 위에서 그리고 공간을 가로질러 존재할 수밖에 없다. 공간적인 것에 대하여 이러한 방식으로 개념화하는 경우에 실제 세계에서 공간은 교차하고, 상호 관계적으로 배열되고, 역설이나 적대적인 것과의 관련 속에서 동적인 동시성으로 이해된다.

일본 도쿄도 서쪽에 있는 인구 6만의 작은 도시 후사시福生市는 시청사를 지으면서 시민의 의견에 기초하여 기본 구상안을 만들고, 1년 7개월 동안 신청사건설검토위원회 등 여러 위원회의 회의를 거치면서 '시민검토위원회' 기본계획을 확정하는 과정을 거쳤다. 이 과정에서 시민위원들이 많은 요구를 했다. 이것은 공간은 균열되어 있고 역설적이라고 말한 것과도 비슷한 맥락이다. 그리고 위에서 말한 동시성이라는 개념에 특별히 잘 적용된다. 그중 인상적인 것은 "자원봉사나 시민 활동에 남녀를 어떻게 공동으로 참여시킬 것인가, 다른 시의 상황을 알 수 있는 서적이나 자료를 비치해 달라, 시의 문화 등을 알기 쉽게 표시해 달라, 하루에 몇 명이 시청에 온다고 예상하는가, 시의 교육목표를 게시하는 장소를 만들어 달라, 주차장을 휴일에 이용할 수 있게 해 달라, 시민이 출입하기 쉬운 청사를 만들어 달라, 몇 층으로 지어질지는 모르지만 내가 사는 도시를 알아야 하니 제일 높은 층에서 도시를 볼 수 있게 해 달라, 시민이 시정市政에 참가할 수 있는 의회여야 하니 학생들이 시정을 자유로이 배울 수 있게 열린 의회 건물을 만들어 달라" 등이었다.

시민들의 구체적인 관심을 기반으로 신청사의 공간을 동시성으로 이해하고자 하는 것은 공간을 이 모든 본연적 유동성으로부터 분리해 내지 않는다는 것을 의미한다. 따라서 영국의 건축 교수 사이먼 언윈 Simon Unwin의 주장처럼 '상대성 이론에 의하면, 동시성은 상대적이며 운동 중인 현상의 어떤 지점을 준거의 프레임으로 선택하느냐에 따라 좌지우지된다'. 다시 말해 사회적 삶의 모든 참가자들은 서로 상대적으로 움직이면서 각자는 자신이 움직이지 않는 것처럼 생각하며, 따라서 각 개인은 '공간-시간의 연속선을 각자 상이한 각도로 썰고 있는' 셈이다.

이러한 공간의 역동적인 동시성 속에서 현상은 다른 현상들과의 관계 속에서 위치하며 새로운 사회적 효과를 유발한다. 공간이 새로이 구성되고 있다는 것은 현재의 세계를 어떤 식으로든 정의 내리는, 결국에는 하나의 공간의 성격을 규정하고 제시하는 것으로 보인다. 공간은 사회적인 요청을 받아 만들어지지만, 많은 사람이 그 공간을 공유함으로써 공간은 비로소 사회적인 존재가 된다. 공간은 언제나 하나밖에 없는 그 지역의 어떤 장소를 차지하며, 그 지역의 문제를 해결하기 위해 지어지는 지역적인 존재다.

공간의 사회적 관계

사회적 공간 개념이 대두하기 이전에는 공간은 사회적 현상들이 발생하는 컨테이너 혹은 무대였다. 이런 공간관, 즉 컨테이너 모델은 공간이 사물과 인간을 수용하고 이들을 위한 고정된 자리가 있는 그릇이라고 보는, 고대부터 알려진 공간관이다. 이 공간 모델의 매력은 내부와 외부, 소속과 낯섦 간에 뚜렷한 경계를 그을 수 있다는 점이다. 어느 곳에 소속되었다고 인정받는 사람에게는 자리가 주어지고, 그렇지 못한 사람은 이방인으로 배제된다. 권력과 공간의 관계가 논의되는 곳마다 컨테이너 개념과 마주칠 수 있는 것은 우연이 아니다.

그러나 공간은 삶이 진행되는 용기나 컨테이너가 아니라 그 자체가 사회적 과정의 산물이다. 사회적 공간은 텅 빈 추상적, 절대적 공간이 아니라 사회적으로 생산, 재생산된 공간이며 (재)생산을 둘러싼 복합적 관계들이 상호 교차하고 중첩되는 사회적 네트워크 내지 관계망이다. 사회적 관계는 항상 공간의 형태와 공간적 내용을 가지고 있다. 게다가 사회적 관계란 필연적으로 어디서든 권력과 의미, 상징성과 결합되므로 이러한 관점은 공간을 항상 변화하는 권력과 의미화의 사회적 기하학으로 본다. 서로 다른 이해관계를 가진 집단은 공간의 사회적 관계를 상이하게 경험하고 다양한 방식으로 해석하기 때문에 이러한 사실은 매우 명백하다.

김영순의 「도시 공간의 기호학」의 내용을 참고해 보면, 시장이나 백화점은 자본의 외적 표현이 가장 극렬하게 드러난 곳이다. 재래시장은 개방된 공간으로 구성되어 있다. 골목골목 즐비하게 늘어선 점포들과 무엇인가 무질서하지만 지속적인 의미작용이 가능하다. 그러나 백화점은 특정 건물 속에 정해진 상품 코너들이 있다. 공간이 폐쇄되어 있다는 것이다. 재래시장에서는 점포마다 다 주인이 있으니 이것은 곧 자율성과 연결되어 있다고 본다. 원하는 물건에 가격표가 붙어 있지 않아 구매를 위하여 주인과 타협해야 하고 물건 값을 흥정할 수 있다. 이것은 타협성을 구성한다. 그러나 백화점은 1인 경영에 따라 군대 조직처럼 통제되어 있다. 구매 행위도 정해진 가격과 품목에 따라 통제된다. 재래시장과 달리 백화점은 가격 정찰제에 따라 가격표가 있으니 소비자와 판매자 간의 타협이 이루어질 수 없다. 백화점이 각 층마다 정해진 품목으로 구성되어 수직적인 반면에 재래시장은 공간 자체가 대개 단층으로 펼쳐져 수평적이다.[17]

재래시장과 백화점의 비교에서 알 수 있듯이 공간은 사회적 관계를 내포하고 있으며, 공간화는 사물의 단순한 물리적 배열이 아니라 사회적 작용과 흐름의 공간적 패턴이면서 동시에 공간과 세계에 대한 역사적 개념이다. 우리가 장소 유형을 생산하고 재생산하는 가장 기본적인 방식은 그것을 점유하는 것이고, 그것에는 행위자 공간에서 일어나는 활동과 상호작용의 특수한 패턴, 사용된 물건, 시간 등이 포함된다. 문화적으로 규정되는 이런 실천을 뒷받침하기 위해서 물리적인 장소가 설계된다. 이렇게 공간적 실천을 재생산함으로써 특정한 사회적 질서가 생겨난다. 그런 사회질서는 특정한 실천과 장소 유형에 유리하고 다른 것들은 무시하거나 제한한다.

사람들은 어디서나 상이한 공간성을 상정하고 그에 따라 행동한다. 그것은 공간이 사회적 관계의 복수성으로부터 구축되기 때문이다. 인간에게 있어 주거공간은 휴식의 공간, 생업을 위한 보조 공간, 가족들의 일상이 이루어지는 생활공간, 크고 작은 행사를 치르면서 친척 및 이웃들과 교류를 하는 사회공간의 기능을 수행하는 등 삶을 영위하기 위한 주된 장소로 활용되고 있다. 공간은 그 안에서 생활과 사용

---

17. 이는 곧 계급성과도 관련이 있다. 백화점을 찾는 소비자들에게는 계급이 구성되어 있다. 어떤 코너는 연봉 얼마 정도가 되어야 이용할 수 있는 것과 마찬가지로 말이다. 또한 판매자들 사이에도 평직원이나, 샵 매니저니… 등등의 계급적 칭호가 존재한다. 그러나 재래시장에서는 계급적이지 않다. 판매자에게 계급이 없듯이 구매자에게도 계급이 없다. 누구나 구매할 수 있으며 누구나 흥정할 수 있다. 백화점은 물건의 종류나 브랜드에 따라 분화되어 있다. 예를 들어 1층에는 액세서리 및 화장품 향수, 신발 코너, 2~3층에는 여성용 정장 및 캐주얼, 4~5층에는 남성용 정장 및 캐주얼, 6층에는 아동용품, 7층에는 전자 제품 및 가정 인테리어 용품, 그리고 그 이상에는 수영장, 헬스 등의 피트니스 클럽 혹은 고급 식당가가 있다. 지하에는 대개 식품점과 스낵 및 간단한 식당들이 있고, 그 아래에는 주차장이 있다. 이렇게 각 층별로, 코너별로 백화점의 공간은 분화되어 있다. 철학아카데미(2004), 『공간과 도시의 의미들』, 소명출판, 235~241쪽 참고.

방식을 규정하고 사람의 행동과 사상의 방향을 정하는 행위라는 것이 공간의 사회성을 이루는 토대이다. 이는 사회적 제도나 사고를 변혁하는 힘이 사회적 공간의 기능일 수 있다는 것을 인정하는 것이다.

무엇보다 현대 물리학에서 계속해서 언급하는 비유만 보더라도 이와 같은 사실을 확인할 수 있을 것이다. 물리학의 세계에서도 관찰자는 필연적으로 관찰 대상인 세계의 공간 안에 있을 수밖에 없다. 이에 따르면 공간적 세계는 부분적으로 관찰자를 구성하고 있고 관찰자 역시 그 세계를 구성하고 있음을 의미하는 것이며, 관찰자가 관찰대상의 구성물이라는 사실은 필연적으로 상이한 공간의 복수성을 상정할 수밖에 없게 만든다.

반드시 그런 것만은 아니지만, 특정한 공간 물리적 기반에서의 변화가 사회적 공간의 의사소통적 창출을 만들어 낼 수 있으며, 이 아주 특정의 물질적 공간에서부터 아주 특정한 사회적 영향력이 나온다는 것이다. 어떤 일정한 공간 속에서 사는 것이 물질적 존재로서 우리의 운명이라고 한다면, 공간의 의미를 묻는 일은 우리의 처지를 돌아보는 데 퍽 필요하다. 예컨대 1960년 초반에 산업 근대화와 수출 한국의 역군으로 구로공단이 조성되기 시작한다. 그렇게 해서 당시 전국에서 몰려든 여공들의 주거지인 가리봉동 쪽방촌이 형성된다. 한 사람도 간신히 살 만한 좁은 쪽방에 여러 명이 산다고 해서 닭장 또는 벌집이라 불렀고, 혼자 누우면 방이 꽉 찰 정도로 좁다고 해서 '비둘기집'이라고도 불렀다. 그곳이 지금은 1992년 한·중 수교 이후 코리안 드림을 꿈꾸며 중국 동포인 조선족이 삶의 뿌리를 내린 텃밭과도 같은 공간이 되었다.

가리봉동 같은 공간이 있기에 도시에서도 이방인들의 삶이 정착할 수 있다. 쪽방만으로 이 세상에서 다른 세계가 가능하다는 것을 보여 준 가리봉동 공간의 역사는 우리에게 도시 주변부 인생의 최소한의 주거권이 무엇인지를 고민하게 한다. 힘들게 온몸으로 버둥대며 사는 이들에게 쪽방만으로 도시가 희망의 공간이 될 수는 없는 노릇이다. 우리가 주목해야 할 것은, 이렇게 생겨난 공간과 함께 무슨 일이 일어나는가, 이 공간들이 어떤 영향을 미치는가 하는 점이다. 공간이 왜 그렇게 구성되어 있느냐, 더 나아가 어떻게 구성해 나갈 수 있는가를 묻는다면, 이 작업은 사회적인 관계와 실천의 영역으로 나아간다. 그러기에 인구가 감소하여 마을이 쇠락하고 공동체가 와해되는 것 같은 굵직한 문제부터 아이들이 학교에서 돌아와 어떤 행동을 하며 지내는가 하는 일상적 문제까지, 사회의 풍경들을 구체적으로 파악하고 이를 공간적으로 어떻게 해결할지 고민해야 한다.

도시 공간의 실천

1500년에 10만 명 이상 거주하던 도시는 드물었다고 한다. 건물 대부분은 진흙과 나무와 짚으로 지었고, 3층이면 초고층에 해당했다고 한다. 비포장 흙길은 여름에는 먼지가 날리고 겨울에는 진창으로 변했다. 도시에서 가장 흔히 들리는 소음은 인간의 목소리와 동물의 울음소리였으며, 가끔 망치질과 톱질하는 소리도 들렸다. 해가 지면 도시의 경관은 캄캄해지고, 어둠 속에서 가끔 촛불이나 횃불이 보일 뿐이었다. 그런 도시에서 살던 주민이 현대의 뉴욕, 상해, 서울을 본다면 어떤 생각이 들까?

지금은 전 인류의 반 이상이 도시 환경에서 산다고 한다. 사실 인간의 역사를 보면 도시라는 인간 공동체의 현상은 아주 기본적인 현상이었다. 자연 위에 인간이 집단을 이루어 도시의 기본 형태가 나타난 것은 기원전 3500년경 이집트의 나일강변, 현재 이라크 지역인 티그리스―유프라테스 강변, 그리고 오늘날 파키스탄 지역인 인더스 강변에서 나타났다고 한다. 인간은 거시 자연으로부터 돌, 청동, 철 등을 선사 받음으로써 삶을 꾸리고 다양한 도시를 조성하며 문화를 만들었다. 전현대 사회에서는 농촌이 보편적인 지역이었고, 도시는 섬과 같은 특수한 지역이었다. 그러나 산업혁명으로 인해 도시화가 가속화되고, 도시가 중심이 되는 새로운 시대가 열렸다.

도시의 출현

도시는 원시문명 활동의 총 집약판이라고 할 수 있다. 고대 문명은 도시를 바탕으로 탄생했기 때문이다. 도시국가 폴리스polis는 아테네인들이 거의 종교적 열정을 가지고 함께 추구한 프로젝트다. 아테네인들에게 도시는 일상의 필요를 충족해 주는 장치 이상의 존재였다.[18] 도시는 아테네인들의 문화, 정치, 풍습, 역사를 묶는 개념이었다. 신들에게 보호받길 소망한 아테네인들은 아크로폴리스acropolis라는 폴리스 중심에 있는 작은 언덕 위에 아테나Athena를 비롯한 신들에게 바치는 대리석 신전을 세웠다. 한편 아테네 시민은 주체의식과 시민 정신을 평지에 가까운 프닉스 언덕Pnyx Hill에 들어선 건축물에 반영했다. 아크로폴리스가 신들의 공간이라면, 프닉스 언덕은 시민들의 공간이었다.

도시 계획의 최소한도는 물리적인 의미에서 사람들의 주거지와 생존의 조건과 작업과 동선을 밀접한 공간 속에 확보하는 일이다. 건축물과 건축공간은 물리적인 것과 아울러 문화적인 것을 포함하는 중층적인 공간 속에 존재한다. 사람들이 도시에 모여 사는 이유는 공간과 환경과 시설, 주택, 광장, 길, 물건, 교통, 교육 등을 자기가 원하는 곳에서 이용하기 위해서다. 도시는 다양한 사람들의 활동을 담는 다양한 기회, 다양한 건축과 환경을 갖추고 있어야 한다. 19세기 유럽 도시에는 병원, 감옥, 극장, 철도역, 백화점이 등장한다. 에밀 졸라Emile

18. 한 가지 사실은 분명하다. 그리스인들은 행복을 주요 인생 목표 중 하나로 보았다. 비록 아테네 인구 중 일부만이 시민권을 보유했지만, 시민권을 보유한 아테네 시민은 '행복한 삶(good life)'이란 무엇인지 토론할 수 있을 정도로 충분한 부, 여가 시간, 자유를 누렸다. 그리스인들에게 행복한 삶은 '에우다이모니아(eudaimonia)', 즉 "좋은(eu) 영혼(daimonia)'인데, 이는 '영혼이 만족스러운 상태'인 것이다. 아리스토텔레스에 의하면, 인간은 자신의 잠재력을 최대한 발휘할 때, 윤리적으로 생각할 뿐 아니라 윤리적으로 행동할 때, 순수한 행복을 느낄 수 있다. 찰스 몽고메리(2014), 윤태경 옮김, 『우리는 도시에서 행복한가』, 미디어윌, 31~34쪽 참고.

Zola는 거대하고 화려한 백화점의 등장을 통해 상업문화의 충격을 묘사했다. 발터 벤야민Walter Benjamin은 상점가를 배회하는 19세기 도시민의 일상을 그려냈고, 미셸 푸코Michel Foucault는 감옥 건축의 공간구성을 분석해 유럽 사회의 억압구조를 고발하였다.

논란의 여지가 있는 주장이지만, 앙리 르페브르는 모든 인간 사회가 항상 도시 사회의 형태로만 발전해 왔다고 말한다. 1만 2천 년 전 수렵과 채집 상태에서 처음 벗어난 순간부터 인간은 도시인이 되어 자신이 사는 사회를 도시로 만들어 가고 있었다는 것이다. 고대 희랍의 중심은 아테네이고 아테네는 오늘날의 거대 도시와는 다른 것이지만, 그 나름의 도시였다. 인간의 삶이 농경 생활로 정착하게 된 후 수메르인들의 정치혁명과 도시국가 발생을 거쳐 산업혁명에 이르기까지 이룩된 모든 사회발전 형태들은 도시에서 시작되었으며 도시적인 성격을 지녔다는 앙리 르페브르의 주장도 일리가 있다.

한 시대의 도시는 시간의 흐름 속에서 저절로 생겨난 결과가 아니다. 도시는 인간이 만들어 간 역사의 과정이자 동시에 집단적 의지의 산물이기도 하다. 근대 이전의 오랜 세월 동안 사람들은 마치 태아가 엄마를 느끼듯 도시를 '내 삶을 품어 주는 그릇이고 내 삶의 전체'로 인식하였다. 자기 땅에 집을 지을 때도 제 맘대로 짓지 않았다. 주변과 이웃을 살피고, 역사와 문화를 존중하였다. 그러했기에 수천 년을 거쳐 오면서 수많은 사람들이 집을 짓고, 길을 내고, 다리를 놓았음에도 마치 한 사람이 만든 것처럼 조화로운 도시를 유지할 수 있었다.

그러다가 건축 기술이 비약적으로 발달한 근대 시기를 맞이하면서 이런 도시에 대한 생각이 바뀌었다. 돌이나 벽돌, 콘크리트 블록을 쌓아 집을 짓는 조적조 건물이나 나무를 엮어서 짓는 목구조 건물에서는 감히 상상도 못했던 일들이 철골구조와 엘리베이터가 등장하면서 얼마든지 가능해졌다. 이제 마음만 먹으면 100층 건물도 어렵지 않게 지을 수 있는 시대가 된 것이다. 이런 상황에서 도시에 대한 생각도 크게 바뀌었다. 한때는 '전체'였고 인간을 품어 주는 '삶터'였던 도시가 한순간에 '객체'이자 '대상'으로 바뀐 것이다. 도시는 일정한 물리적 실체physical entity이며 이 안에서 인간은 다양한 생활환경을 조성하고, 적응하며 살아간다. 그곳에서 도시의 공간분배와 성장유형, 그리고 공간 내의 기능의 분화와 공간의 분배를 둘러싼 경쟁과 질서의 문제가 부각된다.

공간이 우리의 삶을 이루는 물질적인 모든 것을 포괄하는 개념이라고 볼 때, 도시와 공간은 생을 살아가는 동안 수많은 공간을 만들어 내며, 자신도 모르는 특정 공간 속에 편입되어 있다. 도시는 공간의 지배를 받는다. 공간 그 자체가 지배력을 갖는다고 말하기보다는 어떤 힘이 공간을 통해 지배를 행사한다는 표현이 맞을 것이다. 여의도는 한국의 놀라운 압축 고도성장 속도 중에서도 가장 빠른 호흡과 보폭을 보여 주며 '한강의 기적'을 상징하는 곳이 되었다. 조선 시대에 '너나 가지라'는 다소 경멸적인 뜻을 지닌 여의도汝矣島는 불과 30년 사이에 전국에서 가장 비싼 지가地價와 임대료를 자랑하는 곳 중 하나로 격상되었고 '한국의 맨해튼'으로 불리며 서울의 스카이라인을 바꾸고 있다.

이런 여의도는 단순한 장소, 지역, 땅이 아니라 새롭게 창안된 공간이라는 점에 주목한다. '여의도라는 공간'은 단지 우리가 한강다리를 지나서 만나게 되는 땅덩어리와 그 위에 서 있는 건조물들의 총합 이상의 것이다. 소떼나 가축을 기르던 잡풀 무성한 목축장에서, 공군과 민간 항공기들이 내려앉던 비행장을 거쳐 한국의 대표적인 정치·경제·사회·문화적 권력 공간에 이르기까지 여의도는 숨 가쁜 변모를 거듭해 왔다.

　지금과 같은 거대 도시의 출현은 산업혁명과 맞물려 있다고 할 수 있다. 근대 사회에서 도시화의 핵심적인 추동력은 기술의 혁신이다. 기술의 혁신적 발달로 인해 사회적 생산력이 향상되면서 도시라는 새로운 근대 문명이 형성된 것이다. 기술이 만들어 낸 편리하고 이로운 도구들과 장치들은 삶의 기본 조건이 된다. 사람은 그 안에서 기계가 되는 것은 아닐지라도 기술사회의 부름에 응답하는 심부름꾼이 되고 만다. 이 기술의 뒤에 있는 것이 자본이다. 자본주의하에서 모든 공간은 자본의 힘이 작용하는 영역으로 조직되고 규칙화된다. 생산 공간과 소비 공간의 분화, 고소득 주거지와 저소득 주거지로의 분화, 중심지와 주변지의 분화, 개발 공간과 보전 공간의 분화 등은 모두 자본축적 논리가 공간적으로 작용하는 모습이다. 산업 기술의 시대, 기술과 자본의 주문으로 움직이는 도시 공간 그리고 그곳에서의 생활은 자연과의 교감이 어려운 것일 수밖에 없다. 모든 것의 정서적 근원이라 할 수 있는 자연과의 조화가 훼손되어 삶의 모든 것을 공리적 목적의 틀 속에서 생각하게 되어 버렸다. 이창동 감독의 첫 영화 〈초록물고기〉의 배경이 되는 일산은 논과 야산으로 이루어진 시골이었다. 그곳은 넓고 곧게 뻗어 있는 신작로를 차를 타고 이동하는 대신에, 좁고 휘어져 있는 골목길을 걸어서 다니는 공간이었다. 서울이 확대되면서 일산의 예전의 모습을 잃게 되었는데, 예전에 논이었던 곳이 이제는 거대한 아파트 단지로 변했고, 논둑길이었던 곳이 넓은 8차선 도로가 되었다.

　그런 일산의 변화를 우리는 발전이라고 이야기하고, 개발이라고 말한다. 그러는 과정에서 정작 일산에 거주했던 원주민들은 일산을 떠났다. 일산에 남아 있다고 하더라도 그들은 일산의 외곽에 머무르면서 일산으로 새로 이주한 사람들을 위한 파출부 일을 하며 살아간다. 오랜 세월 터를 잡고 살면서 자신들의 삶이 녹아들어 있는 일산이라는 공간에 개발의 이름으로 신도시가 들어서면서 경제적 가치가 높아지고 부를 축적할 수 있게 되었다. 하지만 원래 거주했던 사람들은 자아 정체성을 상실한 채 삶을 살아간다. 한편 현대인은 사람 냄새를 맡고 온기를 느낄 수 있는 공간에 대해 향수를 갖는다. 도시에서 꿈을 잃어버린 현대인은 살기 위해서는 도시로부터 탈주를 꿈꾸기도 한다. 그러기에 도시를 둘러싸고 일어나는 모든 현상은 이중적인 잣대로 모색된다.

미국의 경우 수십 년간 교외 지역은 도심의 폭력과 혼란에서 탈출할 수 있는 도피처로 보였다. 직장에서 멀리 떨어진 곳에 살게 되면서 사람들과 부딪치면서 받게 되는 스트레스가 줄고, 더 깨끗한 공기와 물을 마실 수 있게 돼 전염병 환자는 줄었다고 한다. 하지만 안전하고 건강해 보이는 교외 거주가 낳은 가장 큰 위험은 생활이 무미건조해진다는 점이다. 도시는 기본적인 삶을 영위하는 것을 넘어서 문화·교육 등 정신적인 삶과도 밀접한 관련이 있다. 대체로 도시가 사람의 마음을 끌어당기는 것은 그곳에는 삶의 다양한 면모들을 볼 수 있기 때문이다. 시골에서의 삶이 단조롭다면 도시는 사회활동, 사회관계, 교우, 오락의 기회를 크게 늘릴 수 있다. 지적으로 또 감성적으로, 도시의 다양성은 인간의 정보욕을 충족시킨다. 이제 우리는 살기 위해 도시로 진입할 수밖에 없다고 할 수 있지만, 도시는 여러 가지 기회―많은 경우 권력과 금력 그리고 사회적 명망이 집중되는 곳이다.

도시의 복합성

도시는 무엇일까? 대단한 발명품도 아니고 볼거리는 더더욱 아니다. 도시는 내 삶을 품어 주는 삶터이자 나와 가족 그리고 이웃들이 함께 오래도록 살아갈 세상이다. 그런 도시 공간이 누구에게나 열려 있고 자유분방한 삶을 보장해 주는 듯하지만, 그 속에서 일상을 살아가는 개인은 도시 공간의 배열 방식과 규정 방식에 맞춘, 즉 공간적으로 프로그램된 삶을 살아간다. 흔히들 도시의 삶은 경쟁적이고 개인적이며 익명적이고 수단적이라고 한다. 이는 출세를 위해 직장이란 공간에서 동료들과 철저한 경쟁을 하고, 개성적 삶을 위해 아파트란 공간에서 나 홀로 살며, 생활필수품을 얻기 위해 할인점이란 공간에서 익명적 소비자로서 거래를 하고, 자산 가치를 지키기 위해 주민자치회란 공간에서 이웃들과 집값을 담합하는 도구적 관계를 맺는 다양한 공간적 삶을 통해 만들어진 도시 문화 현상이다.

도시에는 수많은 삶의 편린이 담겨 있다. 세상살이를 담는 그릇인 도시에서 존재하지 못할 삶이 과연 있을 수 있는 것인지 의문이 들 정도이다. 우리는 그것을 도시의 역사로 기억한다. 도시의 역사는 정치적 이데올로기에 의해 이끌리기도 하고, 자본의 힘에 의해 서술되기도 하고, 새로운 사회적 가치에 의해 변화를 경험하기도 하고, 때로는 억눌린 이들의 자유의 함성에 의해 격동하기도 한다. 하지만 어떤 경우에도 도시는 반드시 자신의 역사를 공간이란 매개체를 통해 서술한다. 도시의 속성 가운데 가장 중요한 것을 꼽으라면 무엇보다 공간을 들 것이다.

도시 공간 내부에서 보면, 중심과 주변의 드라마틱한 변화가 관찰된다. 산업화 초기에는 도시의 한가운데 지역(구도심)이 도시의 중심이었으나, 산업화 중기 이후 도시의 중심이 도시 외곽의 신도심 지역으로 이동하고, 중심은 슬럼화하는 경향이 발생한다. 도시의 규모가 작을 때 주거지역은 도심에 위치한다. 그러나 점차 도시가 확대되면 도심에서는 상업과 업무 기능이 확대되고, 자동차를 소유하고 있는 부유층은 교외로 주거지를 옮긴다. 도심 주변에 남은 주거지역은 노동자들의 거처로 사용되다가 노후화되면서 도시 빈민이나 부랑자들이 거주하는 공간으로 바뀌며 점차 황폐해진다.

　최근 세계 곳곳에는 도심 가까이에 위치한 황폐한 공간을 재개발하려는 젠트리피케이션gentrification이 진행 중이다. 젠트리피케이션은 낙후된 구도심 지역이 재생, 발전하면서 중상류층이 유입되는 경향을 나타낸 말이다. 그 과정에서 원래의 거주민들은 오랫동안 살아왔던 동네를 떠날 수밖에 없으며 기존의 지역 생태계 역시 파괴될 수밖에 없다. 우리나라에서는 주거지역보다는 홍대, 상수동에서 보여 주듯이 상업지역이 매우 빠른 변화를 보이며 주요 상권들이 새롭게 탄생하고 몰락하는 모습을 보여 왔다. 이 과정에서 발생하는 잡음과 문제점 때문에 젠트리피케이션 이슈가 된 것이다.

　대개 낙후된 주거지역에서의 젠트리피케이션은 새로운 도시의 개척자로 등장하여 도시에서 노동자의 지리와 역사를 말끔히 씻어 낸다. 젠트리피케이션이 진행 중인 동네에서는 다른 무엇보다도 이윤율이 다시 활기를 띤다. 일반적인 공간의 생산, 그중에서도 특히 도시 재활성화의 젠트리피케이션은 자본주의 사회의 고질적인 불균등 발전 사례에 속한다. 실제로 젠트리피케이션이 나타나면서 가난해지거나 쫓겨나거나 노숙자가 된 사람들이 생겨난다. 젠트리피케이션으로 도시의 새로운 사회지리가 탄생하고 있지만, 그 과정이 평화로울 것이라고 기대한다면 어리석은 생각이다.

어떤 힘으로 한때 서울의 공간에서 벌어진 각종 뉴타운과 도심 재개발 프로젝트는 강남과 강북의 균형 발전을 명분으로 삼았지만, 신개발주의의 가면을 쓴 인간 욕망의 한 단면이었다. 뉴타운 지구로 발표됨과 동시에 땅값은 뛰었고, 뉴타운 사업에 뛰어든 건설사들이 이미 상승된 지가를 부담하면서 개발 이익을 내려면 상당한 고밀 개발이 불가피했다. 그 속살을 들여다보면 다음과 같다. 2005년 6월, 이명박 시장은 뉴타운 특별법 제정을 정부에 건의하였고, 그해 12월 '도시재정비 촉진을 위한 특별법'이 제정되면서 뉴타운 광풍은 서울에서 전국으로 확산하였다. 2006년 지방선거에서 여당과 야당 할 것 없이 대부분 후보는 뉴타운을 공약으로 내걸었다. 반면 2010년 지방선거에서는 뉴타운 공약이 지켜지지 않은 것이 선거의 큰 쟁점으로 떠올랐다. 뉴타운으로 지정만 되고 사업은 진행되지 않아서 뉴타운 공약을 내걸고 당선된 단체장들이 위기에 빠져 지방선거에서 대거 낙선하였다. 뉴타운 광풍으로 인한 대격전을 치른 것이다.

뉴타운 광풍에서 잘 보여 주고 있듯이 도시가 품고 있는 욕망의 노출이 공간의 (재)생산이라면 생산된 공간은 어떻게 그 욕망을 드러내는가. 그리고 그렇게 생산된 공간은 욕망을 충족하기에 충분한가. 욕망이 결핍의 상태에서 추동된 것이라면 그 욕망은 결코 충족될 수 없다. 그것은 브레이크 없이 달리는 욕망이란 이름의 전차이다. 이런 도시의 현상에 대해서 게오르그 짐멜Georg Simmel이 갈파하였듯이, "도시 생활이 생계를 위한 자연과의 투쟁을 이윤을 위한 인간 상호 간의 투쟁으로 변형시켰다"는 것을 부정할 수 없다. 도시로의 인구 집중과 익명의 충동적 군중이 여기저기서 출몰하는 도시에서 생존 경쟁은 앞에서 말했다시피 멈출 수 없는 과속하는 욕망의 전차에 비유된다.

한국 도시의 특징 중의 하나는 음식점과 가게들이 주거지와 함께 혼재되어 있다는 것이다. 미국에서처럼 쇼핑몰이나 음식점 등이 공간적으로 분화되어 모여 있거나 교외에 위치해 있는 것이 아니라 주거지에 많은 소규모 기능들이 뒤섞여 있다. 건물은 멋 감각보다는 최대의 공간적 효율성을 누리려는 가능성이 우선시된다. 그리고 그 기능을 외부에 노출하려고 하는 '경쟁'이 불붙게 된다. 그 경쟁은 더 크고, 더 선명하고, 더 자극적인 간판들로 나타난다.

정제된 모습은 보이질 않고 경쟁과 기능만이 존재할 뿐 주위 경관의 유기적 조합은 더 이상 관심의 대상이 아니다. 건물의 벽은 간판들에 가려 보이지 않는다. 유리 소재를 사용한 건물들도 광고글자에 파묻혀 아무런 의미가 없다. 전면의 대형 간판도 모자라 옆 간판을 세우고 그것도 모자라 길거리에 입간판을 세운다. 그리고 그것도 모자라 현수막을 내건다. 건물과 주위 경관의 미적 가치는 처음부터 고려의 대상이 아니다.

짐멜은 우려의 눈으로 대도시를 중심으로 형성된 현대의 불안과 혼란을 응시한다. 대도시를 중심으로 형성된 개인들 또한 아주 예민하고 불안한 삶을 체험한다고 한다. 대도시에서의 삶은 공동체적인 느낌보다는 '자유롭게 떠도는 대중' 속에서의 '익명의 개인적인 삶'이다. 따라서 대도시는 이러한 느낌을 강하게 체험할 수 있는 공간이 되었다. 익명성이 보장되고, 거주 공간이 사적 영역과 일하는 공간으로 구별된 대도시에서 사람들은 그야말로 개인으로 존재하고 개인으로 평가를 받는다. 이러한 삶의 공간 분리와 더불어 '개인에 대한 의식'이 자리 잡기 시작했다. 대도시 어느 곳에서든 개인인 '나'는 '나'로서 존재하며, '나'로서 살아간다.

대도시의 형성기에 대도시의 모든 것을 주의 깊게 관찰한 한 명의 역사철학자가 있다. 그가 바로 발터 벤야민Walter Benjamin이다. 벤야민에게 대도시는 필연적으로 풍요로움과 그리고 미래에 대한 장밋빛과 함께 등장할 수밖에 없는 현상임과 동시에 상품성과 함께 발전할 수밖에 없는 어두운 그림자를 내재적으로 가지고 있는 미묘하고 복잡한 공간이다. 이 새로운 공간에서 벤야민은 새로운 공간에 대해 때론 경탄하고 또 때로는 절망한다. 대도시에 대해 하나의 양가감정을 느껴온 벤야민은 항상 대도시의 모든 현상들을 '보고' 그리고 심지어 '읽으려고' 노력하였다. 대도시의 탄생 이후 인간의 경험구조는 큰 변화를 가져 왔다. 벤야민에게 대도시는 단지 변화된 삶의 장소를 의미하는 것만은 아니다. 대도시는 변화된 삶의 양식을 의미함과 동시에 인간의 새로운 지각 방식을 의미하기도 한다. 대도시의 많은 건물과 전시된 많은 것들이 새로운 지각의 대상으로 등장한다.

즉 대도시의 상점들, 백화점, 그리고 철도역 등은 벤야민과 동시대인들에게 그냥 일상을 영위하는 공간이 아니라, 새로운 미적 경험을 체험할 수 있는 미적 경험의 대상이었다. 이 모든 것들은 결국 '시각의 확장'을 가져 왔다. 이것에 벤야민은 주목한다. 대도시의 큰길에 오고 가는 많은 사람들 그리고 빠르게 변화하는 사물들과 풍경들이 주는 운동감 등은 대도시를 새로운 경험 공간으로 만든다. 도시공간은 건축물, 거리, 가로등, 쇼핑몰, 가게, 간판, 아파트, 공원, 그리고 무리를 지어 유동하는 군중 등 여러 표현체representations로 가득 찬 공간이다. 이들 표현체 속에는 모두 나름대로 '의미'들이 형성되어 있다. 서울 강남역에서 교보타워 사거리에 이르는 뒷골목은 20대 젊은이들의 욕망이 분출되는 거리다. 성형외과, 바디숍, 한의원, 유학원, 외국어 학원, 제화점, 미장원, 맥줏집, 갈빗집, 횟집, 삼겹살집, 햄버거 가게, 제과점, 커피전문점, 은행, 모텔, 오피스텔 등등. 흥청대며 몰려다니는 이들의 수요에 맞춰 다양한 직종의 가게들이 한 골목에서 밤마다 불야성을 이룬다.

　도시공간의 상징은 예술적 가치로 평가된 이름난 장소나 건물, 동상 등에만 있는 것이 아니다. 우리가 평상시에 보고, 걸어 다니고, 지나치는 주위의 평범한 표현체 속에도 많은 의미가 배여 있다. 이들 표현체의 의미는 시·공간적 축을 따라 다양하게 변하기도 하고 중첩되기도 한다. 유럽의 도시들은 로마 시대에 만들어진 도시와 중세 시대에 만들어진 도시로 나뉜다. 과거 로마의 도시에는 영화 〈글래디에이터〉에 나오는 것처럼 대부분 검투사 경기를 위한 콜로세움이 있었다. 이후 로마 제국이 멸망하고 그곳의 주민들은 당시로서도 귀한 건축 재료인 돌을 얻기 위해 콜로세움에 있는 돌을 뜯어내어 그 주변에 건물을 지어 살게 되었다. 그러면서 콜로세움이 있던 자리는 텅 비게 되고 주변으로 건물이 들어서서 달걀모양 광장이 자연스럽게 생겨났다고 한다.

　이처럼 도시는 팔림세스트palimpsest(복기지復記紙)의 특성을 갖는다. 팔림세스트란 단어는 원래 양피지 위에 글자가 여러 겹 겹쳐서 보이는 것을 말한다. 종이가 발명되기 전 양피지에 글을 쓰던 시절에는 귀한 양피지를 재활용하기 위해서 이미 쓰여 있는 글자를 지우고 그 위에 다시 글자를 써서 이전에 쓴 글자들 위로 새로이 쓴 글자가 중첩되어 보이는 일이 흔했다. 도시의 팔림세스트는 오래된 역사적 흔적이 현재의 공간에 영향을 미치는 것을 은유적으로 설명한다.

　가장 손쉬운 예로 강북의 복잡한 도로망을 들 수 있다. 우리는 자동차가 빠르게 다닐 수 있는 도로망을 구축하려고 많던 개천을 복개하여 자동차 도로를 만들고, 그 도로가 부족하여 그 위에 고가도로를 놓았다. 그것이 우리가 얼마 전에 철거한 '3·1고가도로'이다. 성북구 도심 하천 성북천 복원으로 알 수 있지만 강북의 도로망은 많은 부분이 구불구불한 자연 하천과도 같은 모습을 갖고 있다. 그것은 서민들의 주거가 빨래도 하고 상하수도 시설로 사용할 수 있는 한강의 지류 하천을 따라서 커뮤니티로 형성되었기 때문이다. 자동차 위주의 대형 간선도로가 들어서게 되면서 과거 하천 중심으로 커뮤니티의 중심권이 형성되었던 것과는 반대로 도로가 기존 커뮤니티를 분할하게 되어 지금까지 이르게 된다. 이러한 과정들이 강북의 커뮤니티가 팔림세스트적 특성을 지니게 한다.

도시 경관과 도시 재생

도시가 지금만큼 부유한 적은 역사상 없다. 도시가 지금만큼 많은 토지와 에너지, 자원을 사용한 적은 역사상 없다. 도시가 지금만큼 많은 화석연료를 소비하고, 지구온난화를 일으키는 이산화탄소를 많이 배출한 적도 없으며 지금만큼 많은 인류가 개인 주택과 개인 이동수단이라는 사치를 누린 적도 없다. 인류가 풀어야 하는 숙제는 인류가 도시를 건설하는 방식에도 있지만 도시를 생각하는 방식에도 존재한다. 도시는 무언가를 거주자들에게 말하고 있고, 우리는 그 안에 거주함으로써, 그리고 그것을 바라보고 배회함으로써 도시에게 무언가를 말하고 있다. 인류가 풀어야 하는 숙제는 도시 디자인의 문제이자 심리의 문제이기도 하다. 도시 경관에 대한 의미분석은 건축물에 대한 독해에서 시작할 수 있다. 건축물이 모여서 도시가 되고 그러면서 도시의 경관이 조성된다. 경관은 땅 조각의 형태, 즉 물리적 지형을 말하지만, 그 속에는 인간의 문화가 담겨 있다. 그것은 인간이 경관을 조직하거나 경관에 일정하게 개입하여 물리적으로 만들어 낸 것이다. 숲·사막·강·초원 등도 물리적으로 유지되지만, 인간에 의해 물리적으로 구성된 것이 아니라 사회적으로 구성되어 물질적으로 존재한다.

건축물이 모여 이루는 도시 공간은 물리적·문화적 현상으로서의 건축의 경우보다도 훨씬 복잡한 구조를 갖는다. 그것은 간단한 의미에서의 물리적 법칙으로부터 훨씬 자유로울 수 있다. 축구장·국립공원·도시·학교·농장·등대가 그런 예다. 다시 말해 자연과 문화, 역사와 현재가 생생하게 하나로 모아진 종합이자 총체로 해석될 수 있다. 이에 따라 경관은 해석되어야 할 텍스트로 간주되기도 한다. 경관은 지표상의 일부에 자연적 또는 인위적으로 형성된 물리적 형상과 이의 활용이나 기능, 그리고 이에 부여된 문화적 이미지의 복합체라고 할 수 있다.

동서고금을 막론하고 각각의 도시는 나름대로의 스카이라인을 가지고 있다. 한 도시의 스카이라인은 그 나라의 기술, 경제, 사회가 만들어 낸 선이다. 그 선은 하늘과 인간이 줄다리기를 한 결과물이다. 도시가 만들어지기 전에는 스카이라인 대신 지평선이 있었다. 그때 우리는 땅과 하늘이 만나는 자연의 선을 보며 살았다. 그러나 현대인은 아침에 눈을 떠서 주변을 둘러보면 인간이 만든 건축물들과 자연의 하늘이 만나는 것을 본다.

런던의 경우 런던답게 만드는 변하지 않는 풍경들이 있다. 웨스트민스터 사원이나 빅벤, 그리고 세인트폴 대성당이 바로 그것이다. 런던은 항상 세인트폴 대성당을 통해 도시의 시각적 위계가 잡혀 있었고, 현재도 이 건물은 런던의 스카이라인을 결정하는 가장 중요한 요소이다. 게다가 세인트폴 대성당은 영국의 왕권 확립과 종교와의 관계를 보여 주며 영국 왕권의 위상을 의미했다. 그리고 템스 강변에서 금융의 중심지인 시티 지역을 바라보는 도시 쪽 풍경도 그렇다. 이렇듯 도시의 물리적 경관은 상징화된 경관으로서 사회적 경관으로, 경제적 경관으로, 정치적 경관으로, 문화적 경관으로 끊임없이 재생된다.

　도시 경관은 단순히 멋진 건물이 만들어 내는 시각적 상징만을 의미하지 않는다. 도시 경관은 물리적 환경뿐만 아니라 시간성과 더불어 문화의 상징성마저도 내포한다. 흔히 풍경으로 표현하기도 하는 경관은 변화하지 않은 채 도시의 정체성을 규정하기도 한다. 대도시의 특정 경관과 장소들은 상이한 시간성과 공간성을 가지고 형성·변화해 가고 있다. 예로, 서울의 종로 거리와 그 주변 지역은 조선 시대 이후 일제강점기, 그리고 근대화에 이르는 시간의 흐름에 따라 층층이 쌓여진 역사적 경관과 장소들을 보여 주고 있다. 경관이나 장소는 그곳에서 살아가는 사람들의 터전이며 정체성의 기반이다. 특히 도시 경관을 좀 더 세심하게 살펴보면, 누구의 정체성이나 신념, 어떤 계급이나 집단(예로, 인종, 젠더)의 집합성이 그러한 경관 및 장소 만들기의 특정한 방식과 실행에 지배적 영향을 미쳤는가를 알 수 있다. 이처럼 500년이 더 된 수도 서울은 여러 시대에 걸쳐서 많은 이야기의 층들이 쌓여진 도시이다. 이를 잘 이용하는 건축과 도시 재생이 이루어지기를 바란다.

　공간은 우리에게 단순히 주어지지 않는다. 공간은 우리가 그냥 받아들여야 하는 상속된 자연환경이 아니며, 우리에게는 영향을 주면서 우리는 반대로 영향을 줄 수 없는 대상도 아니다. 부정적으로 작용하는 공간, 불공정하고 우리를 억압하는 공간을 생산한다면 우리는 마찬가지로 그 공간을 얼마든지 바꿀 수 있다. 맨해튼 브로드웨이의 놀라운 변신 사례는, 공간이 사회적으로 생산된다고 가정하면 우리는 그 공간을 변화시킬 수 있다는 것을 깨닫게 한다.

　이는 중요한 논리적 결론이다. 동서 방향의 도로street와 남북 방향의 도로avenue들이 바둑판처럼 교차하는 맨해튼을, 대각선 방향으로 가로질러 지나가는 브로드웨이의 차량 통행을 막고 보행자 공간으로 바꾼 것이다. 그 결과 광장square이 부재했던 타임스케어에 보행광장이 만들어졌고, 그렇게 바뀐 보행광장에서 어느 겨울날 눈이 펑펑 내리자 서로 모르는 시민들끼리 눈싸움을 하기 시작했다. 도시 공간이 바뀌면서 시민들이 동심의 세계로 초대되는 놀라운 일이 벌어진 것이다. 도시 공간도 결국 시민이 쓰기 나름이다. 도시는 공간이며 그 공간 안에는 그 어떤 것도 다 담을 수 있는 무한한 포용력이 있다. 하지만 누가 공간을 지배하느냐에 따라 그 안에 담기는 것들이 결정되고 공간이 갖는 포용력의 정도도 제한된다.

만약 우리가 사는 도시가 모든 사람의 효용을 극대화하는 노력을 반영할 수 있다면 그보다 더 좋은 것은 없을 것이다. 하지만 현실 사회는 그렇게 작동하지 않는다. 시간에 의해 변화하는 도시공간은 재생과정을 통해 압축된다. 시간의 밀도나 공간의 밀도, 그리고 이를 통한 자본의 재생산밀도는 더욱 압축되어 다양한 이해관계 주체들의 큰 이익을 어떻게 하면 빠르게 얻어 낼 수 있을까에 공헌하게 된다. 도시 재생과정에서 도시 공간과 도시 시스템은 서로 경쟁하는 여러 집단 사이의 갈등에 따라 형성된다. 도시 공간과 도시 시스템은 도시 생활의 혜택을 배분하며, 권력이 있는 사람과 없는 사람을 구분해 준다. 그 과정에서 도시 공간과 도시 시스템은 도시의 정신과 영혼을 만들어 낸다.

2011년 갑작스러운 지진으로 도심부의 상당부분이 파괴된 뉴질랜드 크라이스트처치의 재건 사례에서 보았듯이 모든 도시가 시민들의 바람대로 만들어지기는 어렵다. 인구 50만 명의 크라이스트처치 시민들 가운데 무려 10만 6,000여 명의 다양한 의견들이 있었지만 공통적으로 제시한 의견은 바로 저층 도시였다. 그러나 재건 계획에 참여하는 기업과 건물주들은 시민들의 요구를 반영한 저층 도시 계획안에 반대했다. 그들이 원하는 건 고층 도시였다. 결국 시 차원을 넘어 뉴질랜드 정부까지 참여한 가운데 여러 차례 협의를 거쳐 계획안은 수정되었고 도시의 청사진도 달라졌다. 애초 6층 이하였던 저층 도시 계획안은 결국 복잡한 수정·보완 과정을 거쳐 7층 이하로 최종 결정되었다.

도시 재생은 공간의 물리적 재생이 아니라 공간에 담긴 시간성과 삶의 사회적 관계망을 재생하는 일이다. 도시 재생은 결국 건물이나 도로 같은 하드웨어보다 '사람'에 달려 있고 '순환체계'가 중요하다. 그러기에 도시 재생이 공유와 공존을 기반으로 한 공동체의 사회적 재생을 기조 가치로 삼아야 함을 강조한다. 크라이스트처치의 시민들은 재건의 청사진에서 길가에 가게가 늘어서 있고, 곳곳에 앉아서 쉴 수 있는 인간적인 도시를 꿈꿨다. 비록 많은 건물과 장소가 파괴되었을지라도 자신들의 추억이 담긴 건물과 장소들을 최대한 남겨 줄 것을 희망했다.

사회적 재생은 결국 공간과 시간의 영역에 개입된 인간 삶의 문제이다. 기존의 인식틀에서 보면 도시 재생의 중심에는 늘 공간이 인간 삶에 대해 배타적으로 자리 잡고 있다. 하지만 공간과 시간은 도시 재생의 대상이지, 결코 가치가 되어서는 안 된다. 또한 저성장 시대에 도시 재생은 경제 위기를 극복하는 근본적 해법이 되지 않는다. 어느 지역이 새롭게 개발되면 그쪽으로 사람들이 옮겨 가고, 다른 곳은 다시 텅 비게 되기 때문이다. 또 다른 곳을 개발하면 또 옮겨 가고 다시 비게 되는, 이른바 '연쇄 공동화' 현상이 벌어질 뿐이다. 도시 재생의 중심엔 삶이 위치해야 한다. 그래서 삶을 재생시키기 위해 시간과 공간을

어떻게 다뤄야 하며, 이들의 관계를 어떻게 설정할 것인가에 대한 고
민이 필요하다.

공간의 정치성과 권력 효과

2차대전 당시 아돌프 히틀러는 일생 단 한 번 파리에 갔다고 한다. 프랑스군을 무너뜨리고 전쟁 승리를 만끽하는 최고의 순간에 히틀러가 대동한 사람은 군 장성도 아니고 정당 지도자도 아니었다. 히틀러는 두 명의 건축가, 즉 알베르트 슈페어와 헤르만 기슬러와 함께했다고 한다. 그것은 위대한 건축가 히틀러가 곧 세계를 다시 설계할 것이라는 정치적 함의를 담고 있는 것이다. 사회의 공간적 조직은 사회적인 것의 생산에 필수적인 것이지만, 단순히 그 결과만을 의미하지 않는다. 역사와 정치에 전적으로 관여하고 있다. 그러한 힘을 제대로 보려면 '스펙터클spectacle'을 알아야 한다. 스펙터클은 말 그대로 장관, 구경거리, 또 거대한 이벤트를 의미한다. 대중의 눈길과 마음을 강력하게 사로잡는 이 스펙터클이 도시를 움직인다.

공간의 정치성

인류 역사상 많은 스펙터클이 있었다. 로마의 콜로세움이 좋은 예다. 수많은 군중이 모여 검투사들의 싸움을 보면서, 또는 사자의 먹이가 되는 종교인들을 바라보면서 흥분하여 소리를 질렀다. 일상의 수고와 삶의 고통은 거대한 경기장을 뒤흔드는 군중의 함성 속에 스스로 녹아 내렸다. 스펙터클은 지배계층이 즐겨 쓰는 고도의 정치 기술이다. 사회주의 국가에서도 이런 스펙터클을 중시한다. 스탈린Iosif Stalin이 2차 세계대전 후 동유럽을 재건하는 과정에서 도입한 사회주의 리얼리즘 건축 양식의 목적은 인민이 집단적으로 사회 지위가 상승했다는 기분을 느끼게 하는 것이다. 이 목적을 달성하고자 사회주의 건축가들은 권위적이고 공적이며 낙관적인 느낌을 물씬 풍기는 건물을 짓고자 했다. 북한의 경우 김일성 광장을 가득 메운 대규모 군사 퍼레이드나, 5·1경기장에서의 대규모 매스게임, 주체사상탑과 김일성 광장과 인민대학습당을 잇는 평양의 중심축 강조와 같은 것들도 모두 사회주의 도시의 스펙터클로 볼 수 있다.

종교와 민족 정체성의 연결이 긴밀한 경우에 어느 나라든 종교건축은 정부 기관과 관청 건물 못지않게 중요한 국가적 상징이다. 유고슬라비아 분쟁이 시작되기 전에, 크로아티아인과 세르비아인은 분쟁지역에 대한 소유권을 주장하려는 의도에서 경쟁적으로 교회 건축에 나섰다. 어느 교회 건물이 어느 민족의 것인지는 금방 알 수 있었다. 로마 가톨릭 신앙을 가진 크로아티아인들은 콘크리트와 유리로 현대적 분위기가 물씬 풍기는 교회를 건설했다. 한편 그리스 정교회를 믿는 세르비아인들은 돌과 타일을 써서 돔이 있는 비잔틴 양식의 전통적 구조물을 만들었다. 이는 두 사회가 생각하는 교회의 개념이 다르기 때문이다. 이렇게 교회의 건축 양식은 공간의 정치적 효과를 낳았다.

공공건물은 실용적인 의미를 가질 뿐만 아니라 세속적인 권력과 신성의 힘을 상징한다. 경건함은 교회에 다니며 나타나고, 민족주의는 병영과 초등학교의 산물이다. 신전이나 권력자의 궁전이나 미술관 등은 그 외관에 있어서 이미 내용물 이전에 상징적인 의미를 부여받는다. 서대문 구치소처럼 특정한 쟁점을 제기하거나 극화하기 위해 공적 장소나 역사적이고 기념비적인 터전을 이용하는 경우가 많다. 기념물은 그 자체로 상징 권력이 집중된 지점이므로 상징적 전유나 상징적 도전에 특히나 열려 있는 곳이다. 게다가 순치된 자연으로서의 정원은 늘 낙원의 표상이 된다.

정치가 특정 사회적 문제에 대해 갈수록 공간적인 해결책을 찾는 경향이 늘어나고 있다. 도시에서의 범죄에 대한 대책은 특정 범죄의 출현을 하나의 도시구역에서 다른 도시구역으로 옮기려는 시도만으로 그칠 때가 있다. 독일 내무장관은 난민 문제를 자국 영토 바깥에서부터 미리 잘 이겨 내기 위해서 수용소 건설을 생각하고, 리우데자네이루 같은 대도시들에서는 빈민가를 담으로 에워쌀 생각에 골몰한다. 이런 경우에서 나타나는 것은 범죄, 난민, 빈곤과 같은 특정 현상과 싸우는 것이 아니라 문제를 공간적으로 가두어 둘 수 있는 배치를 추구한다는 것이다.

지리정치학은 예전부터 정치와 공간의 직접적인 맥락을 주장해 왔다. 부와 빈곤의 이분법이 이루어지고 그 동의어가 북과 남이었으며, 최근에는 미국의 국제 정치 체제하에서 '자유의 왕국'과 '악의 왕국'의 이분법이 등장했는데, 이는 서방세계 대 '나머지 전부'를 의미한다. 공간에 대한 초기 논쟁은 넓은 의미에서 지리적으로 생각하기의 중요성을 주장하는 데 대개 초점이 맞추어져 있었다. 이는 '장소'(국가 경제나 지역이나 중심도시)를 보다 광범위한 맥락에서 정립하고자 하는 의도에서 비롯되었다. 그러한 맥락이란, 장소들의 안뿐만 아니라 바깥에서 작동하면서 장소들의 운명을 결정하는 데 중요한 역할을 하는 관계와 힘이 작동하는 영역이다.

공간의 힘이 국가 중심의 행정기관 주도로 발휘되면서 공간기획에 관련된 도시 재개발과 신도시 개발, 그리고 국토 재개발 사업 등은 효율성과 기능성만을 앞세워 자본주의 공간생산 논리에 포박되어 있다. 그리하여 지역 주민에게 장소가 주는 역사적·문화적 정체성이나 정서적 안정감 등은 점차 고려 대상에서 밀려나고 있다. 이제 이웃이 있는 고향 집과 정겨운 마을, 그리고 역사적 전통과 조상의 숨결이 서려 있는 고향은 사라진 지 오래다. 자본주의 사회에서는 우리의 집이 마땅히 속해 있어야 할 공동체 마을과 고장 개념이 사라지고, 호화로우면서 자폐적인 요새 주택에서의 주거가 선망의 대상이 되고 있고, 동시에 집을 잃고 정처 없이 유랑하면서 비인간적인 거주공간인 동물 우리 같은 처소로 내몰리는 사회적 약자들이 공존한다.

오래된 단독주택 동네가 재건축사업 이후 아파트 단지로 바뀌게 되면 그 동네 주변에는 어떤 변화가 생길까? 그래도 정갈하게 수리하고 관리한 주택들—기와집이건 판잣집이건 예외 없는 공통점은 골목골목 집마다 화분을 여러 개 내놓고 꽃이며 나무며 고추며 파며 키우고 있었다. 그러면서 사통팔달 이어지던 골목길은 대부분 사라지고, 높은 담을 두른 거대한 성체가 들어서게 될 것이다. 그렇게 되면 이 길 저 길 선택해서 다니던 사람들은 주민이 아니라는 이유로 단지를 가로질러 다닐 수 없게 된다. 아파트 단지에 많은 비용을 들여서 꾸미는 조경공간도 사실상 입주민만을 위한 배타적 공간에 그치게 된다.

주변과의 조화는 아랑곳하지 않는 자기들만의 공동체를 지향하는 폐쇄적인 개발이 우리 도시에 여전히 계속되고 있다. 개발이 곧 고층 아파트 건설이라는 도식이 당연시되면서 신도시나 혁신도시, 신시가지를 만들 때도 마찬가지다. 산동네의 재개발인 경우에는 산꼭대기에 세워진 고층 아파트는 시각적으로 당혹스럽다. 높은 곳에 짓는 더 높은 건물은 위압적이고 이질적이다. 공간적 배치가 지리적으로 차별화되는 경우에는 사회적 관계가 의미와 권력으로 가득하고 각 사회집단은 이러한 재조직화에서 매우 상이하게 위치 지어진다. 그런 공간은 내부적 갈등으로 가득 차 있다.

공간의 정치성이란 바로 공간의 관계는 힘의 관계이며 공간은 기억, 자본, 권력, 계급, 국가 등의 문제가 복합적으로 개입된 것임을 강조한다. 따라서 "공간적인 것"은 모든 공간적 스케일, 즉 금융과 통신의 지구적인 확장에서부터 국가적 정치권력의 지리라는 촉수들을 거쳐 지역사회나 마을, 가구, 직장에서의 사회적 관계에 이르기까지 여러 스케일에 걸쳐 있는 사회적 관계의 복수성으로부터 구축된다고 할 수 있다.

다시 말하면 사회적 관계는 하나의 공간으로 투사되며 그 공간을 생산함으로써 공간 안에 스스로를 자리매김하며, 만일 그렇지 않을 경우 사회적 관계는 순수한 추상 속에 머물게 되고 만다. 종교 공동체, 특히 수도원에서 구성원들은 독방이라는 보호된 공간에 은거함으로써 홀로 있는 상태를 보장받는다. 오늘날의 사무실들은 모두 유리로 만들고, 공간을 분리하는 벽이 있는 경우에도 모든 것이 투명하게 드러나 있다. 이러한 투명성은 얼핏 보기에는 개방적인 분위기를 만드는 것 같지만 모두가 자신이 사방에서 관찰당하고 있음을 알기 때문에 항시적인 통제의 분위기가 지배한다.

더욱이 이러한 시각은 공간성을 사회적인 것 및 권력과 직결시킨다. 공간을 확장된 사회적 관계로 생각하면 권력의 공간성 그 자체의 중요한 측면들과 마주하게 된다. 공간의 배치는 권력을 반영하고 있기에 차별적이다. 근대 건물에는 공간 내 위계가 존재한다. 직급에 따라 사용하는 공간의 넓이가 다르다. 직급이 높은 사람과 낮은 사람은 공간을 통해 서로를 확인한다. 또한 직급과 위상에 따라 허용되는 공간과 허용되지 않는 공간이 존재한다. 공항은 물론이거니와 문화와 예술의 상징인 세종문화회관에도 있는 귀빈실이 그 대표적인 예이다.

전통마을의 공간 배치 역시 위계적이다. 하회마을에 들어서면 충효당과 양진당이 마을의 가장 안쪽에 자리 잡고 있고, 마을 초입에는 많은 초가집이 있다. 이처럼 전통적인 우리의 농촌에는 상당-중당-하당이라는 공간적 질서가 있다. 마을 입구의 하당에서부터 중당을 거쳐 종갓집이 있는 가장 깊숙한 상당에까지 이르던 마을의 공간적 위계질서가 전통 마을에 담겨 있었다. 예전의 하회마을에서 볼 수 있듯이 공간을 구성하는 광범위한 사회적 관계 그 자체가 지리적으로 차별화되어 있다는 것을 알 수 있다.

공간과 권력의 연계성

예전에 시골 장터에서 열리는 오일장은 단지 상품의 교환을 위한 공간만이 아니었다. 장은 곧 작은 축제를 의미했다. 장날에는 아이와 어른 모두가 구경거리와 먹거리를 찾아 거리를 어슬렁대는 만보객이 되었다. 곡마단과 약장수를 보고, 풀빵을 먹으며, 트럭과 각양각색의 상품들을 보았다. 이처럼 권력의 공간이 역동적이려면 사람들이 직접 부딪히고 사람들을 불러 모으는 작은 공간을 창출해야 한다. 다섯째 날 열리는 장은 시간의 주기로도 기능했고, 생활의 리듬이 되기도 했다. 그러나 도시화와 함께 출현한 상설시장과 백화점은 축제의 기능을 빼앗아 버렸다. 그러나 벽보나 〈벼룩시장〉의 뉴스지 등을 통해 개인들 간 정보를 교환하고, 그 정보에 기초하여 필요한 만큼 교환하는 '작은 매매'들은 거대 시장에 도전하는 저항의 상징성을 띤다.

공간은 무언가를 창출하고 전유하며 변화시키는 과정에 연루되어 있다. 시장과 읍내 광장, 학교, 포럼, 공동체 센터, 도시 그 자체는 딱히 봉쇄된 장소가 아니며 다양한 집단들이 상호작용할 수 있도록 가능성을 열어 주는 연결점일 수 있다. 예를 들어 우리는 거리나 시장이란 공간에서 신체적으로 자유로워 소란스럽게 외치고 흥정하며 다투기도 한다. 광장과 같은 공간에서는 집단이 되어 외치고 다투는 가운데서도 정신의 해방을 경험한다. 서울 광장과 광화문 광장은 서울에서 집결 장소로서의 역할을 한다. 젊은 세대에게 서울 광장은 우선 2002년 한일 월드컵 당시 거리 응원의 메카로 축구 팬들을 불러 모은 곳이다. 이후 잔디광장이 조성되면서 '서울 광장'이라는 이름을 얻은 광장은 서울 시청이 기획하는 무료 콘서트, 전시회, 공연을 즐기기 위해 서울 시민들이 모여드는 장소가 된다.

광화문 광장은 세월호 유가족들이 추모행사를 열고, 세월호 특별법 제정을 요구하며 권력에 맞서 자신들의 의지를 표명하는 공간이기도 했다. 광장은 환희의 순간뿐 아니라 저항의 순간에도 사람들이 모이는 장소다.[19] 광장은 사람들과 연결되어 있다. 광장은 휴식의 장소, 자유의 공간, 도시가 연출하는 공연장, 시민들의 약속 장소가 된다. 정치이론가들이 오랫동안 공유해 온 것이 있다면, 그것은 폴리스에서 공론장에 이르기까지 공간이 민주주의에 결정적인 의미를 지니고 있다는

---

19. 서울 광장의 역사는 19세기 말로 거슬러 올라간다. 고종이 황제에 즉위하고 대한제국을 선포하며 러시아 공관에서 덕수궁으로 환궁하면서 덕수궁의 대한문 시대가 열린다. 고종 황제 서거 후 1919년 3월 1일, 독립만세를 외치던 일단의 무리는 황제에게 경의를 바치기 위해 대한문 앞에 집결한다. 1960년 4월 19일, 독재자를 하야시키기 위해 모인 곳도, 1987년 7월 9일 이한열 장례식 노제가 열렸던 곳도 시청 앞, 지금의 서울 광장이다. 그리고 2008년 봄, 서울 광장에 조성된 매끈한 잔디 위에서 미국산 쇠고기 수입에 반대하는 촛불 집회가 열리며 광장은 다시 한 번 시위의 장소로서 사명을 맡게 된다. 한편 광화문 광장은 문화 행사, 콘서트, 전시회 등을 통해 도심 속 문화 광장의 기능을 수행한다. 2017년 봄에 새로이 취임한 대통령은 이순신과 세종대왕의 거대한 동상이 버티고 있는 광화문 광장에 집무실을 마련하겠다는 결정을 알리며 국민에게 가까이 다가서는, 적어도 상징적 의지를 드러냈다. 이나라·티에리 베제쿠르 (2017), 『풍경의 감각』, 제3의공간, 163~177쪽 참고.

직관이었다. 공유된 장소들은 그 목적이 하나로 통합된 데모스demos를 창출하는 것이든, 아니면 정치적 권리가 박탈된 자들을 세력화하는 것이든 간에 사람들이 한데 모일 수 있는 방식을 가능하게 하고 규정함으로써 공동체를 만드는 데 도움을 준다.

공간은 사회관계를 구성하고 재생산하는 데 중요한 역할을 한다. 모든 도시 풍경이 주민의 기억과 감정을 활성화하는 상징의 집합이라는 사실을 인정해야 한다. 시각정보가 감정에 미치는 영향은 생각보다 대단하다. 지금까지 진행된 바이오필리아 연구에 따르면, 자연을 접목한 도시 풍경을 보고 사는 시민들은 정신적 안정을 얻을 뿐 아니라 타인에 대한 태도도 바꾸어 타인을 신뢰하고 타인에게 아량을 베풀게 된다.

몸과 공간은 모두 실질적이고 물질적이며, 상상적이고 상징적이다. 주디스 버틀러Judith Butler는 몸이 '수행적performative'이라고 주장한다. 몸과 공간을 수행적인 것으로 이해함으로써 권력관계를 새로운 방식으로 접근하게 된다. 공간의 정치성은 개인과 공동체가 어떻게 그들 자신들을 그리고 서로 간의 관계를 공간상에서 이해할 것인가의 문제에 관한 것이다. 따라서 공간이 우리의 세계를 만들어 가는 권력·지식 간의 경합적 협상 과정을 통해 부분적으로 구성된다는 점에 주목하게 된다. 특히 푸코는 공간과 권력의 연계성에 주목한다. 그는 현시대를 공간이 문제시되는 시대로 규정한다. 오늘날 우리의 삶은 공간적이지 않은 것이 없을 뿐만 아니라 갈수록 더욱 공간화되고―공간적으로 구성되고 배열되며 의미화되고― 있다. 푸코는 이런 맥락에서 오늘날의 삶에 대한 설명과 이해는 '공간적 은유spatial metaphor'를 사용하거나 '공간적 사유thought in a spatial context'에 의거하지 않을 수 없다고 주장한다.

무엇보다 푸코는 19세기 초에 유럽에 등장한 규율 중심적인 권력에 의해 자행된 공간적 감금 기관들, 예컨대 정신병원·형무소·감화원·감시 교육시설·병원 등의 탄생에 주의를 기울인다. 공간은 탈사회적이고 탈정치적인 것이 아니라, 도리어 권력의 그물망 속에 포박되어 있다. 한 공간에서의 사회적 실천을 통한 복종, 지배, 투쟁과 같은 현상은 어느 시대 어느 곳에서도 볼 수 있다. 이러한 점에서 근대인의 삶의 공간은 권력에 의한 감시와 억압의 공간으로 전락한다.

　푸코는 그러한 현상은 권력의 전략적 문제로 사고한다. 그는 공간 개념의 도입을 통해서 권력 개념을 설명할 수 있는 교두보를 마련한다. 이 공간은 주체와 객체가 발생하는 곳이고, 어떤 특수한 역사적 상황 속에서 다양한 세력들이 힘을 겨루는 곳이며, 연속성 없는 규칙들의 체계가 지배하는 곳이다. 이러한 공간은 권력의 지배 관계가 성립하는 곳으로, 벤담J. Bentham의 판옵티콘Panopticon이 그 전형이라고 푸코는 주장한다. 바로 이 판옵티콘을 통하여 감옥에서 죄수들이 감금·감시되는 상황을 묘사함으로써 푸코는 권력이 무엇인지 그리고 권력이 어떻게 행사되는지를 설명하고 있다.

　단독주택이 줄지어 늘어선 미국 교외 지역 풍경은 자연발생적 현상이 아니다. 물론 교외로의 도심 탈출 현상은 시민들이 도시에서 정신적 외상을 입고 행복을 찾지 못한 시대에 생겨난 행복관의 산물이다. 그러함에도 그 현상은 주변 지역과 유기적 관계 속에서 발전한 지역도 아니고, 갑자기 우연히 출현한 지역도 아니며, 자연스러운 시장원리에 따라 건설한 지역도 아니다. 마구잡이로 집을 지어 팔아치우고 이익을 챙긴 부동산 개발업자들, 부실 대출을 남발한 금융기관들, 미국 국민의 주택보유율을 높이고자 규제를 완화하고 시장을 방조한 정부가 한통속이 돼 인위적으로 조성한 지역이다.

도시의 역사는 그 공간의 이야기 속에 다양한 힘들을 등장시키고 있다. 권력과 이데올로기, 자본과 기술, 생산과 소비, 지배와 피지배, 지주와 개발업자, 공공성과 사유화, 개인과 집단, 가치와 잉여 등이 바로 그것들이다. 이러한 힘은 상징체계로 존재할 뿐이다. 이 힘은 건물, 필지, 개발 방식, 규모, 밀도, 집적 등을 통해 아주 구체적이고 물리적인 실체로 드러난다. 도시 공간의 재생산 과정에 개입된 지배와 억압, 조작과 타협, 풍요와 빈곤, 공유와 사유의 이중적 가치의 모순과 갈등이 증폭되거나 해결되는 과정—그것은 도시 행정과 계획 그리고 건축 디자인을 통해 실현하려는 물리적 표현인 것이다.

　도시는 거주, 근로, 쇼핑, 휴양 등의 다양한 기능을 담당하는 복잡한 공간이기에 모순으로 가득 찬 곳이다. 도시에서 벌어지는 문제들은 어려울 뿐만 아니라 문제를 풀려고 어설프게 덤벼들었다가는 더욱 꼬이고 악순환에 빠져 버린다. 도시의 난제 중 하나가 '노점' 문제이다. 노점에 대한 부정적 시각을 불식시키고 거리가게의 상생 가능성을 보여 준 노량진 컵밥거리와 대중교통 전용지구로 변신한 연세로는 그야말로 노점의 의미를 새롭게 부여하게 만든 좋은 예이다. 입시와 공무원시험을 준비하는 학원가가 밀집해 있는 노량진로에는 컵밥을 파는 거리가게들이 명소로 알려지면서 유동인구가 늘어 인근 상가의 매출도 함께 올랐다고 한다. 또한 연세대학교 정문 앞에서 신촌로터리까지 이어 주는 연세로는 2014년 1월 대중교통 전용지구로 변신하면서 거리가게의 정비도 함께 묶어 시행되었다. 교통체계를 혁신하는 일뿐만 아니라 거리가게를 정비하는 일에는 첨예한 갈등이 생길 수밖에 없다. 하지만 지역주민과 상인 그리고 거리가게와 구청이 함께 참여하는 상생협의회를 구성하여 갈등 해결과 상생을 위한 합의안을 도출하였다.

공간의 배치 효과

어디를 가건 우리는 우리에게 특정 행동거지를 하게끔 하고, 다른 행동거지는 억제시키는 특수한 공간적 배치와 맞닥뜨린다. 가령 교회에서, 관청에서, 세미나 공간 혹은 대기실에서 그러하다. 우리는 교회에서 각별하게 유념하며 천천히 걸을 뿐 아니라, 목소리는 낮추고 모자를 벗는다. 몸짓과 관행, 사회적 역할은 특정한 장소에서 실행됨에 따라 몸에 익고, 이미 의식하기 전에 또는 의식을 넘어 사회적 관계에 각별히 지속적인 영향력을 행사한다.

공간은 우리의 행동거지를 각인시키고 우리의 행동거지에서 자신의 도장을 찍는다. 이러한 사실은 몸이 공간을 통해 현실화되는 복합적인 권력 관계와 얽혀 있다는 것을 시사한다. 이러한 권력 관계는 인종, 섹슈얼리티, 젠더 등의 관계가 변화함에 따라 차별적으로 조직된다. 그러나 그 모든 경우에 있어서 권력 관계는 논의 중인 몸과 공간 위에서 그리고 그것을 통해서 형성된다. 몸은 그것을 형성한 공간 관계로부터 떼어 낼 수 없다.

어떻게 공간적인 구조가 우리에게 특정 행동거지를 쉽게 하도록 하는지는, 가령 쇼핑가에서는 그냥 원을 그리거나 지그재그로 움직이면서 갈 수 없다는 것, 이런 짓은 아이들이나 하는 것으로 생각한다는 데서 볼 수 있다. 물론 이러한 행동규칙은 언제나 깨질 수 있는데, 주어진 상황의 공간 배치를 다르게 함으로써도 역시 깨질 수 있다. 교실에서 교단을 없앤다면, 교사와 학생 사이에 둘러쳐진 공간적 경계가 존재할 때와는 다른 공간 배치로 인해 교사와 학생의 관계는 달라지기 마련이다. 이런 식의 예는 공장 공간과 사무실 공간에서도 볼 수 있다.

투명한 건축물과 언제나 접속할 수 있는 디지털 통신 등으로 상호 감시와 통제가 가능해짐에 따라 직장의 문화는 몰인격화가 심화되는 추세에 있다. 이에 대하여 독일의 역사학자이자 저널리스트인 크리스토프 바르트만은 『사무실 생활Leben im Buro』에서 "사무실은 공간 위기의 조건들 아래에서조차도 하나의 정신적 독방이다. 다른 주요한 독방 구조들―감옥, 수도원, 공부방―과 유사하게 사무실은 어떤 격리의 상태를 허용하거나 강요한다. 그리고 나는 그 격리의 상태에 내 개성의 표식을 부여한다. 언제나 그랬던 것처럼 나의 공간은 몰인격적이고, 나는 그 공간을 개척하고 정복하고 가구를 비치한다. 나에게 방 하나를 주든 주지 않든, 나는 그 공간을 마음 편히 있을 수 있도록 막아 버릴 것이다"라고 언급했다.

이제 공간은 죽어서 활력이 없는 사물이나 대상이 아니라 유기적이고 유동적이며 살아 있는 것으로 재서술된다. 공간은 맥박을 가지며, 고동치며, 흐르고, 다른 공간과 부딪친다. 그리고 이런 해석은―상이한 시간성과 더불어―서로 중첩되어 현재 공간을 창출한다. 각각의 현재 공간은 그 자체로서 많은 측면과 많은 흐름의 기여로 이루어진 과정의 산물이다.

'테란 바그terrain vague'라는 말이 있다. 공지空地라는 뜻인데 "무언가 일련의 사건이 일어난 후에 포기된 공허한 장소"를 가리킨다. 도시의 잔여 공간, 생동적이지 않고 폐기된 공간, 개발이 중단된 대지 등 비생산적이고 비활동적이며 아무도 없는 주변부의 풍경이 여기에 해당된다. 'vague'는 '비어 있고 점유되지 않은' 상태를 뜻하기도 하는바, 어떤 의도나 계획된 바가 없어 개방되어 있으므로 추후에 장소로 이용될 수 있는 땅이란 의미도 있다. 하지만 아직 건축이 들어서고 있지 않은, 또는 한때 건축에 점거되어 있었던 이 지역들은 도시 내부에서 타자의 공간이 되어 있다.

　예를 들면 한산한 공업지대, 오래된 철도역과 항만, 위험한 주택지구, 오염된 장소 등이 그렇다. 한때 번성했다가 이제는 쇠락하여 제 기능을 발휘하지 못하는 영등포 일대의 대규모 공업단지는 서울의 대표적인 테란 바그다. 이런 곳이 주변에 있으면 동네가 낙후되고 범죄가 일어날 가능성도 많아진다. '땅의 혼'이니 마음이 머무는 장소니 하는 생각이 끼어들 틈이 없다. 문제는, 우리 도시에 이와 같은 테란 바그가 아주 많다는 것이다. 지금은 비어 있지만 앞으로 새로운 장소가 될 수 있는 가능성을 가진 곳들로 눈여겨볼 필요가 있다.

　또 다른 관점에서 정치성은 하나의 공간적 연관성을 가지고 있다. 건축적 형태가 이데올로기에서 연역될 수는 없지만 스포츠 경기장이나 대규모 광장과 같은 원형적인 파시스트 공간들은 개인이 생각하고 느낄 수 있는 여지를 최소화하고 지도자 및 국가와의 일체감을 고양시키는 방식으로 대중 의례를 거행하는 무대를 제공했다. 또한 정치 공간은 새로운 정체성과 실천을 발전시킬 특정한 장소를 창출함으로써 변화를 촉진한다. 협동조합과 노동회관과 같은 특정한 장소들은 그곳에 내재된 사회적·상징적·경험적 차원과 연결된 만남과 집회를 위한 대본을 회원들에게 제공함으로써 사회적 행위를 조율한다. 또한 조성된 환경은 그 환경에서 기대되는 행위가 무엇인지를 규정해 줌으로써 개인들의 행동과 정체성을 형성한다.

　전통적인 공간 모델에 따르면, 모든 공간 주위에는 동심원을 이루면서 점점 커지는 공간 관계가 만들어진다고 할 수 있다. 한 집단을 결속시키는 정치적인 결정은 한 도시의 주민, 한 지방의 주민, 한 주 혹은 한 국가의 주민에 적용된다. 그것은 한 도시는 한 지역 속에, 한 지역은 한 주 속에, 한 주는 한 국가에 포함되어 있는 것으로 이해되는 것이다. 그러나 근래의 사태들—예를 들면 광우병의 확산, 핵폐기물처리, 대량살상무기 거래와 지구적 금융시장의 조정과 같은 경계를 넘어서는 문제들이 발생하면서 전통적인 공간 모델이 해체되어 가는 것을 볼 수 있다. 또한 매우 차별화된 지역 경제와 정치적 동학이 상이한 장소들에게 상이한 쟁점을 가져온다는 점도 분명해졌다. 그것은 사회적 관계의 공간적 재조직화로 상상할 것을 촉구한다.

　실제 삶의 공간적 조건들은 그 특성상 너무 일상적이고 본질적이어서 그 중요성이 쉽게 잊히는 경향이 있다. 삶의 공간은 우리의 삶이 진행되는 현실의 구체적인 공간이다. 우리를 지속적으로 에워싸고 있는 것처럼 보이고, 우리가 그 '속'에 지속적으로 머물러 있는 매우 구체적인 것이 공간이다. 우리는 공간을 경험하고 여러 공간을 통행하고 그 공간으로 들어가며 또다시 떠날 수도 있다.

　전형적인 중산층 가정에서는 남편은 사무실에서 일하기 위해 아침이면 집을 나서서 사무실에서 근무하고 저녁때가 되어서야 돌아오다가 모퉁이에 있는 선술집에 들를 수도 있다. 아이들도 마찬가지로 아침이면 학교에 가기 위해 집을 떠나고, 아내는 잠깐 시장을 보고 나서 이웃집 여자를 만나기 위해 집을 비운다. 남편, 아이들, 아내는 모두 다른 시간과 공간을 통과하는 각기 다른 경로들을 가지고 있다. 이러한 일상적인 삶의 공간에서도 정치성의 현상이 목격된다. 인간은 상충하는 욕구 사이에서 갈등한다. 혼잡한 곳을 피해 집에서 조용히 쉬려는 욕구, 직장과 편의시설에서 가까운 곳에서 살려는 욕구만큼 상충하는 욕구도 드물다. 상호 모순적인 필요를 모두 충족하기란 어렵다. 인간의 상호 모순적 필요를 이해하고 상호 충돌을 해결할 공간의 배치 방안을 찾아내야 한다.

　사람들 대부분은 일상생활에서 거의 반성 없이 자신 스스로 일을 수행한다. 쇼핑하거나 또는 어린이를 학교까지 운전해 데려다주거나, 못을 박거나, 강의하거나 간에 인간 생활의 많은 부분은 반복적이고 습관적이다. 우리는 우리가 알지 못하는 사람들 사이에서 공통점을 거의 갖고 있지 않다고 느끼는 사람들과 더불어 삶을 살아가지만, 대체로 그들과 그럭저럭 어울린다. 그렇게 하지 않는 것은 결국 주변으로 밀려나고, 적응하지 못하거나 그보다 더 나쁜 것으로 평가받는다.

이제 풀어야 할 숙제는 일견 단순해 보인다. 당연한 사실이지만 '나'는 '나' 혼자만으로 존재할 수는 없다. '나'는 항상 타자지향적이며 '타자'와의 관계 속에서 삶을 전개한다. 삶 속에 공공 공간의 사교적 분위기를 조성할 필요가 있다. 도시의 자연 공간을 중심으로 자유로운 거리 문화를 조성하는 것만으로도 공공 공간의 사교성을 증진할 수 있다. 예를 들어 공중전화 부스, 쓰레기통, 벤치를 한군데에 나란히 놓거나 거리의 악사들을 공원 계단 옆에서 연주하도록 하면, 보행자들이 걸음을 멈추고 모일 가능성이 높아진다. 이처럼 사람들이 발길을 멈출 이유가 생기고, 서로 가족처럼 친해지는 분위기를 조성할 수 있다. 인간은 타인과 접촉하면서 온기를 느끼고 마음의 양식을 얻을 필요가 있다.

인간은 다른 사람과 접촉할 필요가 있지만, 반대로 한적하게 쉴 필요도 있다. 도심 속 작은 공원에 얕은 물웅덩이를 내려다볼 수 있는 나무들 밑에 의자와 테이블을 갖다 놓는 것도 좋은 아이디어다. 주변 직장인들이 점심시간에 와서 업무에 대한 조직의 긴장감을 내려놓고 물 속에 비친 자기 모습을 보면서 쉴 수 있게 할 수 있기 때문이다. 그곳에서 잠시 우리는 자기 이해를 위해서라도 자신의 삶이 어떠했는지를 물어볼 수 있다. 비로소 사람이 반드시 가져야 할 그 의미가 무엇인지 생각해 볼 틈이 생긴 것이다. 타자와의 부단한 상호작용의 기회를 얻고 일반적으로 인간다운 삶을 살게 하는 의미들을 되돌아보는 해석학적 성찰의 과정이 필요하다. 사유들 사이에 서로 각을 이루고 긴장을 부각시키기에 성찰의 해석학적 과정은 에움길이 될 수밖에 없다. 자기가 누구인가를 아는 데서 그치지 않고 자기가 무엇을 할 수 있는지를 아는 것, '할 수 있는 인간'으로서의 자기를 받아들이고 행동으로 옮기는 것이다.

4

삶의 문화적 경험

성스러운 경험, 상징세계

모든 동물은 땅 위에 산다. 하늘을 나는 새까지도 그 삶의 터전은 땅이다. 사람 역시 땅에 사는 존재이고, 땅이 그의 삶에 필수적인 조건이라는 것은 틀림없다. 동물은 서식지에서 돌아다니면서 길을 안내하고 열심히 일하며 또 다른 기타 등등을 하기 위해 자연 세계로의 적응을 촉진하고 진화적 요구에 반응하는 활동을 한다. 그러나 인간은 그와 같은 생물학적 필요라는 관점을 넘어 자신들만의 삶의 방식으로 살아가는 감각적 기초뿐만 아니라 지적 본능의 의미도 갖는다. 인간은 생물학적 존재로부터 고도로 정신적인 존재까지, 극히 폭넓은 스펙트럼에 위치할 수 있는 잠재력을 지녔다.

그래서 인간의 집은 아무리 초라해도 세계를 상징했다. 천막에 지나지 않는 지붕은 하늘이고, 연기를 빼내기 위해 만든 구멍은 '하늘의 눈'이라 여겼다. 창문은 이완, 넓힘, 정신의 눈을 의미했고 지붕은 보호, 하늘, 천체의 신성을 의미했다. 과학철학자 가스통 바슐라르Gaston Bachelard는 "집은 우주와 부딪치게 되는 도구"라 했다. 인간이 초기에 정신의 문제에 대해 깊은 관심을 가졌다는 것은 신성한 장소들에 엄청난 자원과 관심을 투여했다는 것에서 알 수 있으며, 그리고 그것은 적어도 육체와 종의 생존만큼 강력한 무엇인가가 작용했음을 암시한다. 유발 하라리Yuval Noah Harari는 고고학적 유적을 근거로 인류가 최초로 경작을 시작한 것이 종교 의례를 수행하기 위해서였다고 말한다. 터기 남동부의 괴베클리 테베 지역 유적지가 시사하는 바는 먼저 사원이 세워지고 나중에 그 주위에 마을이 형성되었다는 점이다. 하라리는 결국 종교가 인간의 사회구조에 초인적 정당성을 부여하는 것으로 본다.

상징의 정신적 기능

인간은 성스러운 경험을 통해 역사를 초월한 의미와 가치를 추구한다. 사람들은 이 세상의 모든 물질적 요소는 물론, 인간의 마음과 생각도 시간 속에서 결국 변해 버린다는 것을 절감한다. 그리하여 변하지 않는 존재, 의미, 진리를 갈망하게 된다. 현재 모두가 시인하고 있듯이, 신화는 태초에, 원초적인 무시간적 순간, 신성한 시간에 일어났던 사건들을 이야기한다. 원시 세계에서 신화는 성聖이라는 진정한 현실의 현현에 관해서 이야기하고 있기에 그것은 실제적이다. 바로 이 공간을 통해서 사람들은 성과 직접 접촉할 수 있다. 신화는 신성한 것이며 이 신성한 신화적 시간은 비신성화된 우리의 일상적 존재가 자리 잡고 있는 지속적이고 불가역적인 시간과는 질적으로 다르다. 하기야 그 때문에 전통사회에서는 아무 때, 아무렇게나 신화를 이야기할 수 없었다. 신성한 시기에 덤불 숲속에서, 한밤중에, 의례 전후의 불 옆에서만 이야기할 수 있었다.

인류의 생존에는 정신적 삶이 필요했다. 인간은 동물과는 달리 언어를 사용함으로써 상징능력이 발달되어 있다. 상징은 인간의 정신에서 지성의 자각과 함께 생겨나, 인간이 자연에 적응할 수 있도록 하는 효과적인 수단으로 발전해 온 것이다. 원시시대 동굴이 갖는 주술적 상징성은 그 속에 그려진 벽화에서 찾을 수 있다. 주술적 상징성이 더해짐으로써 동굴은 단순한 물리적 구조물에서 정신적 가치를 갖는 존재의 공간으로 발전했다.

원시인들은 벽화를 그림으로써 동굴 속에서 단순히 피난만 한 것이 아니라 자연을 향한 자신들의 세계관을 형성할 수 있었다. 이것은 곧 척박하고 위협적인 자연을 극복함으로써 땅 위에 인간만의 또 하나의 세계를 구축하려는 의지를 의미했다. 동굴이 갖는 보호처로서의 기능이 물리적 기능이라면 주술적 상징성은 정신적 기능이라 할 수 있다. 인간이 직접적으로 파악하지 못하는 저 너머의 것들은 상징적인 방식으로 인간에게 드러난다. 그런 점에서 인간의 상징화 능력은 일종의 초월 능력이라고 할 수 있다.

원시인들은 토템과 같은 상징물을 통해 무엇인가를 기억에 남기기 위해 애썼고, 가까이 조선 시대만 하더라도 사람들은 송덕비를 세워 기릴 만큼 기억은 중요한 의미를 띠었다. 기억은 내면화된 행위, 즉 회상 이미지로 사건이나 상황을 재현하는 것이다. 그러한 회상은 아무리 불완전하더라도 연속적인 서술의 형태로 표현된다. 재현은 모방적인 행위이고 연속적인 형태 속에서 창조적인 활동을 내포한다. 기억의 공간은 시간의 비가역성을 전복시키는 가운데 사건처럼 일어나는 공간이다. 공간은 나의 기억들의 교차, 그리고 나의 기억과 타자의 기억의 소통으로 이루어지는 교차에서 하나의 사건으로 끊임없이 일어난다.

정말로 그것들은 세 가지, 즉 물질적, 상징적, 기능적 의미에서 장소들이다. 기억은 한 세대에서 다른 세대로 전달된다는 점에서 물질적이고 기능적이다. 그리고 그 사건은 해석을 기다리는 하나의 기호와 다르지 않다는 점에서 상징적인 것이라고 할 수 있다. 개인의 기억을 통해서 기호의 핵심적인 역할뿐 아니라 기호의 사회적 기원까지도 알수 있다.

인간은 경험 세계 외에 다른 세계가 존재한다고 가상해 왔다. 어느 시대에나 세계의 형태를 이야기하고 그리기 위해 지도를 만들어 왔다. 지도는 집단이 공유하는 경험 세계뿐만 아니라 그 바깥까지 이야기하고 그려 왔다. 그 바깥이란 경험으로는 지각할 수 없는 가상의 세계다. 알지 못하는 가상 세계의 형태를 이야기하고 그려 내는 데 경험은 도움이 되지 않는다. 경험과는 다른 무언가에 의거해야 한다. 특히 전근대에 가상 세계를 이야기하고 그리는 데 실마리를 제공한 것은 세계에 대한 관념, 즉 세계관이나 우주관, 신화 등이다.

이처럼 지도가 경험 세계의 안과 바깥을 이야기하고 그린다고 할때 가장 중요한 것은 '경험'과 '관념'이었다. 경험 세계를 넘어선 외부의 세계상을 가상케 하는 힘은 세계관을 비롯한 관념이 제공하는 것이다. 그 지도들은 모두 공유된 경험을 기초로, 지각할 수 있는 경험세계의 내부와 함께 그 외부도 이야기하고 그리고 있다. 경험 세계의 내부와 외부를 동시에 표현하는 경우, 대개 세계관이나 우주관이라는 '관념과 가상' 안에 '경험과 현실'을 위치시키는 방식으로 그렸다.

상징뿐만 아니라 이미지 역시 다른 인식 수단으로는 전혀 포착할수 없는 현실의 어떤 심오한 양상들을 밝혀 준다. "노스텔지어"나 "좋았던 옛 시절"의 이미지에서 중요한 것은 언어로 표현할 수 있는 것 그 이상으로 이미지는 자신이 체험한 이 주제에 대해서 말해 준다는 점이다. 사실 사람들 대부분은 이 이미지에 관해서 이야기하지 못할 것이다. 신화, 이미지, 상징은 마음이 아무렇게나 만들어 놓은 창조물이 아니다. 이것들은 어떤 필요성에 응하고 있으며, 어떤 기능을 다하고 있다. 그 기능은 존재의 가장 내밀한 양상을 숨김없이 드러내 주는 데 있다. 따라서 이미지, 상징, 신화에 관한 연구는 우리에게 역사의 여러 가지 조건과 아직 타협하지 않은 "생긴 그대로의 인간"을 한층 잘 이해할 수 있게 해 준다.

그리고 신화나 상징은 원초의 인간에 의한 자연발생적인 발견물이 아니라, 어떤 인간 사회에 의해서 범위가 정해지고 완성되고 전달된 문화적 복합체의 창작물이다. 이 창작물은 원래의 발생지에서 멀리 확산되어, 이렇게 확산되지 않았다면 알려지지도 않았을 민족과 사회에 흡수되었다. 농업혁명 이래 인간 사회는 점점 더 규모가 크고 복잡해졌다. 그동안 그런 사회질서를 지탱하는 상상의 건축물 역시 더욱 정교해졌다. 신화와 허구는 사람들을 출생 직후부터 길들여 특정한 방식으로 생각하고, 특정한 기준에 맞게 처신하며, 특정한 것을 원하고, 특정한 규칙을 준수하도록 만들었다. 그럼으로써 수백만 명이 효과적으로 협력할 수 있게 해 주는 인공적 본능을 창조했다. 이런 인공적 본능의 네트워크가 바로 '문화'이다. 문화를 공유하는 집단은 집적된 개개인의 경험을 집단 전체의 경험으로 축적하여 그 경험의 다발을 공유할 수 있다. 왜냐하면 문화의 핵심은 가치관이기 때문이다. 예를 들어 '좋다' 또는 '나쁘다'와 같은, 원래는 주관적이라 할 수 있는 가치판단과 관련된 것이라 해도 문화를 공유하는 집단 안에서는 거의 공통된 판단기준을 가질 수 있다.

자연발생적으로 전파되었거나 발견된 문화, 즉 상징과 신화와 의례가 역사적 상황만을 밝혀 주는 것이 아니라 인간의 한계상황을 항상 나타내고 있다는 점을 확인할 수 있다. 한계상황이란 곧 우주 속에서의 자신의 위치를 의식하게 되면서 인간이 발견하게 되는 상황을 의미한다. 인간은 한계상황 속에서 풍부한 정신세계가 열리며 상상의 세계와 객관적 현실의 세계는 상징을 통해 만난다고 할 수 있다.

상징적인 세계가 직접 드러내지 않고 감추고 있는 영역을 직관적으로 형상화하는 능력이 인간의 상상력이다. 어원적으로 보면, 상상력은 이마고imago, 즉 "표상과 모방"과 이미토르imitor, 즉 "모방하다, 재생하다"와 깊은 관련을 맺고 있다. 상상력은 규범적 모델—이미지—을 모방하고 재생시키고 재현실화하며 무한히 반복한다. 상상력을 가진다는 것은 세계를 그 전체성 속에서 바라본다는 뜻이다. 즉 상상력은 초월의 능력이며 상징은 초월의 매개체인 셈이다.

여러 가지 다른 상징적 복합체가 거의 동일한 방식으로 우주의 구조와 세계 속의 인간 상황을 규정짓고 있다. 상징은 그 안에 담긴 내용을 통해 우리의 정신을 자극하고 어떤 행동을 불러일으키도록 만드는 힘을 지니고 있다. 이때 상징적 의미를 지각하고 그 에너지를 전이시켜 주는 것은 합리적인 이성이 아니라 이성 너머의 어떤 능력, 즉 직관이라든가 육감의 주체라고 할 수 있는 영혼의 힘이다. 영혼은 살아 있는 존재의 뚜렷한 표식이자 본질로서, 지혜를 얻으려면 대상과 진정하고 온전하게 관계한다. 우리가 영혼을 가지고 있다는 것은 교양 곧 문명에 대한 감각을 가지고 있다는 것이다.

상징 형식의 세계

인간은 신화나 종교의식이나 예술로 자연현상을 인간화하고 체계화했다. 자연의 신비, 자연이 지닌 압도적 힘과 숭고함을 접하면서 거기서 얻은 인간 마음의 흔적들이 주술적 상징으로 작용하고 있다. 특히 신화는 최초의 인간적 표현 중 하나다. 도처에서 비슷한 신화들이 생겨났으며, 우리는 여전히 모든 상징적 형태를 통해 신화적 주제를 표현한다. 그런 활동 가운데 하나가 장소 만들기이다. 장소에 구현된 신화적 주체의 한 예는 신성한 장소다. 예컨대 그리스 신화의 형식이 완성되어 가는 진행과정에서 일찌감치 신전 건축이 시작되었다고 한다. 카시러Cassirer, 엘리아데·라포포트Rapoport 등 여러 학자들은 모든 신성한 장소에는 태초의 신의 창조, 최초의 장소, 원초적 무의 혼돈으로부터 질서 있고 조화로운 세계 만들기 등 동일한 신화가 구현되어 있다고 지적한다. 이 특성은 이해하기 쉽다. 왜냐하면 인간 존재라면 모두 총체적 실재, "신성"을 자신에게 부여하는 중심, 스스로의 중심을 무의식적으로라도 지향하기 때문이다.

이로써 신성한 장소는 중심이 된다. 중심이란 질서의 시작으로 우리의 세계가 마련되고 인간에게 조화로운 거주 장소가 부여된다. 실재의 한가운데에, 천상계와 교감이 이루어지는 세계의 중심이 있으려고 하는 것은 인간에게 깊이 뿌리박고 있는 욕망이다. 그러기에 인간이 신성한 공간, "중심"에서만 살 수 있다는 것을 거주 장소를 통해 보여 준다. 사원만이 세계의 중심에 있는 것으로 여겨졌던 것이 아니라, 모든 신성한 장소, 세속의 공간 속에 틈입된 성이 발현되는 장소는 모두 중심으로 간주되었다.[20]

상징을 사용한다는 것은 자연의 사물 가운데서 논리 구조를 발견하고, 그 논리를 통하여 그 깊은 의미의 세계를 자유로이 사고하는 높은 정신 활동이다. 그것은 감각 경험에 주어지는 그 어떤 사물의 형

---

20. 소우주나 주거지라면 모두 "중심", 즉 특별한 성역으로 불릴 만한 요소를 지니고 있다. 바로 이곳, 이 "중심"에서 초보적 신성 현현의 형태로든, 전통적 문명처럼 신이 직접적으로 현현하는 한층 진화된 형태로든 성(聖)이 총체적으로 발현되는 것이다. 예를 들면, 세계의 중심에 서 있는 산이나 나무, 기둥의 상징은 매우 널리 퍼져 있다. 영토라든가 도시, 사원, 왕궁 등이 세계의 중심, 즉 우주산의 정상에 서 있다는 사실로 말미암아, 이들은 홍수에도 잠기지 않을 유일한 장소, 세계에서 가장 높은 곳으로 여겨졌다. 사원에 오르는 것은 세계 중심을 향한 범열의 여행과도 같다. 최상단에 도달하면 순례자는 세계와의 단절을 실현하게 된다. 세속 공간을 초월하여 "순수 영역"으로 들어간 것이다. "중심의 의례"가 바로 이것이다. 미르치아 엘리아데 (2005), 이재실 옮김, 『이미지와 상징』, 까치, 44~54쪽 참고.

태구조 가운데에서도 의미를 인지하여, 감각적 경험이라는 좁은 틀을 뛰어넘는 개념과 상상적 이미지의 세계를 만들어 가는 과정이다. 이것이야말로 아리스토텔레스가 내린 인간의 정의, '이성적 동물'의 진정한 의미일 것이다.

그렇다면 고대 그리스와는 달리 로마인들이 왜 이렇게 기하학적 형상에 매달린 것인지를 추측할 수 있다. 그리스 아테네의 아고라는 시장과 더불어 중심부에 있었던 반면에 로마인들은 네 면이 건물로 둘러싸인 직사각형 틀로 맞춰진다. 그것은 마치 시간을 벗어나 있으며 영원한 존재라는 인상을 주기 때문이다. 가령 회화가 구체적인 사건이나 형상을 묘사한다면, 기하학적 형상은 무언가 시간을 초월한 것 같은 이미지를 제공한다. 로마인들은 정확한 직선과 원, 좌우대칭으로 구성된 영원한 구조물을 짓고 바라보며 자신의 지속성을 거듭 확인하려고 했었다. 그것은 죽음에 대한 근원적 공포로부터의 내면적 두려움을 덜어 줄 절대 권력으로서의 공간, 즉 기하학적 형태를 띤 무시간적 공간이기도 하다.

인간 세계에서만 나타나는 하나의 새로운 특징이 있는데, 카시러에 따르면 그것은 상징 형식이다. 이것을 통해서 인간은 다른 동물보다 더 넓은 세계에서 살아갈 수 있고, 새로운 차원 속에서 살 수 있게 되었다는 것이다. 외부의 자극에 대해서 생물들에게서 나타나는 반작용이 직접적이고 즉각적인 것이었던 반면에 인간에게서 나타나는 반작용은 그 반응이 느리고 복잡한 사고과정으로 인해서 응답이 지체된다.

인간 반응의 이러한 특성으로 인해서, 인간은 한갓 물리적인 우주에만 머물러 사는 것이 아니라, 상징적인 우주에서도 살 수 있게 되었다. 활동하는 신체는 거기에 살아가고 있는 것들의 여러 욕구에 따라—예를 들면, 수면이든 음식이든 배설이든 각자를 위한 특정한 장소가 있다. 이러한 실제적인 욕구의 차원만이 아니라 상징적인 욕구의 차원에서 분절된 공간 혹은 세계가 존재한다. 예를 들면 인간이 지각하는 자연질서로서 코스모스라든가 혹은 토테미즘 등이 이에 해당된다.

상징 공간은 로마인의 신화적·종교적 사고로부터 기인하는 신성한 영역 안에 구축된다. 공간으로부터 어떤 성스러운 구역이 표출되고 나서 이 구역은 본래 '잘라 낸 것'을 뜻하는 라틴어 "templum"이란 이름을 획득하였다. 사원은 단절된 곳, 경계 지어지는 곳, 특히 신에게 봉납하는 구역이다. 공간 전체에서 특정한 구역을 분리하고, 다른 구역과 구별하고, 말하자면 그곳을 종교의 담으로 둘러치고 에워싸게 된다.

기독교 건축물에는 성경에 나오는 이야기를 조각이나 그림으로 표현했다. 하늘에서 성당을 내려다보면 성당 건물과 지표면이 접하는 윤곽이 십자가 형태로, 예수의 고통을 상징한다. 성당 내부 구조는 세속적인 고통을 초월하는 수단을 제공한다. 중세 성당 내부는 천장이 매우 높고 아치형이라서, 방문객들은 천국에 온 것 같은 기분을 느낄 수 있다. 지금도 파리 노트르담 성당 안에 들어가면, 자연스럽게 천장으로 눈길이 간다. 사회학자 리처드 세넷Richard Sennett은 이러한 체험을 천국으로 가는 여정에 비유했다.

성스러운 공간은 인간에게 특별한 의미를 가진 것으로 선택되어 거기에 사당이나 예배소가 세워지는 것이다. 성스러운 공간은 그 긴밀한 의미를 가진 전체성 때문에, 저절로 우주적인 의미를 띠고 우주와 같은 모습의 형태를 취하는 경우가 많다. 그러기에 우주적인 감각을 중시하고 고대 사회나 다신교 사회에서는 도시나 마을이 우주와 같은 모습으로 모방되어 있는 것이다. 이집트 문학에서 도시는 십자형을 원으로 둘러싼 특별한 상형문자로 나타나게 된다. 그것은 도시가 중심에서 직각으로 교차하는 두 도로에 의해 네 개의 지구로 나뉘어 있는 것을 보여 주고 있다. 고대도시 로마의 건설에서도 그러한 우주와 닮은 모습의 패턴이 보인다.

그리고 발리섬에서는 섬 전체와 마을, 집 모두 유독 우주론적인 질서로 구성되어 있다고 한다. 전통적인 발리섬 민가는 일반적으로 몇 개의 동으로 나누어지는 저택의 형태를 취하고 있다고 한다. 그것은 인간들의 주거라기보다 신들의 주거로 만든 것이다. 기본적으로 몇 개의 동으로 산재한 저택들은 우주론적인 의미의 구조와 배치를 한다. 그 배치 중에서 가장 중요한 것은 성스러운 구석이다. 이 성스러운 구석은 저택의 입구 문으로부터 가장 멀리 떨어져 있다. 그것은 단지 물리적인 거리로서만은 아니다. 오히려 상징적인 거리로서 그러한 것이다. 이렇게 상징은 그것을 구성하는 요소의 배치 유형, 즉 논리 구조 위에 성립하는 기호이다. 그러므로 상징은 그것이 언제 어떻게 사용되어도 변하지 않는 어떤 의미 표시를 하여, 우리의 행동에 참된 통일성을 가져다준다.

상징 구조

우리나라의 사당은 생(生)의 공간이면서 사(死)의 공간이고, 또 일상적 삶의 연속선상에 있으면서 비일상적 행위가 이루어지는 곳이다. 즉 산자들이 생활하는 주거공간의 울타리 내에 자리하지만 사당 주변을 둘러싼 담장에 의해 생의 공간과 명확히 구분되면서 사의 공간으로 분류되는 것이다. 이처럼 사당은 죽음과 삶이 공존하는 곳인데, 그런데 이를 뒤집어 생각하면 사당은 죽음의 공간도 아니고 삶의 공간도 아닌 경계적 공간이라는 결론에 이른다. 이로 볼 때 생과 사가 공존하면서 또한 분리되어 있는 전이적 속성이야말로 사당이 지니고 있는 본질적 의미라고 할 수 있다. 사당에서 보여 주듯이 상징적 요소들은 이 구조적 공간 속에서 배치되며 이 배치의 형태가 우리에게 드러나는 현실적 현상들의 존재 방식을 결정한다. 배치는 공간 구성 요소의 자리매김을 의미한다.

예를 들어 재래시장을 살리기 위해서는 단지 환경을 개선하는 것 이상의 노력이 필요하다. 재래시장의 외관을 현대적으로 바꾸는 것만으로는 젊은 소비자를 유인할 수 없다. 여전히 전통적이고 후진적이라는 재래시장의 이미지를 벗어 던지려면 공간에 대한 인식을 바꾸는 것이 필요하다. 가령 재래시장은 친환경적 공간이라는 이미지를 심어 주어 상징적 가치를 높인다면 재래시장은 거듭날 수 있을 것이다. 만일 상징 공간으로서 재래시장에서 생태적 마인드를 불러일으키려는 배치를 구상한다면 이 공간에서 우리에게 드러나는 현상들을 결정짓는 가장 기본적인 요인은 바로 그 공간에서 상징적 요소들이 차지하는 위치이다. 이 위치들이 일상적 의미에서의 사물의 의미를 결정한다. 이 위치들의 배치, 계열화, 치환, 이웃 관계, 조합 등에 의해 재래시장의 생태적 마인드를 현실화하는 것이 가능해진다.

상징은 인공적 구조물을 수반하지만 실은 거기에 객관화한 패턴으로서의 논리 구조를 생명으로 한다. 상징 구조는 논리 구조를 가진 객관 세계이면서도 결코 현실적 공간은 아니다. 오히려 이 공간은 바로 현실적 공간을, 그 공간 안에서 펼쳐지는 현상들을 바로 그렇게 존재하도록 만드는 어떤 공간이다. 그것은 현실의 공간 또는 우리의 사유 작용이 그 법칙성을 따라 존재하게 되는 법칙적 공간이다.

한국인의 땅에 대한 의식에 깊은 영향을 미친 풍수 사상에서도 상징 구조의 장소를 엿볼 수 있다. 풍수 사상에서 말하는 지형은 우주의 구성과 운행의 근본 요소인 오행과 조응한다. 또 땅을 강력한 마술적 힘을 갖는 곳이 되게 하는 땅의 기운, 지기地氣 등의 이야기는 풍수 사상이 형이상학적 우주론에 이어졌음을 말한다. 원래 경세학經世學으로 자연과 인간의 조화와 교감을 통하여 건강한 삶과 안민을 추구하려는 풍수 사상은 도읍이나 마을, 가택이나 묏자리를 정하는 공간적 해석원리로 작용했다.

풍수 사상의 관점에서 명당이라는 것도 마찬가지다. 명당이라는 좋은 땅은 중첩되어 있는 동심원적인 산 또는 산맥들의 체계 안에 들어앉은 일정한 넓이의 평지이다. 명당은 동심원적으로 둘러싼 산들의 체계의 복판인데, 산들은 이 복판을 보호하여 둘러서 있기만 하는 것이 아니라 그 너머로 퍼져 나가는 산의 연맥들, 실재하든 상상만 되든 갈 수 없는 먼 곳, 지평의 너머까지 계속된다. 땅에 대한 사람의 감각은 결국 우주 안에서의 그의 자리를 확인함으로써 일정한 안정에 이른다 할 것이다.

이처럼 한국인의 상징 구조로서의 공간 개념은 풍수지리나 주역, 무속신앙 및 유교의 세계관 등이 반영되어 형성되었다. 조선 시대 주거공간은 유교 원리와 무속신앙 등에 큰 영향을 받고 있었다. 조상숭배의 원리를 따라 조상을 모시는 사당 터를 가장 먼저 잡아서 높은 자리에 지었으며, 사당 터는 해가 뜨는 방향으로 동북쪽을 지향하도록 했다. 또한 남녀의 구분을 명확히 하여 사랑채는 동남쪽, 사당채는 동북쪽, 안채는 서북쪽에 배치하도록 하였다. 동과 서를 좌우의 개념으로 대치시키면, 동은 오른쪽이 되고, 서는 왼쪽이 되며, 오른쪽은 남성, 정의, 선, 밝음, 길조, 생명을 상징하고, 왼쪽은 여성, 불의, 악, 어둠, 불길, 죽음을 상징한다.

오른쪽을 대표하는 생명은 한순간에 완결되고 끝나는 것이 아니라 지속적인 변형과 생성으로 나타나며 왼쪽을 대표하는 죽음은 이 지속적인 생성의 운동 속에 포함된 한 매듭에 해당한다. 생명이 갖는 초월성, 즉 이 근원을 알 수 없는 '익명의 힘'은 개인으로 국한되지 않는다. 비록 그 힘의 체험과 표현은 개인을 통해 이루어지지만, 그 힘 자체는 개인을 넘어선다. 여기서 개인의 자아는 생명의 바다 속에 있는 작은 조개껍질에 지나지 않는다.

그렇다고 죽음을 무시한다는 것은 삶을 무시하는 것이다. 우리는 대개 습관적인 존재 방식을 극복하지 못한 채 살고 있으며 이 극복은 사실상 일상적인 세계를 깨뜨리는 엄청난 사건들을 겪을 때 비로소 시작된다. 이 엄청난 사건들 가운데 죽음처럼 인간에게 본질적이며 감각적인 것도 드물다. 우리가 죽음이라는 사실을 실존적인 깊이에서 받아들이고 성찰할 때 삶은 근원적으로 변화할 것이다. 하이데거의 인간 현존재는 시간적인 존재이다. 인간에게 시간이 주어져 있는 까닭은 인간은 죽을 수밖에 없기 때문이다.

삶의 끝으로서 또는 삶을 완결시키는 것으로서 죽음은 실존적 삶의 한 부분인 것이다. 죽음을 무릅쓸 수 없다면 본질적으로 삶을 완성할 수 없다는 실존의 비밀이 여기에 숨겨져 있다. 우리는 왜 삶의 완성적인 형태를 설계하고자 하는 것일까? 빌헬름 슈미트는 그의 저서 『삶의 예술 철학Philosophie der Lebenskunst』에서 이렇게 썼다. "그것은 인생이 짧기 때문이다. (…) 우리가 죽음에게 고마워할 일은 (…) 인생에 경계를 설정해 주는 것이다. 그러한 한계가 없었다면 우리는 삶이 어떤 형태이든 개의치 않았을 것이다." 고대 아테네에서는 죽음을 무릅쓸 수 있는 사람들만이 자유인으로서 시민권을 향유했다고 한다. 그렇지 못한 사람들은 부인들처럼 시민권을 온전히 못 누리거나, 노예처럼 아예 못 누렸다.

인간은 시간의 지평에 놓인 현재적 존재이기에 끊임없이 자신의 실존성을 바라본다. 인간 실존이란 언제나 삶과 죽음의 경계에서 치열한 선택을 해 나가는 삶의 양식인 것이다. 그것은 삶을 항상 죽음의 위치에서 고찰하라는 것이기도 하다. 사와키 고도는 『매일매일 좋은 날Tag Für Tag ein guter Tag』에서 "죽음의 입장에서 삶을 성찰하는 사람은 실수를 하지 않는다"라고 썼다. 아무리 모든 것이 불확실해 보여도 우리가 확실히 아는 한 가지가 있으니, 그것은 바로 우리가 죽는다는 사실이다.

인간이 실제로 죽을 수밖에 없기에, 그에게는 시간이 주어져 있고, 그렇게 시간을 가진 인간은 자신에게 주어진 시간을 자신의 것으로 만들어야 한다. 여기서 시간을 자신의 것으로 만든다는 것은, 시간은 자신에게 주어질 수 있는 결단의 순간들이지 무의미한 '지금'의 연속이 아니기 때문이다. 시몬느 드 보부아르는 도발적인 소설 『모든 인간은 죽는다』에서 불멸의 삶을 산다면 삶의 일상이 얼마나 무의미하고 낙이 없을지 세세히 묘사한 바 있다. 말하자면 인간 현존재는 자신에게 주어진 시간을 스스로 떠맡아 자신의 있음을 창조해 가는 존재로 파악할 수 있다.

티베탄들은 평생을 죽음을 위해 살아간다고 해도 지나치지 않을 정도로 죽음에 대해 항상 생각한다. 그들은 태어나자마자 죽음을 준비하기 때문에 부처에게 귀의하고 새로운 깨달음을 얻고자 사심을 버리고 오체투지로 부처 앞에 머리를 조아린다. 우리는 과연 죽음에 대해 얼마나 생각하며 살아가는가! 죽음을 위해 준비하며 살아 본 적은 있는가! 평소 죽음에 대해 깊이 명상한 적도 없고 단순함에서 오는 행복감을 느껴 보지 못한 우리에게 티베탄들의 행동과 삶의 방식이 이해되지 않는 것은 당연한 일이다.

인간은 모두 죽는다는 사실을 알면서도 막상 코앞에 다가설 때까지 죽음이란 단어는 자신과 별 상관없는 것처럼 여긴다. 죽음에 대한 공포는 오직 죽음에 대한 내면적이고 진지한 결단을 내린 마음을 통해서만 극복할 수 있다는 하이데거의 견해는 참조할 만하다. 이렇듯 어떤 상징 공간은 삶의 원천인 생명과 죽음에 대한 초월적이고 신비로운 의미를 담고 있었다.

일상의 경험, 생활세계

매일의 삶이 반복되는 일상 공간은 익숙하고 낯익다. 늘 만나던 사람과 오늘도 만나야 하고, 도로에는 어제처럼 차와 사람이 잘 다녀야 하며, 열차나 지하철이 제시간에 오지 않으면 초조해한다. 일상이란 이런 것이다. 딱히 마주치는 사람이 없더라도, 지하철 입구에서 플랫폼까지 이어지는 통로는 우리의 일상이 전개되는 중요한 생활공간이다. 진부하기 짝이 없는 사소한 일들로 가득한 일상 공간은 매우 반복적이고 단순하며 우리가 '당연하다'고 믿고 살아가는 생활세계lifeworld이다.

생활세계란 실제로 체험함으로써 지각할 수 있는 세계다. 개인은 외부와 관계없이 생활할 수 없으므로 개인과 관계가 있는 사람, 사물, 사회가 모두 이어져 있다고 본다. 사람들은 그 생활세계 속에서 태어나고 살며, 아침에 일어나 일하러 가고, 잘 알고 있는 사람들과 만나며, 다시 집으로 돌아오는 길에서 전개되는 전체 공간이다.

일상이 지속되는 공간

공간은 삶의 형식에 대한 기초이다. '지금'이라는 시간은 '일상' 안에 있으며, 그 일상이 지속되는 곳이 바로 생활세계의 공간이다. 사람은 일상이 바뀔까 두려워하는 존재이기도 하다. 늘 있던 것이 갑자기 사라지고 어제 있던 것이 오늘 없어져 버린다면 그것은 생활세계 공간이 아니다. 생활공간은 사회를 총체적으로 재생산한다. 그와 동시에 생활세계에서의 일상은 반복적이고 순환적인 삶의 형태이며, 그 세계는 '당연시'되면서 견고하게 자리하고 있는 세계다. 그것은 우리의 삶을 안정적으로 지속시키는 매우 견고한 생활공간이다.

인간이 공간적 존재인 이상, 다시 말해 인간이 공간을 구성하고 자기 주변에 공간을 펼치는 존재인 한에서만 공간은 존재한다. 공간은 '살아 있다'는 의미를 가진 활동과 관련해서만 존재한다. 인간 외의 존재에 대해 공간이라는 말을 쓸 때에도 그 존재가 움직이고 그리하여 생명체로 간주될 때에만 그런 용법이 가능하다. 암소는 풀밭에, 말은 우리 안에 있다는 식으로 말해질 수 있다. 여기에서 공간은 움직임에 필요한, 쟁취해야 하는 곳이다. '여성의 공간', '노동자의 공간' 등과 같은 주체의 공간space of subject은 주체의 역할, 자유의지, 실천이 조장되고 구현되는 공간이다.

무엇보다도 몸은 환경과의 끊임없는 상호 침투, 상호 개입 과정을 거치기 때문에 몸은 자아—타자 관계를 틀 지운다는 점이다. 공간성은 일상 경로daily-life path를 따라 특정 시간과 특정 공간을 결합하면서 형성된 것이라면 '미시적 공간성micro-scale spatiality'은 일상 삶이 전개되는 미시적 시간성과 장소성이 결합된 것이라고 할 수 있다. 이러한 공간성은 '일상적 활동 과정에서 조우되는 관계나 의미의 구성물'로서 '맥락 또는 상황'으로 규정되기도 한다. 미시적 공간성은 일상의 특정 시점에서 특정 행위자가 장소적으로 만남과 관계를 설정함으로써 형성되는 것으로 현상적으로는 '장소성placeness'으로 표현된다(예를 들어, 젊은이들이 많이 모이는 대학로, 서민이 사는 달동네의 골목길 등). 이때 장소는 '특정 주체가 위치하는 공간 속에 각인된 앎과 힘 관계의 형성' 그 자체다. 미시적 공간성에 대한 관심은 공간의 형태가 아니라 개별 주체의 삶을 규정하고 제약하는 맥락과 틀의 의미를 파악하는 데 역점을 둔다.

최근 몇 년 새 오래된 골목 산책이 부쩍 인기를 누린다. 서울의 대표적 달동네인 창신동, 통영의 산동네 동피랑과 부산의 감천동 문화마을은 하나의 문화코드가 됐을 정도이다. 낡은 것을 순식간에 무너뜨리고 올라가는 아파트와 빌딩들, 넘치도록 번잡하고 화려해지는 도심의 불빛들 속에서 분주히 살아가는 모습에 대한 반작용으로 사람들은 시간이 멈추어 버린 것 같은 오래된 공간을 찾아들기 시작한 것이다. 지금 동네 골목을 추억한다는 것은 고생한 시간들을 반추할 만한 여유가 생겼다는 의미일 수도 있고 어쩌면 가난의 외피를 두르고 있었지만 각박하지 않았던 세상에 대한 그리움일지도 모른다.

이와 같이 공간에 대한 우리의 감각은 우리가 보고 느끼고 냄새 맡고 듣는 것, 즉 우리의 모든 감각을 거쳐 만들어진다. 우리가 그 공간을 한 번 경험하고, 다시 경험할 때마다 우리의 기억 속에서 만들어지고, 다시 만들어진다. 그런 점에서 우리가 사는 환경 자체를 공간인식이 있을 수 있는 환경으로 만들어갈 필요가 대두된다. 근래 도시 계획에서 본 도시 공간은 너무 밀집하여 따닥따닥 만들어 놓고 있어 공간의 연속성이나 무한성을 느낄 수 없게 되어 정신적 의미가 황폐해진다고 볼 수 있다.

칸트는 공간을 감성과 인식의 직관형식으로 말한 바 있다. 이 관점에서 그것은 사물이나 사물의 지각을 선행하며 그것을 가능하게 하는 조건이다. 모든 사람이 사람으로서 권리를 향유할 수 있는 질서의 밑에는 칸트의 직관이 있고, 또 그것을 뒷받침하는 것은 주어진 환경 속에서의 인간적 실존을 가능하게 하는 물질성이라고 할 수 있다. 이것은 지각 현상에서 움직이는 삶의 이성인 지각의 판별력에 긴밀히 관계되어 있다. 사람이 이해를 향하는 동기를 가진 한—그것이 어떤 선입견이나 편견을 지닌다는 뜻이 아니라면—삶의 이성은 어디에나 스며 있는 것으로 보인다.

사람은 그 규모가 작든 크든 나름의 세계에 산다. 이 세계는 삶을 영위하기 위해서 필요한 여러 물질적·사회적·인간적 조건이 충족되는 범위를 포함하는 생활의 공간이다. 이것은 간단하게는 보통 사람들이 그날그날 일용할 양식을 구하고 가족을 부양하고 하루의 몸을 쉬는 공간, 어떻게 보면 소시민의 생활공간이다. 생활세계는 노동과 여흥, 창조성, 재생산과 같은 일상생활의 평범한 관심사를 추구하는 사람들에 의해 생산된다. 보통 인간의 생활과 희로애락과 보람은 대체로 이 세계에서 이루어진다.

삶의 공간이란 공간이 어떤 식으로 인간의 본질에 속하느냐의 문제이다. 그라프 뒤르크하임Graf K. von Dürckheim은 "살아가는 공간은 자아에게 구체적인 실현의 매개체이고, 대항형식이자 확장이며, 위협자이자 수호자이고, 통로이자 피난처이며, 타향이자 고향이고, 물질이고, 실현 장소이자 발전 가능성이며, 저항이자 한계이고, 자아가 존재하고 살아가는 짧은 현실에서 그의 신체 기관이자 적수이다"라고 했다. 이 인용에서 우리는 "발전 가능성"과 "저항"으로 대표되는 전형적인 대립적 표현에 주목할 필요가 있다.

공간은 인용된 표현들에서 보여 주듯이, 인간에게 이중의 방식으로 주어져 있다. 공간은 돕기도 하고 방해하기도 한다. 예를 들어 서울의 주변부로 자리매김해 온 인천에도 일제강점기부터 부촌으로 알려

진 율목동을 비롯해 서울에서도 찾아올 정도로 없는 게 없었다는 신
포동 등 영화를 누렸던 곳들도 있고, 중앙시장 등에서 자수성가로 부
를 일군 사람도 많은 터이다. 그런가 하면 영화와 소설 등 인천을 담
은 주요 예술 작품들에서 인천은 가난한 사람들, 밀려난 이들의 거처
다. 인천의 지역성은 가난한 노동자, 떠돌이, 변방 등의 아웃사이더적
인 단어로 요약된다.

보통 사람에게 중요한 것은 이 공간의 건강성이다. 이것은 어떻게 확
보되는가? 불행하게도 건강한 생활의 질서를 확보하는 확실한 방법은
없는 성싶다. 그러면서도 생활공간이 어떻게 가능한가를 일단 물어볼
만은 하다. 이 공간은, 우리 생활 감각으로는 그렇지도 않으나, 주체화
된 의식의 대상으로는 별로 주목되지 못한다. 그것은 이 공간이 대체
적으로 더 큰 테두리에 부수하는 이차적인 현상이기 때문이다. 그것
은 사회 전체 또는 국가 전체의 체제적 안정에 의존하여 성립하는 것
으로서, 정치학자들이 쓰는 말로서는 종속 변수의 성격을 지닌다고
볼 수 있다. 하지만 생활공간은 단지 더 큰 사회구조의 축소판이라고
만 볼 수 없다. '축소판'이라는 은유가 암시하듯이, 바깥세상의 특징들
이 생활공간 속에 그저 반영되고 재생산되는 것은 아니다.

생활공간은 수많은 인간의 상호작용이 이루어지는 곳으로 가
족·이웃·학교·직장동료 등 직접적 대면관계에서부터 매스미디어를
통한 간접적 대면에 이르기까지 무수하게 많은 사회적 상호작용이
형성되는 곳이다. 물론 이 모든 상호작용의 패턴이 더 큰 세상의 패
턴을 그대로 따르는 것이 아니다. 그러기는커녕 어떤 속성이 부각되
는가 하면 또 다른 어떤 속성이 은폐되기도 한다. 사람들은 오랫동안
생활공간에 퇴적하여 있는 의미의 지층이 외부 자본에 의해 훼손되
거나 파괴되기를 원치 않는다. 오히려 자신이 사는 공간이 역사적으

로나 문화적으로 의미 있는 공간임을 알게 하려고 한다.

어느 누구도 생활공간을 사회적 실천의 영역 바깥에 있는 것으로 고찰하지는 않는다. 오히려 몸의 차원을 강조함으로써 공간 차원의 중요성을 주장할 수 있다. 성경에 나오는 바늘귀를 통과하는 낙타가 시사하는 바는 인간은 살면서 언제나 자신을 둘러싼 공간에 대한 관계를 통해 규정될 수밖에 없다는 점이다. 어린 시절 골목길은 가장 넓은 세상이었을 것이다. 공간 관계 개념들은 다양한 방식으로 신체화되어 있다. 예컨대 우리가 다니는 길, 우리가 서로를 경험하고 상호작용하는 공간, 낯선 길, 낯익은 길, 골목과 막다른 길, 도로와 건축공간 등 우리가 사는 생활공간과 행동공간은 우리의 신체에 의해 생생하게 경험되는 공간이다.

일상 활동이 일어나는 공간(독자적 사색 공간, 가족 공간, 학교 공간 등)은 대개 주체의 공간으로서 의미와 기능을 가진다. 주체의 공간은 행위자의 의지가 관철되고 또한 자기다움이 발현되는 공간으로 간주한다. 우리는 기본적으로 프라이버시가 필요하다. 프라이버시는 다른 말로 일정 공간의 완전한 소유를 뜻한다. 사무실에 칸막이가 설치되어 있지 않은 경우 보통 직원들은 업무용 데스크탑 컴퓨터까지 책상 위에 올려놓고 벽처럼 쓴다. 듀얼 모니터로 작업을 하는 경우에는 그 두 대의 모니터를 이용해서 울타리를 만들어 놓기도 한다. 이 모든 것이 프라이빗한 공간을 만들고 싶어하는 욕구에서 나오는 풍경이다.

공간을 소유한다는 것은 자유를 뜻한다. 공간은 언제나 무언가를 위한 공간이고, 특히 움직임을 위한 자유로운 공간, 자유로운 펼침을 위한 공간이다. 이런 자연스러운 의미에서 볼 때, 공간은 계속되는 움직임이 사물로 인해 방해받는 곳에서 끝난다. 최근 들어서 열린 공간, 수평적 관계, 창의적 사고를 외치는 사무 문화의 변화로 사무실은 점점 오픈되어 간다. 하지만 이상과 현실은 다른 법이다. 사람들은 열린 공간에서 사무를 보는 경우, 업무 시간의 45퍼센트를 다른 사람 때문에 업무에 방해를 받아서 흐트러진 마음을 다잡는 데 소비하고 있다는 연구 결과도 있다. 현대 사회의 혼란한 세상에서 프라이빗한 공간을 원하는 것은 선사 시대 때부터 내려오는 안전을 추구하는 본능일 수도 있다.

마을이자 제도화된 공간

인도의 성자 마하트마 간디는 "마을이 세계를 구한다"는 의미심장한 말을 남겼다. 마을은 작은 도시이고 작은 세계다. 도시의 문제와 지구촌의 문제가 고스란히 마을 안에 담겨 있다. 우리가 주목하고자 하는 것은 큰 의미에서의 사회 전체가 아니라 보통의 사람이 사는 마을과 같은 생활의 영역이다. 길과 길로 인해 땅이 나뉘어 필지가 생기고 집이 들어선다. 쪼개진 땅에 옹기종기 세워진 집들은 다시 길을 통해 서로 이어지고 한 동네 이웃의 삶을 공유한다. 그곳은 고양된 사명감이나 도덕이나 윤리보다는 단순한 생활상의 상호 의존 관계가 형성되는 공간이다. 평범한 남녀들이 스스로 필요를 충족하기 위해 물질적·사회적 환경에 적응해 나감에 따라 바로 그들에 의해 성취되는 영역이자 공간이다.

우리에게 공동체이면서 공간적 삶의 대표적인 상징이 마을이다. 마을은 집과 집이 모여 이루어지는 삶의 공동체 최소 단위이다. 마을에서의 삶의 전략은 이익사회와 달리 미풍양속을 중시하고 상부상조의 나눔을 당연시했다. 동제, 두레, 대동계, 품앗이, 대동놀이 등의 유산은 전통마을의 대표 표상이다. 가문을 내세우되 마을 공동관심사에 대해서는 적극적으로 협력하는 관행이 존재한다. 특히 마을에서 마당은 아주 특별하다. 마당은 땅에 있는 장소, 곧 주거공간의 열린 터전이란 의미를 갖고 있으면서 장소적 개념뿐만 아니라 활동과 생활을 담는 기능의 의미를 내포하고 있다. 그것은 동네 마당, 우물 마당, 작업장, 나무 그늘 및 공공마당으로 나누어 볼 수 있다.

우리는 하비가 창안한 '건축가'라는 은유적 인물을 통하여 공간을 구성하고 조직하는 과정에 관한 모든 논의에서 어떤 중심성과 위치성 posionality의 근거를 마련할 필요가 있다. 공간은 사회적 활동에 의해 식민화되는 그 순간에 상대화되고 역사적 공간이 되기 때문에 절대적 공간은 존재할 수 없기 때문이다. 공간을 절대적인 것으로 받아들이고 재현하는 것이 자본주의의 공간과 같은 상대화된 추상적 공간 relativised abstract space의 생산을 강화하는 역할을 하게 된다. 하비는 변화하는 문화적 정체성을 동질화와 이질화 모두를 촉진하는 시공간 압축의 과정과 연결하면서, 어떻게 장소가 물질적인 가공물로 구축되고 경험되는지, 어떻게 장소들이 담론 속에서 재현되는지 그리고 어떻게 장소 그 자체가 재현물로 사용되는지에 대해 탐구한다.

땅값과 개발 비용, 그리고 수익의 대차대조표만으로 도시를 만들고 뜯어고친다면 거기에 정착할 삶의 지속성은 어떻게 확보될 수 있을까? 도시는 도시민의 삶이 만들어 낸 공간 생태계여야 한다. 반복되는 일상, 무기력하고 권태로운 도시의 일상을 달래 주는 공간이나 장소는 도시 계획가의 번뜩이는 구상에서 나오는 것이 아니라 도시민의 삶의 오래된 시간의 흔적에서 나온다. 하비에게 건축가는 역사적으로 단순히 공간적 형태에 관한 이념을 넘어 유토피아적 이상의 생산과 추구에 깊게 관여되어 있다. 건축가는 인간적이고 심미적/상징적인 의미와 더불어 사회적 효용을 부여할 공간을 만든다. 예를 들면, 사람의 향기가 나는 공간, 삶의 이야기가 담긴 공간, 해학과 풍자가 있는 공간, 남녀 노소가 다 함께 즐기는 공간, 있으면 편하고 떠나면 또 가고 싶어지는 공간, 손님인 내가 주인공인 것 같은 공간 등등. 건축가는 장기적인 사회적 기념물들을 형성하고 유지해 나가며, 개인과 집단의 갈망과 바램의 물질적인 형태를 부여하려고 노력한다. 우리를 일종의 건축가로 볼 수 있다. 그것은 은유적인 함의를 갖는 것이지만 우리가 일상적 행동을 하고 또한 그 행동을 통해 효과적으로 우리의 생활세계를 유지·구성·재구성하기 때문이다.

호주 맬버른의 변모도 주목할 만하다. 이것은 "공간은 사회적인 것이고 사회는 공간적인 것"이라는 전제 아래 사회의 문제를 공간으로 해결한다. 고층 건물들 사이의 삭막했던 뒷골목에 가게가 생기면서 아무도 걷지 않던 어두운 골목이 환해졌다고 한다. 사람들이 오가고 유동인구가 늘면서 쓰레기만 덩그러니 쌓여 있던 버려진 공간이 매력적인 카페와 상점들로 되살아난 것이다. 이것이 건축의 힘이다. 아무것도 아닌 가게 하나가 들어서면서 이런 변화를 일으킨 것이다.

여기서 확인할 수 있는 것은 바로 같은 공간에 사는 사람들을 서로 묶고 있는 연대성이다. 우리 일상의 차원에서 볼 때는 공간 특히 근린과 지역, 집의 의미는 여전히 강력하게 작동하고 있다. 이때 근린이란 "우리가 집처럼 '느끼는' 구역" 혹은 "직접 경험도 하고 소문도 들어서 (…) 잘 아는 구역"을 말한다. 근린은 인간과 자연, 사회의 긴밀한 연관을 강조하는 것으로 과거 교통, 통신이 발전하지 못한 전근대에서는 이것이 가지는 의미는 대단히 증대했지만, 근대로 올수록, 특히 지구촌 시대라 하는 우리 시대에는 점차 그 중요성이 감소하게 되었다. 하지만 그렇다고 이 공간의 의미가 사라진 것은 아니다.

생활 영역은 다양한 목적을 가진 사람들의 다양한 행위가 일어날 수 있는 시설을 갖추어야 한다. 사람들은 모여 살면서 생활 영역의 어느 특정 공간에 시설을 세운다. 생활 영역에 생기를 불어넣는 것은 시설이 만들어 낸 공간이다. 위험사회, 절연사회, 무연사회도 어쩌면 엘리베이터 안에서 서로 눈 맞추기를 꺼리는 냉랭한 이웃관계에서 비롯되는 것인지도 모른다. 생활 영역은 물리적 공간으로서의 동네이고, 그것에 대응하는 보이지 않는 생활의 제도나 인간 상호 간의 규약이 만들어 내는 시설의 집합이다. 학교는 배움의 가치를 나누기 위해 만든 시설이고, 극장은 연극이나 영화를 함께 보고 즐기기 위해 만든 시설이며, 법원은 사회의 공정을 유지하기 위해 만든 시설이다.

인간은 시설의 공간 '속'에서 움직이고, 그가 움직이는 공간은 어느 정도 인간에게 제도화되어 있다고 할 수 있다. 그리하여 시설은 곧 건축이고, 건축은 제도에 의해 생긴 것이다. 건축이 공간을 다루는 것이라면, 공간은 제도의 산물이다. 개별 건축물뿐 아니라 우리를 둘러싸고 있는 주변 환경들과 더 넓은 도시 환경에 이르기까지 모두 제도에 따라 지어진 것이다. 그러니 건물은 제도 그 자체이다. 여기에서 말하는 제도에는 법률뿐 아니라 관습과 규범도 포함된다.

제도는 전면에 드러나지 않고 늘 뒤편에 숨어 있다. 학교라는 시설을 보고 교육제도를 생각하게 되고 병원의 공간 배치를 보고 격리 방법을 알게 되는 것처럼 공간은 일상생활 속에 숨어 있는 제도를 우리 앞에 드러낸다. 건축은 물질과 공간을 이용하여 제도를 성립시킨다. 생활 영역에서 시설의 공간과 제도는 사물과 사물, 사람과 사람을 이어 주는 매개체이다. 한 곳밖에 없는 특수한 건물은 시설이라고 부르지 않는다. 복지시설이라고 할 때, 그것은 하나의 특정한 건물이나 장소를 가리키는 말이 아니다. 복지라는 제도가 뒤를 받쳐줄 때 비로소 그것은 복지시설이 된다. 사람들이 제도를 만들면 그 뒤에는 시설이 뒤따르고, 시설을 만드는 것은 특정 제도를 실천하는 것이다.

대체로 자신과 세계는 상호성 속에 성립하는 상관자이다. 그런 점에서 우리가 풍부한 감성을 충분하게 발휘하고자 한다면, 지각은 현재 훨씬 더 특별한 의미를 지니게 된다. 이를테면 도심 속 자투리땅을 공동체 텃밭으로 가꾸는 일은 참가자들과 행인들의 정신건강, 육체건강을 증진하는 효과가 있다. 텃밭 이외에도 도심 속 자연은 시민들 사이의 거리를 좁히고, 시민들의 마음을 연다. 게다가 타인과 유대감, 지역공동체와 유대감을 높인다. 텃밭은 단순히 자연과 접촉하는 공간에 그치지 않는다. 텃밭은 사회적 공간이다.

지각은 행동과 근본적으로 분리될 수 없는 것이기 때문에 그저 우연의 입력과 출력의 쌍으로 연결되는 것이 아니라는 점이 중요하다. 아침 출근길에 볼 수 있는 개를 산책시키는 여자, 꽃을 파는 아주머니, 어깨와 턱 사이에 휴대전화를 끼고 통화하면서 샌드위치를 먹는 남자 등 그들의 지각은 개개의 행동과 연동한다. 경험은 지각자로부터 독립해 있는 외부 세계의 속성들이 인간의 내면에서 재현된 것처럼 보이지만 실은 지각자의 행위에 의존하여 구성된 것이다. 그렇기 때문에 지각을 이해하는 출발점은 지각자가 상황들 속에서 어떻게 자신의 행동을 이끌어 가는가 하는 점을 연구하는 것이다.

지각적으로 인도되는 행동의 준거점은 우리들과 세계가 가장 직접적으로 접촉하는 장소일 뿐만 아니라, 세계 그 자체도 질서 있는 지각을 통해 비로소 정리된 형태로 나타난다. 그리고 질서 지어진 지각, 즉 감각의 종합 작용은 인간을 인간답게 해 주는 것이며, 어느 시대든 우리들과 함께하고 있지만, 그렇다고 해서 그 존재 방식이 어느 시대나 같은 것은 아니다. 이것은 주관과 객관의 대립을 상정하는 이원론적

인식론의 입장에서는 설명될 수 없는 일이다.

메를로퐁티에게도 공간은 이러한 근원성을 가지고 있다. 다만 그는 이것을 조금 더 경험적으로 파악한다. 공간은 지각의 조건이고 상황 속에 있을 수밖에 없는 인간 존재 자체의 조건이다. 또 이것은 공허한 형식 이상의 것이다. 그것은 구조적 질서와 한계로 정의되어 있다. 이것은 인식론적인 차원에서 또 물리적인 차원에서 그러하고, 인간 존재의 역사성으로 인하여 그러하다. 이미 공간은 역사적으로 여러 주체에 의하여 구성된 것이다. 이러하다는 것은 공간의 전체 의미를 개념적으로 이해하는 것이 불가능하다는 것을 말하기도 한다. 그것은 모든 것에 선행한다.

현존재의 생활세계

인간은 그냥 존재하거나 생존하는 것이 아니다. 항상 무언가를 해나가는 존재다. 언젠가는 결국 죽을 수밖에 없다는 미래의 사실을 미리 자신의 현재 삶에 개입시키면서 항상 무엇인가를 해 나가는 존재자인 것이다. 우리가 세계 내에 존재하는 방식은, 많은 현상학자에 따르면, 일차적으로 실용적 행위에 의해서 특징지어진다고 한다. 하이데거에 따르면, 인간 현존재는 존재하는 순간마다 늘 무슨 행위를 하면서 어떤 일상의 일에 개입 혹은 빠져 있는 상황이다. 현존재의 행위가 필수적이라 해도, 그 행위는 아무것도 없이는 이루어지지 않는다. 그것은 항상 도구를 필요로 하며 도구와 함께 이루어진다.

예컨대 현존재가 지금 못 박는 일에 개입하고 있다고 하자. 그는 망치가 없다면 돌이라도 찾아서 못을 박는다. 심지어 어떤 것도 도구로 사용할 수 없는 맨몸의 상황일 경우, 극단적으로는 자신의 몸을 도구로까지 사용한다. 이런 의미에서 현존재의 몸이 애초 수단을 뜻하는 기관organ으로 불린다는 것은 우연이 아니다. 현존재가 구체적 실존 상황에서 언제나 행위를 하면서 존재할 수밖에 없는 한, 이러한 현존재에게 그의 몸을 포함한 모든 존재자들은 대체로 도구적 존재자로서 먼저 다가오거나 드러난다.

생활세계의 공간성, 곧 우리가 살고 있는 세계의 공간성은 기하학적 척도에 의해서 포착된 공간성이 아니라, 사용의 맥락들에 의해 구조화된 공간이다. 어떤 것이 현전하는가 아니면 부재하는가, 가까운가 아니면 먼가는 우리의 실용적 관심들에 의해 결정되는 어떤 것이다. 삶은 대개 실용적인 관심에 의해서 추동된다. 즉 제품에는 재료들에 대한 지시가 들어 있다. 예컨대 구두는 가죽을 재료로 하며 가죽은 동물의 껍질로 만들어지는데, 동물의 껍질은 사육된 동물이건 사육되지 않은 동물이건 여하튼 동물 스스로 만들어 낸 것이다.

우리가 살고 있는 세계, 우리가 지각하는 세계는 사용의 실용적 지시성practical reference of use으로 가득 차 있는 세계이다. 저기 식탁 위에 칼이 놓여 있다는 것은 내가 손을 뻗어서 그것을 잡을 수 있다는 것을 의미한다. 하이데거는 도구들의 독특한 존재 양식을 '눈앞에 있음'과 구별하여 '손−안에−있음(용재성)'으로서 특징짓고 있다. 도구는 개별적으로 존재하지 않고 오히려 다른 도구들과 더불어 어떤 용도를 '위하여' 존재한다. 유용성, 기여성, 이용가능성, 편리성 등의 다양한 용도 방식들이 도구 전체성을 구성한다.

일상적 삶에서 우리는 실용주의자들이다. 일상적 삶에서 우리는 이념적이고 이론적인 대상들이 아니라, 실용적, 정서적, 심미적, 인격적인 가치의 공구들tools이나 대상들과 상호작용하는 것이다. 하이데거에 따르면, 세계내적 존재자들이 그들 자체를 있는 그대로 보여 주는 것은 이론적 관찰에서가 아니라 실용적 사용 속에서이다. 그래서 실용적 지시 연관의 총체가 바로 하이데거의 환경 세계이다. 환경 세계는 일상적 삶이 영위되는 가장 가까운 세계를 말하며 그 세계는 '무엇 때문에'에 의해 유의미화된 세계이다. 자연 역시 일상적 삶의 환경 세계에서 발견된다. 예컨대 역의 플랫폼은 우천雨天을, 길가의 가로등은 태양의 위치를, 시계는 우주계의 일정한 별자리를 언제나 이미 고려하고 있다. 이렇듯 자연은 일상 속에 직접적으로 등장하진 않지만 환경 세계를 구성하는 요소로서 간접적으로 고려된다.

일상의 특징은 포스트모던한 사회도 최신 기술도 의학도 어쩌지 못하는 현상들로 이루어진다는 것이다. 매일 설거지하고 매주 진공청소기를 돌리고 수시로 세탁을 하고 장을 보러 간다. 그래도 냉장고는 어느새 텅 비고 셔츠는 또 더러워져 있고 먼지는 금세 다시 쌓인다. 일상은 기본적으로 지루한 삶의 연속물이다. 그러므로 사람들은 무던히 이 일상을 벗어나려고 시도한다. 사건을 추구하거나 일상의 궤적을 벗어나고자 여행을 떠나 보거나 시간을 추구해 보지만 그러나 다시 회귀하는 곳은 바로 일상이다. 일상생활은 너무나 '진부하고, 사소로운 것'들의 순환이기 때문에 그 자체가 보수적이다. 그러기에 역설적으로 진보성을 되찾는 것도, 되찾아야 할 곳도 바로 일상생활 공간이다.

인간은 왜 사는지, 또는 어떻게 사는 것이 의미 있게 사는 것인지를 묻는 유일한 존재이다. 인간이 던지는 그러한 물음에 대한 답은 삶의 경험에 대한 이해를 기초로 '의미로서' 주어진다. 우리의 세계-내-존재에 대한 분석에서, 하이데거는 세계는 단순히 실체성, 물질성, 연장에 의해 특징지워지는 대상들의 복합적 통일체가 아니라, 사실은 의미의 네트워크라고 자주 강조하고 있다. 오늘날에는 세계 어디에서나 맥도날드를 만날 수 있다. 맥도날드를 비롯한 패스트푸드점이 세계적으로 확산될 수 있었던 것은 빠르게 살아가고 있는 현대인의 삶 덕분이다. 그러나 이탈리아에서 슬로푸드slow food 운동이 일어난 것은 단지 패스트푸드에 대한 반대 때문이 아니라, 음식을 통한 미국 문화의 전파에 대한 두려움 때문이었다. 이탈리아 사람들이 추구하는 '여유로운 삶'의 생활양식이 맥도날드를 통해서 들어오는 미국식 생활양식으로 변화되는 것에 대한 저항이었다. 이탈리아 사람들은 자신이 사는 생활공간이 지니는 의미가 존중되길 바라고 있었다.

이처럼 인간이라는 현존재는 그냥 존재하고 있는 물체와는 달리, 존재하면서도 그 존재가 문제되는 독특한 존재 방식을 보여 준다. 이 때문에 인간 현존재는 늘 존재론적 심려Sorge로 존재한다. 세계를 보는 방식이 단순히 인식과 관찰의 대상으로 거리를 두고 바라보는 것이 아니라 친밀감이 바탕이 된 '마음 씀'의 방식인 것이다. 그리하여 사물들이 먼저 우리에게 의미 있게 다가오는 하나의 세계 속에서 우리는 살고 있다. 어떤 종류이든 전체에 대한 의미가 그렇게 구성된 것처럼 보이는 부분들을 선행한다. 하이데거의 견해는 일종의 전일주의holism, 즉 모든 사물들의 의미가 선행하며, 그것이 적절성의 포착을 가능하게 하거나 특수한 부분들의 얽힘을 가능하게 한다는 것이다.

사람들의 일상적 삶이 없다면 생활세계는 더 이상 존재하지 않을 것이다. 하지만 익숙하고 낯익은 일상생활 공간에서 의미를 발견하기는 쉽지 않다. 인간 실존의 전일적 본성은 망각되고 가려진다. 익숙함과 낯익음에서 벗어나야만 일상생활 공간 속 의미 탐색을 위한 여정을 시작할 수 있다. 불안이라는 근본적인 기분 속에 들어가야 우리가 늘 대해 왔던 일상적 의미를 상실하면서 그 전과는 다른 전적인 타자로 비로소 경험하게 된다. 불안 속에서는 존재자 전체가 의미를 잃고 무의미의 심연 속으로 가라앉고 만다. 그 상태에서 일상생활 공간에 대한 근원적인 관심이 촉발되어 공간에 투영되어 있는 우리 삶의 양태를 섬세하게 살피고 성찰할 기회를 갖게 된다. 낯익은 이 공간을 낯설게 바라보면서 일상생활 공간이 갖고 있는 의미를 다시금 생각해 볼 필요가 있다.

오늘날 진행되고 있는 세계화의 현상은 말하자면 세계의 자본주의화이다. 즉 세계 그 자체가 하나의 생활권으로 유기체화하는 일련의 과정이며 자본주의의 생산과 소비가 전 지구화하는 과정인 것이다. 이런 세계화에 따른 위기를 일상생활에서의 공간의 불안정화 및 장소 상실, 한마디로 생활세계의 위기로 인식할 필요가 있다. 예컨대 르메이에르 종로타운은 종로구 청진동 116번지 외 78개 필지를 하나의 초대형 필지로 통합해 버렸다. 개발되기 전의 피맛골은 누구에게나 열린 길, 주변의 가치로 연결되는 길, 도시의 역사로 인도하는 길이었다. 하지만 고밀도 개발로 인해 도심 속 생활세계는 사라졌다. 실핏줄처럼 이어지면서 도시와 개인의 삶을 연결시켜 주고 개인과 개인의 삶을 구분하기도 하고 이어 주기도 하는 골목길. 도시 개발 자본의 희생양이 결국 골목길이다.

얼마 전까지도 생활세계는 사람들이 지인들뿐 아니라 생판 모르는 낯선 사람들도 일상적으로 마주치도록 자연스럽게 유도했다. 매일 길모퉁이 공터나 공원에서 산책을 하면서 다른 사람들과 얘기를 나누며 사귀었을 뿐만 아니라 정보를 교환하고 교역도 했었다. 하지만 현대 도시들과 선진국들은 일종의 사회성 결핍에 시달리고 있다. 현대 도시에서는 공공 공간에 모이지 않아도 컴퓨터와 스마트폰 기술 덕분에 거의 모든 필요를 혼자서 해결할 수 있다. 따라서 현대의 인간관계의 해체 문제, 인간 소외, 도덕성 상실의 문제는 일정 부분 공간 문제로 해석해야 할 측면이 분명히 있다고 볼 수 있다. 거대한 자본과 국가의 힘은 물론이고 대면적인 인간관계에서 나타나는 미세한 권력에 이르기까지 우리의 생활양식을 규정하고 '식민화'하고 있다.

특히 '압축성장'으로 묘사되는 한국의 경제성장은 시·공간적인 삶의 경험에서도 그 어느 사회보다도 과격하고 급작스럽게 변해 왔다. 모든 일상적 생활은 산업화의 궤도에 맞추어야 했다. 국가 주도의 자본 축적을 통해 경제성장을 이룬 한국 사회의 도시공간에는 조악한 기능주의와 서구 건물의 모방, 전통과 자연에 대한 무자비한 파괴 등 그 근대화의 특징들이 그대로 투영되어 있다. 한국 사회의 도시 경험이 척박하고 숨 가쁜 것이었다면 더불어 사는 삶의 터전으로서 생활세계의 상像과 이념을 새롭게 논의해 볼만한 상황이라고 본다.

식민지와 전쟁, 경제성장과 정치의 혼돈이 남겨 준 것은 도덕적 개인과는 거리가 먼, 가족주의와 결합한 극도의 이기주의적이고 경제주의적인 개인들뿐이다. 우리를 온통 지배하고 있는 것은 '경제주의'이다. 그리고 집단의 규모가 커지면 커질수록 전체는 추상화되고 개인적 총화와 공동체적 의무가 불일치하며, 공적인 일에는 서로 방관하게 되는 것이 일반적인 추세이다. 이러한 상황이기에 생활세계에 관한 논의는 자아의 도덕적 역량이 타자와의 공동생활을 통해서 형성되어야 한다. 타자와의 공동체적 삶을 토대로 할 때 자기 자신뿐만 아니라 타인을 배려하는 것을 배우게 된다는 실존적이며 미시적인 수준에서 삶의 방식을 탐색하는 것이다.

생활세계 개념은 자아가 도덕적으로 뿌리를 내릴 수 있는 삶의 유형과 그 근거가 되는 공간 차원을 부각한다. 세계화라는 공간 확장에 따른 인간의 존재론적 위상과 사회의 위기를 조망하고 윤리적 담론을 공동체적 삶의 토대가 되는 공간적 차원에서 모색하고자 한다. 물론 이러한 문제 인식은 우리의 일상을 둘러싼 사회적 실재가 공간을 생산하지만, 또한 공간이 사회를 구조화하기도 한다는 '공간적 전환'의 추세를 반영한다. 물리적이고 구체적인 공간에 대한 논의가 빠질 경우 이 문제 인식은 추상적인 수준의 논의를 벗어나기 어렵게 된다.

사람들은 같은 공간을 공유하면서 함께 머물 때 각자의 생활이 겹쳐지고 그 가운데 같은 입장, 같은 생각, 같은 정서, 한마디로 공동체 감각을 익히게 된다. 국제화된 도시 서울에도 수많은 이방인들이 모여 산다. 이들의 삶은 도시 곳곳에 다양한 거주지를 형성했다. 방배동의 소래 마을에 프랑스인들의 주거문화가 자리 잡고, 동부 이촌동에 일본인들이 모여 살게 된 것은 오래전 일이다. 이들 이방인들이 살아가는 풍경은 낯섦을 하나의 문화적 언어로 삼아 공간 교류의 가능성을 열었다. 소래 마을의 빵집이나 와인 가게에 한국인의 발걸음이 잦고 정통 일본식 우동이나 생선회를 맛보기 위해 동부 이촌동을 찾게 되면서 서로에게 낯설었던 풍경은 공유 가능한 일상의 풍경이 되었다.

생활세계는 과학자들에 의해 구축된 사회가 아니라 의식을 지닌 주체들이 일상적 경험을 통해 상호 의미를 교환하는 전前과학의 세계이다. 현상학적 관점에 의하면 생활세계는 상호 주관성으로 구성된 세계이다. 일상생활 속에서 사람들의 경험 양식은 내부집단inner–circle의 빈번한 상호작용으로부터 매우 추상적이고 익명적인 상호작용에 이르기까지 매우 다양하며, 일상생활에서의 상호작용은 지속적인 유형화 typication 과정을 통해 이루어진다.

근대사회에서 공간은 '상호작용의 터전'으로서만 의미를 가지는 범주로서 나타난다. 오로지 상호작용 영역 안에서 공간의 중요성을 유지한다. 그러함에도 상호작용의 터전을 그저 물리적 차원이나 건축적 속성으로 환원할 수는 없다. 특정한 터전은 봉쇄된 시스템이 아니라 오히려 서로 교차하는 힘들이 만나는 일종의 그물 조직과 같다. 소통과 협력과 통제를 촉진하는 방향으로 공간을 이용함으로써 사람과 자원이 모인다. 공간에서의 상호작용은 당연히 육체적인 존재에 묶인다. 신체와 공간은 가시성의 질서에 속하며, 그 때문에 우리 스스로 신체와 공간을 문제가 되지 않는 당연한 것으로 전제하도록 호도한다.

　연대성은 사람들이 접촉한다고 해서 바로 나오지 않는다. 오히려 그것은 상호작용이 어떤 틀 안에서 이루어지느냐에 좌우된다. 이 틀을 만들어 주는 것이 바로 공간이다. 잘사는 외국인들 마을에는 우리가 찾아가는 발걸음이 잦지만 이주 노동자들 마을에는 그들의 바깥출입도 자유롭지 못한 것이 사실이다. 혜화동 주변에는 필리핀에서 온 이주 노동자들이 모여 산다. 이방인들이 함께 모여 산다는 것은 낯섦을 내부화하는 사회적 공간화 과정이다. 일요일 오후 대학로의 혜화동 성당에는 필리핀 이주 노동자들의 공동체에 의해 장터가 개설된다. 이곳뿐만 아니라 안산 이주 노동자 마을에서도 외국인과 내국인이 일주일에 한 번씩 동네 청소를 함께 함으로써 낯선 이방인의 관계를 함께하는 이웃의 관계로 바꾸어 나간다.

　이처럼 공간은 그 속에서 펼쳐지는 삶과 관련이 있다. 그것은 신체와 연관된 공간에 대한 탐구를 통해 접근할 수 있다. 여기에서의 공간은 더 일반적인 의미의 삶의 공간, 즉 인간이 자신의 삶을 펼칠 수 있는 가능성을 말한다. 또 이 공간에서 만남이 성사되는데 그 나름의 도덕적 행위가 이루어지고, 어떤 때는 그것이 영웅적 차원에 이르기도 한다. 사회학자 어빙 고프먼Erving Goffman은 만남을 정의하기를, "각 개인이 서로의 옆자리에 물리적으로 가까이 있을 때 생겨나는 사회적 유형의 배치"라고 했다. 다양한 사람들이 특정 유형의 장소들에서 서로 만나는 방법에는 그들이 자율성과 정체성, 그리고 타자와의 관계에 대한 감각을 형성하는 과정과 관련하여 중요한 함의가 있다. 이것은 생활세계에서 공통의 문제 대한 관심뿐만 아니라 더 나아가 구체적인 타자의 삶/생명에 대한 배려·관심에도 신경을 쓰게 하는 공공적 기능을 수행하게 한다.

존재의 깊이 경험, 전체의 세계

  '생활공간'이라는 말에서 뭔가 구체적인 것을 표상할 수 있지만, '세계 공간'이라고 할 경우에는 그 무한한 넓이와 계속 확장되는 범위 면에서 그 차원을 달리한다. 우리의 경험을 벗어나기 때문에 우리로서는 제대로 파악할 수 없는 듯하다. 특히 세계라는 말은 여러 가지 의미로 쓰인다. 예컨대 지구 전체를 뜻하는 '세계'에서 개인의 마음속 정신 '세계'에 이르기까지 다양하다. 세계는 우리 앞에 놓여 있어 바라다볼 수 있는 어떤 대상이 결코 아니다. 탄생과 죽음, 축복과 저주의 궤도가—하이데거의 표현에 따라 존재의 열린 장 속으로 밀어 놓고 있는 한, 세계는 비대상적인 것이며 우리는 그 안에 머무르게 된다. 세계는 세계화한다. 돌은 세계가 없다. 식물과 동물도 마찬가지로 세계를 갖고 있지 않다. 하지만 농촌 아낙네는 그녀 자신의 존재자의 열린 장 안에 머물고 있기 때문에 하나의 세계를 갖는다. 세계란 열려 있음이다. 세계는 스스로를 여는 것으로서 어떠한 폐쇄도 용납하지 않는다.

공간의 초월성

우리를 여름날 밤하늘에 장엄하게 펼쳐진 안드로메다의 성좌며 저토록 광대무변한 코스모스 안에서 인류가 공간에 대한 무한한 외경심을 느껴 온 이래, 무한의 의의는 그것이 전체성의 가장자리를 이룬다는 데 있다. 공간의 끝에는 무한이 있다. 그러면서 그것은 측정할 수 있는 공간을 초월한다. 무한으로 초월하는 감각적 세계의 전체를 보여 준다는 점에서 가장 뛰어난 예의 하나는 동양의 사원 건축이다. 동양의 사원은 그 자체를 두드러지게 하는 것보다는 그것이 커다란 자연 속에 있음을 느끼게 한다. 이 자연은 단순히 인간이 소유하는, 아직 개발되지 아니한 토지도 아니고 이용이나 놀이의 대상도 아니다. 자연은 모든 것을 포용하듯 사원을 감싸는 모태가 되기도 하고, 중층적인 산들의 조망을 통하여 무한으로 이어지는 무진성을 느끼게 하기도 한다.

탁 트인 하늘이나 맑은 하늘을 보고 느끼는 기쁨 역시 공간에 대한 경험에서 나오는 마음의 평화로움이라고 할 수 있다. 특히 트인 공간에 대한 느낌은 심미적인 의미를 가진 것이라고 할 수 있는데, 이처럼 바라보는 공간은 우리의 감각을 가득히 채워지게 하여 정신적 차원에 대한 느낌을 불러일으킨다. 자연에서 느끼는 절실한 마음, 그것을 말하는 좋은 시에 공감하는 것 역시 공간적 마음의 한 작은 발현이라고 할 수 있다. 고흐V. Van Gogh의 「별이 빛나는 밤」에서 볼 수 있는 빛과 어둠이 공존하는 오의娛義로 가득 찬 예술적 공간은 언제나 깊은 울림으로 다가와 일상 속에 함몰된 황량한 현대인의 마음에 긴 여운을 남긴다.

김우창에 따르면, 크게 느끼고 크게 알고 크게 표현하는 것은 큰 마음을 갖는 것이고, 이 큰 마음은 "선견, 인애, 무사공평한 진실에 대한 존중"을 포용하는 마음이다. 그러나 무엇보다도 그것은 자연의 냉엄한 기율을 통해 자신의 또 사람의 좁은 고통을 초월하는 전체—사람과 종족과 바위와 별들이 생성 소멸하는 가운데 온전하게 있는 유기적 전체의 조화를 아우르는 것을 배우는 마음이다.

우리는 모두 작은 규모로든 큰 규모로든 공간과 밀접하게 연결된다. 규모는 작을지라도 정원은 평화로운 곳, 도시 속에서 재창조된 작은 자연이며, 야생을 다듬어 격식을 차려 만든 공간이라고 할 수 있다. 정원은 유사 이래로 사람들에게 한숨 돌릴 수 있는 곳이 되어 주었다. 그와 반대로 둥근 사발 모양으로 골짜기를 이룬 곳에 어둠이 찾아오면 깜깜하고 고요한 진공상태의 우주 공간에 떠다니고 있는 지구의 이미지처럼 거창한 감각을 느끼는 경우도 있다.

이탈리아 베니스는 도시를 가로질러 흐르는 물길이 가장 먼저 떠오른다면 서울을 상징하는 대표 이미지는 아마 산이라고 할 수 있다. 우리 조상들은 일찍부터 산을 적극적으로 활용해 도시를 만들었다. 동작대교 북단에서 한강 남쪽을 보는 것도 마찬가지다. 국립서울현충원의 짙푸른 녹지와 원경으로 보이는 관악산의 거친 선이 가슴을 울리는 감동을 준다. 맑은 날 광화문 광장에서 손에 잡힐 듯 코앞으로 다가오는 백악산을 느껴 보는 것도 좋다. 서울이 산이 있어 그 존재감을 더해 간다면 도시 곳곳에서 산이 잘 보이도록, 산의 존재감이 잘 드러나도록 해야 할 것이다.

하늘 경관에서는 장엄함과 신비로운 규칙성이 있음을 느끼고, 숲에서는 친숙한 광대함 또는 어두운 영혼들 사이에서 길을 잃어 공포에 질린 존재의 확실성을 느낀다. 세계에 대하여 가지는 인간의 경외감과 성스러운 감정이 비로소 예술을 탄생시키는 것이다. 이때 예술적 형상과 그 심미적 감수성은 자연의 신성을 인간의 신성과 매개하는 역할을 하며, 인간과 자연이 하나의 신성으로 통해 있음을 깨닫게 한다.

깊이는 우리가 생각하는 것보다는 누구나 겪어본 적이 있는 긴밀한 현상이라고 할 수 있다. 골목을 빠져나와 강가로 나올 때, 산 너머로 펼쳐지는 해변 등에서 혹은 굽이진 언덕길을 올라 꼭대기에 다다랐을 때 뜻밖의 파노라마를 만난다면 누구나 가슴이 탁 트일 것이다. 그뿐만 아니라 산으로 둘러싸인 마을은 멀리 개천 아래쪽으로 골짜기가 열려 있을 뿐, 어두침침하고 좁다. 아름답다기보다 생명력 넘치는, 어머니 품같이 아늑한 풍경이다. 바깥에서 바라보고 정확한 형태를 파악하는 것이 아니라 안에서부터 청각·미각·촉각 등 시각을 제외한 감각을 총동원하여 느끼는 풍경, 즉 태내경胎內景이다.

광대한 숲과 천체의 장엄함 그리고 대규모의 개방적인 대초원에 대한 원초적 장소 경험, 홀로 선 나무에서는 신과의 연결 등 그때마다 각각 느끼고 유발되는 감정의 상태─그것은 자연이 주는 초월적 경외감과 같은 깊이에 대한 체험이라고 할 수 있다. 티베트에서 사선을 넘나드는 성지순례지가 성산 카일라스이다. 카일라스는 해발 6,714미터의 잘생긴 외모를 가진 명산이다. 중국에서는 '곤륜산'이라 부르고, 우리에게는 불교의 중심인 '수미산'으로 널리 알려진 산이 바로 카일라스다. 티베탄들이 보기에는 닦아도 닦아도 마르지 않는 붉은 햇살이 성산 카일라스에 비추면 세상은 온통 부처의 가르침과 삼라만상의 기운으로 가득 찬다. 높은 산의 정기만큼 큰 그림자를 가진 카일라스를 먼 곳에서부터 보기 시작하면 불안했던 호흡은 이상스러울 만큼 안정되고 마음은 엄마의 품에 안긴 것처럼 한없이 평온해진다.

깊이의 생태학

우리의 삶은 자연적 세계에서 원초적이고 생생한 지각을 경험하지만 문화적 세계에서는 타자와 관계를 형성하는 등 또 다른 깊이 있는 세계가 만들어진다. 인간과 세계를 이해하기 위한 가장 근원적인 것에는 '지각'이 있다. 감각기관을 통해 대상을 의식하는 지각은 세계와 최초로 만난다. 지각으로 만나는 대상에 대한 의미는 상황의 변화에 따라 새로운 구조를 만들면서 내용이나 뜻을 분명히 드러내 보이며, 자기 의사를 겉으로 드러내지 않았던 의미들이 바뀌고 깨지고 재결합하는 과정을 거쳐 지각에 나타난다. 메를로퐁티에 따르면, "세계는 지각을 통해 우리 몸과 교섭하고 지각된 세계는 하나의 살로 이뤄진 공간이자 깊이가 된다. 부피를 가진 몸은 그 자체로 공간이고 세계"라고 했다.

인간은 세계 내의 신체적 존재이다. 산이, 바람이 물이 스며 있지 않은 나를 생각할 수 없듯이 내가 스며 있지 않은 구름을, 너를, 재료를 생각할 수 없다. 메를로퐁티는 질감, 빛, 색, 깊이가 우리 앞에 존재할 수 있는 이유는 이것들이 우리 몸 안에서 반향을 불러일으키기 때문이요, 우리 몸이 이것들을 환영하기 때문이라고 할 수 있다. 과학은 대상으로 일반화—모든 사상을 기술로 변형시키는 과학의 거침없는 태도는 우리가 감각을 그냥 지나치게 만든다. 우리 몸 자체는 정보 기계에 지나지 않는다. 효율성을 뺀 나머지 감각들을 잃게 만들므로 우리는 감각으로 다시 돌아가야 한다.

공간과 함께 중요한 논의는 공간과 세계에 대한 최초의 경험을 본래 상태로 되찾아 주게 하는 '깊이profondeur'에 대한 지각이다. 깊이는 어떤 것을 배경으로 숨기도록 허용하여 보이거나 들리는 것을 다른 시각이나 다른 소리와 공존하도록 만든다. 또한 깊이는 '드러나지 않고 속에 잠겨 있거나 숨어 있음'이다. 메를로퐁티는 깊이와 넓이를 구분한다. 그에 따르면, 넓이는 내가 그 속에 개입되지 않은 상태에서 그저 앞에 전개하여 있는 것으로 주어지는 것이고, 깊이는 내가 이미 그 속에 들어가 있어 나를 포함해서 둘러싸고 있는 것임을 말한다는 것이다. 그래서 넓이는 사물들 간의 관계를 나타내는 데 적합하고, 깊이는 사물들과 나 사이에 풀 수 없는 끈이 있음을, 즉 주체와 대상이 원리상 이분법적으로 끊어질 수 있는 것이 아님을 알려 주는 비밀을 간직하고 있다고 한다. 퐁티에 의하면 깊이는 대상이 본래부터 지니고 있는 특유한 것이 아니라 우리 지각에 속하는 지각경험이자 몸으로 체험된 경험이라는 의미에서 '가장 실존적 차원'이라고 말한다.

김우창에 따르면, 오늘의 삶에서 우리가 잃어버린 것은 일체의 깊이에 대한 감각이다. 기존의 지리학자들은 공간을 자연적 조건에서 일차적으로 가시적이고 물질적인 대상의 배열로 인식하였기 때문이다. 풍경이란 것도 시각적 정경만 가리키는 것이 아니다. 말할 것도 없이 풍경은 시선의 끝에서 생성되지만, 동시에 그것은 몸을 감싸 오는 공간의 느낌이나 안심감 혹은 인간의 행동을 받아들이는 공간의 저항감 등, 다시 말해서 풍경의 생존 감각과 결부돼 있다.

풍경을 만진다고 하는 것, 다시 말해서 시선의 끝은 촉각의 상상력을 지니고 있다. 풍경은 피부로 보는 것이다. 생존 감각의 풍경에는 감각을 증폭하여 그 깊이를 더해 간다. 그것은 자연과 교섭할 때, 자연이 준 기쁨으로 인해 고양된 감각에서 일어나는 교묘한 성과이다. 이것은 일종의 미적 경험이다. 듀이는 경험이란 환경과의 상호작용이며 따라서 미적 경험도 생명체와 환경과의 상호작용의 가장 근본적인 형식이라 할 수 있다. 즉, "이러한 환경과의 생물적 교섭이야말로 미적 경험의 맹아이다." 오늘날 자연지리학은 자신의 연구 대상을 대체로 자연 과학적으로 기술한다. 그러므로 당연하게도 깊이라는 관념은 지리학 내에서 사라지고 만다.

오늘날 우리가 처하고 있는 생태학의 위기, 또는 더 좁혀서 환경의 위기도 이러한 깊이의 상실에 연루되어 있다. 존재론적 지리학의 차원에서 깊이를 다루려면 '깊이의 생태학'을 참고할 필요가 있다. 깊이의 생태학은 적어도 세계와 인간의 생존에 상실된 것이 있다는 것을 지적하는 점만으로도 매우 중요한 기능을 수행한다고 할 것이다.

깊이의 생태학deep ecology이란 말을 최초로 쓴 것은 노르웨이의 철학자 아르네 네스Arne Naess라고 한다. 그는 자연이 인간존재에 대하여 갖는 핵심적 의미를 강조했을 뿐만 아니라 생태계 보존 운동에 참여한 활동가였다. '유기체로서의 자연' 개념을 적극적으로 받아들여 탄생한 현대 생태학이 깊이의 생태학이다. 자연 스스로가 하나의 거대한 유기 생명체이기 때문에 이것의 위기는 구성 요소 사이의 상호 관계를 종합적이고 유기적으로 고민할 때에만 해결할 수 있다. 깊이의 생태학은 생태계와 환경의 위기에 처하여, 그 대책으로 경제학이나 과학기술의 대책이 불충분함을 지적하거나 그것을 배격해야 한다는 의미를 담고 있다.

그와 동시에 인간의 자연에 대한 관계를 근본적으로 재정립할 필요가 있음을 주장한다. 예를 들어 주어진 지구 공간에서 지구와 자연과 인간의 법칙과 목적, 나아가 공간과 민족의 참된 운명을 인식하도록 하는 것이다. 그리하여 기술적 대처 방안이 아니라 근본적인 태도의 전환을 통하여 삶의 방식 전부를 자연 착취적인 것으로부터 자연 친화적인 것으로 바꾸어야 한다고 말하는 것이다. 이런 태도는 환경과 생태에 대해 완전히 새로운 발상의 전환을 요구하는데, 이를 '깊이'라는 개념으로 정의할 수 있다. 깊이의 생태학에서 깊이라는 말은 하나의 비유이다. 깊이의 생태학은 오늘의 과학 기술적이고 정치 경제적인 언어가 지나치게 삶과 세계의 표면적인 현상만을 말하는 것이라고 느낀다. 이것은 오늘의 삶의 위기에 대하여 보다 깊은 성찰을 독려한다.

네스는 '깊이'라는 용어의 뜻을 "환경문제에 관해 보다도 깊고 더욱 기본적인 질문에 계속해서 근원적 해결책에 도달하는 전략"으로 정의한다. 그것은 결국 자신들의 삶과 삶의 터전을 해석하여 이해하고 이를 바탕으로 하여 보다 살기 좋은 삶의 터전을 만들 수 있는 실제적 능력, 혹은 그것을 바라볼 수 있는 안목, 사고력 등을 기르게 한다. 이것을 실존적 지리existential geography라 할 수 있다. 그것은 오히려 인간의 생활양식과 문화가 구체적이고 생태적인 공간의 본질에 창조적으로 적응할 때 성립한다고 볼 수 있다. 자신의 땅에서 그러한 균형을 이루고 인간과 공간의 조화로운 삶을 살아가는 사람들은 모두 저만의 개성적인 방식으로 보편적 이상을 실현하고 있다. 물론 이 과정은, 역사가 보여 주듯이, 자연의 파괴로 인해 잘못되거나 늦춰질 수도 있었다.

중요한 것은 환경의식이다. 목표는 이 의식을 통해서 새로운 인간의 삶의 방식, 자연과의 일체감 속에서 새로운 삶의 방식을 만들어 내는 것이다. 자연 속의 자기 발견이 중요한 자아실현의 기초라고 설파하고 있는데, 여기에서 실현되는 자아는 세간적인 의미에서의 자아가 아니라 자연에서 주어진 본래의 자아를 발견하고 실현하는 것이다. 깊이의 생태학이 제안하는 삶의 방식은 전통적으로 철학자나 구도자나 시인이 목표로 하던 자연 속에서의 삶을 전체적인 삶의 방식으로 확장하는 것을 통하여 이루어진다. 자연을 가까이 알고 인간 자신의 내면에 친숙해지는 관찰과 명상, 시적·철학적 경지에 이르는 것이 깊이의 생태학에 이르는 기본이다. 김우창에 따르면, 결국 네스의 의도는 환경이나 생태계의 문제를 생존의 필요라는 현실 목적과 관계없이, 보다도 깊은 의미에서의 자연 의식이나 인간 존재의 의식을 깨우려는 철학 그리고 사회 운동에 연결하려는 경우가 있다는 것을 말하려는 것이다.

깊이는 우선 물리적 현상이다. 깊은 바다가 있고, 보통의 공간에서도, 지각 연구자들이 말하는 깊이의 공간 지각이 있다. 그러면서 그것은 주관적인 현상이 아니다. 깊은 바다나 깊은 골짜기, 우주 공간의 깊이와 마찬가지로 우리가 일상적으로 일컫는 생각이 깊은 사람이라고 하는 것도 반드시 비유적인 의미만을 갖는 것은 아니다. 깊은 생각은 주관적인 기분이나 평가를 넘어서 세계와 인간 존재의 근원적 현상에 관한 중요한 진실을 담고 있는 생각을 말한다. 그러나 깊이는 외부 세계의 현상임에도 불구하고 완전히 객관적으로 파악된 물리적 세계에 깊이는 존재하지 아니한다. 그것은 그 자체로 존재하는 것이라기보다는 나와 내 앞에 펼쳐지는 세계와의 불가분의 관계에서 생겨나는 것이다.

그러면서 그것은 주관적 현상은 아니다. 풍경의 깊이감과 같은 것은 객관적인 존재와 인간의 심리가 만나는 곳에서 생겨나는 일종의 수수께끼이다. 다르게 표현하면 혼돈 속에서 '형체(자태)'가 탄생하는 사건을 말하는 것이다. 그리고 그 '형체'의 출현과 함께, 공간의 깊이가 발생한다. 그것은 정말로 우연적인 체험으로 일어난다. 이렇게 우연히 일어난 현상에서 인간은 의미를 찾아낸다.

건축공간과 존재의 깊이

　인간 실존에 드러나는 경험의 관점에서 깊이는 가장 원초적인 현실이다. 메를로퐁티에 따르면, 깊이는 "모든 차원 가운데 가장 실존적인 차원"으로서 그것은 "사물과 나 사이에 존재하는 끊을 수 없는 사슬"을 보여 준다는 것이다. 깊이의 중요한 속성은 그것이 대체로 정서적인 감흥을 수반한다는 것이다. 단순한 차원에서 그것은 물리적 현상에 따르는 한 느낌이다.

　사람은 깊은 곳에서 공포를 느낀다. 그러면서 다른 한편으로 우리는 정신적인 깊이를 나타내는 것 앞에서도 비슷한 외포감을 느낀다. 그리하여 구체적인 대상이 없는 곳에서 느끼는 것은, 실존주의자들이 말하는, "으슥한 느낌", 우리의 실존과 세계가 나오는 근원적인 어떤 것에 대한 예감이라고 말할 수 있다. 깊이는 실존의 느낌이다. 이러한 존재의 깊이에 관한 느낌은 현실적인 의미가 있다. 존재의 깊이에 대한 우리의 느낌은 사람 삶의 전체적인 조건을 감지하게 하는 기능이 있다.

　인간 존재의 깊이에 관한 비밀을 숨겨서 가지고 있는 가장 분명한 물리적 기초는 공간의 역사役事이다. 건축의 공간적 역사는 인간 존재의 근원적 공간성의 부름에 응하는 것일 수 있다. 건축물은 땅과 하늘과 물과 바람과 나무와 사람이 만든 구조물로 서 있다. 이렇듯 건축물은 자연과 사람이 만남으로써 이루어진 환경에 놓인다. 동시에 환경을 만들기도 한다. 건축물이 새로 들어서면 이전과는 또 다른 새로운 환경이 조성되기 때문이다.

　종교학자 엘리아데는 "사람이 사는 집은 하나의 세계를 나타내는 모형이었다"라고 했다. 브리튼Briton 사람들의 위대한 정신이 담긴 구조물인 스톤헨지Stonehenge는 신석기시대의 가장 유명한 기념비다. 스톤헨지는 해와 달의 배치를 모방한 것이며, 하늘의 운행을 적은 달력이었다. 그것은 하늘에서 일어나는 사건과 땅에 사는 인간의 의식이 함께 어우러진 구조물이었고, 지붕이 없는 천문대였다. 건축은 인간의 존재가 펼쳐질 세계의 차원을 구분하고, 그것들이 잘 어우러질 수 있는 터를 여는 것이다.

우리는 무수한 건축물에 둘러싸여 살고 있다. 그리고 건축과 함께 살지만 진작 건축에는 그다지 관심이 없다. 우리는 건축물 안에서 태어나 일하며 생각하고 종국에는 그곳에서 죽는다. 따라서 건축이 포기할 수 없는 과제는 어떻게 하면 자연과 사회가 인간에게 자신의 존재 공간을 발견하는 의미 있는 질서가 될 수 있는가 하는 관점에서 세계를 해석해 내는 일이다. 지리학자 이푸 투안Yi-Fu Tuan은 "건축하는 것은 원시의 무질서 속에서 하나의 세계를 수립하는 종교적 행위이다"라고 했다.

건축물은 정해진 기능을 갖도록 특정한 구조로 지어진다. 기계도 기능을 갖고 구조를 갖는다는 점에서 건축과 같다고 볼 수 있지만 다른 점도 있다. 건축은 환경 안에 놓이고, 환경을 형성하며, 환경과 대화한다. 빛과도 만나고 벽돌과도 만나며, 창가와 창밖의 다른 구조물이나 자연과도 늘 만나는 관계 속에 있다. 돌과 강철은 인간의 육체보다 수명이 길다. 세월이 흐르는 동안 건축은 그 안에서 일어난 사건들 또는 그 안에서 생활했던 사람들과 공명하면서 고풍스러운 멋을 획득하게 된다. 고대 그리스 극장은 돌로 만들어진 원형의 계단 좌석과 무대의 자취가 여전히 남아 있어서, 이곳에 극이 있었고, 노래를 불렀으며, 사람들이 모여 웃고 울고, 자신들이 한곳에 모여 있음을 기뻐했을 것이다. 비록 온전한 형태를 잃은 채 돌덩이와 구멍만이 남았을지라도, 오랜 시간이 지난 지금까지 그 시대를 전해 주고 표현해 줄 수 있는 것은 오직 건축물밖에 없다.

이푸 투안은 "위대한 도시는 돌로 만든 구축이자 말로 만든 구축으로 볼 수 있다"라고 말한 바 있다. "돌로 만든 구축"은 물질을 모아 구축하고 짓는 행위라면 "말로 만든 구축"은 "왜?"에 대한 대답이다. 이집트 신전의 거대한 벽면에는 그들의 종교와 역사가 기록되어 있다. 탑문의 부조는 파라오가 신들 앞에서 적을 무찌르는 장면이고, 신전 안 벽면에는 신들이 파라오에게 성수를 뿌리는 장면도 그렸다. 우리는 이것을 하나의 장식으로만 여기지만, 사실 이것이 바로 그들이 건축물을 지은 이유이고 "왜 짓는가?"에 대한 그들의 대답이었다.

그들에게 건축은 말이고 글이었다. 아마 그 옛날에도 집 짓는 사람은 이것저것 생각할 것이 많았던 모양이다. 집이 설 땅은 어떤 지형인지, 그 땅에 서 있는 어떤 나무 한 그루는 왜 남겨 두어야 하는지, 그 나무 그늘은 아이들이 공부하는 데 유익한 교실이 될 수 있는지, 학교가 될 집은 아이들이 공부하기 좋게 잘 짜여 있는지, 이 집은 공동체 안에서 어떻게 보일 것인지, 바람은 어디서 불어와 어디로 가는지, 목재를 어디서 구해 와 어떻게 짜서 기둥으로 세울 것인지를 계속 묻고 있는 것이 틀림없다.

건축은 환경을 가시화하고 상징화하고 모음으로써 환경을 통합된 전체가 되도록 한다. 환경에 놓이고 환경을 만드는 건축을 배우며 얻는 가장 큰 덕목은 주변의 사물을 나누어 보지 않는 것에 있다. 환경은 인위적인 경계로 구분되지 않는다. 개별주택·촌락·도시들은 내부와 주변에서 스스로 다양한 공간물을 모으는 건물의 작품들이며, 건물들은 인간과 친밀한 거주하는 경관으로 대지를 변모시키며, 동시에 장소는 광활한 하늘 아래 친근하게 거주하는 밀접도와 관계하고 있다.

세상과 어떠한 근본적인 관계성이 만들어졌을 때 풍경이 생기는 것이다. 그러면서 내가 세상에 더욱 깊게 박혀 있고, 접목되어 있음을 알게 된다.

풍경이 가진 고유의 특징은 나를 세상에 속하도록 만든다. 나를 더 이상 하나의 장소에만 연결시키는 것이 아니라('고장'에만 있도록 하는 것이 아니라), 세상 전체에 나를 연결시키는 것이다. 다시 말해 풍경 안에서 나는 세상을 만드는 것과 연결되는 것이다. 바로 이때 '풍경'이 만들어진다. 내가 지엽적인 종속(내가 있는 장소)에서 전체적인 소속으로 나아갈 때, 그리고 그러한 소속이 느껴질 때 말이다. 다소 괴리된 방식으로 세상을 구성하고 있는 인지된 대상들의 모습이 더 이상 보이지 않을 때, 그러면서 세상을 세상이게 만드는 것 또는 세상을 존재하는 것으로 만드는 것이 이 세상에 드러날 때, 바로 이때 풍경의 존재 깊이[21]가 출현하는 것이다.

---

21. 풍경의 존재 깊이는 풍경의 요소를 의인화하는 것도, 나를 그들 안에 '투영하는' 것도 아니고, 나의 주관성을 사물에 빌려주는 것도, 생명이 없는 것에 생명을 불어넣는 것도 아니다. 이 모든 작업들은 그 주체가 아직 주인이 되고 싶어 하는 경우로, 단지 그에 이르기 위한 편리한 방법들일 뿐이다. 그런데 풍경의 존재 깊이에 대한 체험으로의 변환은 실제로 일어난다. 고장이 풍경이 되어 갈 때 그 풍경 속에서 이해한 것이 내 눈에 비로소 별것 아닌 것처럼 보이는 것이 아니라, 나에게 신호를 보내면서―흔히 하는 표현을 빌려 쓰자면―"나에게 말을 걸고", "나를 건드리기" 시작하는 것이다. 풍경의 존재 깊이를 경험하는 것이 철학적으로 흥미로운 것은 바로 다음과 같은 것이다. 우리가 세상과 맺고 있는 더욱 근본적인 관계, 세상과 나의 보통의 관계가 흐릿하게 만들어 놓는, 그래서 내가 끝내 알지 못했을 수도 있는 근본적인 관계를 발견하도록 만들어 준다. 그리하여 풍경을 통해, 풍경 속에서 나를 발견하게 되는 암묵적 합의의 관계를 통해, 나는 한 층 더 근원적인 세상과 교감을 되찾는다. 프랑수아 줄리앙(2016), 김설아 옮김, 『풍경에 대하여』, 아모르문디, 211~213쪽 참고.

5

삶의 현장과 정치

마음과 기억의 공간, 현장

　우리는 공간적 존재다. 몸이 있고 그 몸을 움직이면서 본다. 그렇게 공간에 구체적으로 위치하고 삶의 순간들을 살아 낸다. 이때 사람이 하는 일에는 마음이 끼어들기 마련이다. 내가 누군가에게 꽃 한 송이를 선사하려고 한다고 하자. 그때 나의 목적은 분명 그 꽃의 전달이 아니라 그 이면의 마음, 즉 관심이나 호감의 전달인 것이다. 그리고 상대방에 대해 내가 기대하는 것도 그가 단순히 나로부터 꽃을 받아 드는 것이 아니라 그 꽃 너머의 나의 마음을 알아주는 것이다.

　그러므로 구체적으로 눈앞에서 전하고 있는 것은 한 송이 꽃이지만, 상대에게 전달되기를 기대하는 것은 꽃이 아니라 마음이다. 즉 보여 주고자 하는 출발점도 이미 있는 마음이고, 상대의 시선에 의해 되돌아오고자 하는 목적점도 역시 그 마음이다. 다른 사람과 소통하고 세상을 인식하는데, 설사 그것을 의식하지 않고 있더라도 마음의 중개가 이루어지고 있다. 여기에서 마음이란 것은 어떤 객관적인 실체를 말하는 것은 아니다. 그것은 무엇보다도 활동이다.

체화된 마음

이제 검토되어야만 하는 것은 마음 그 자체이다. 마음은 심리학적 차원의 것인가, 아닌가? 모든 살아 있는 것처럼, 마음의 지속 상태는 서로 아무렇게나 흩어져서 분산되어 있지 않다. 사실 이 원리 자체가 무엇인지에 대해 우리에게 명확하게 알려진 바는 아무것도 없다. 바쁜 일상을 떠나서 오랜만에 휴양지에서 시간을 즐기다 보면, 나도 모르게 즐기는 자신을 느끼게 된다. 마음은 그 자체가 어떤 실행을 통하여 어떤 성격의 체험의 질을 산출한다고 할 수 있다. 이것은 인지가 주어진 세계에 대한 이미 완성된 마음의 표상이 아니라, 세계 내에서 한 존재가 수행하는 다양한 행위의 역사적 기반을 두고 마음과 세계가 함께 만들어 내는 것이다. 바렐라Francisco Varela에 따르면 마음으로 하여금 세계를 구성하는 여행을 떠나도록 하는 '체화된 마음The embodied mind'에 이르렀을 때 가능할 것이다. 체화된 마음은 유기체의 감각능력이 자신의 환경과의 상호작용을 하는 몸을 통하여 유기체의 적응도를 높이게 한다. 요컨대 몸과 마음은 분리될 수 없는 것이며, 인지·정서·지능 등은 환경적 복잡성에 적절히 대처하게 한다.

우리가 미로 속에 들어갈 때, 자신의 온 신경·자신감·모든 감각은 순식간에 엄청난 중압감, 즉 스트레스 상태에 놓이게 된다. 미로의 어떤 점이 우리를 불안하게 만들고 스트레스 반응을 보이게 하는 걸까? 그것은 길을 찾는 데 가장 중요한 감각인 '시각', '청각'과 관련 있는 미로의 두 가지 특징 때문이다. 미로 속에서는 자기가 어디로 가고 있는지 볼 수 없고 자신을 이끌어 줄 만한 또렷한 소리도 들을 수 없다. 나아갈 방향을 선택해야 하는 지점이 많고 여러 갈래인 미로와 달리, 미궁은 들어가는 길과 나오는 길이 하나씩밖에 없다.

미로와 달리 미궁은 공포감이나 스트레스 반응을 불러일으키기는 커녕 오히려 마음을 차분하게 해 준다. 마음이 차분해지는 이유는 미궁에 들어가면 다른 생각을 할 수 없고 자기 앞에 있는 길과 내면의 생각에만 주의를 집중하게 되기 때문이다. 길을 따라 가노라면 걷는 속도가 느려진다. 이처럼 미궁에 들어가는 의식에는 본질적으로 사람의 마음을 가라앉히는 특성이 있다.

마음은 단지 "있는 것이 아니라", "자신을 형성하는 것"이다. 이 운동은 마음속에서 살아가고 소멸되는 삶의 부분들과 같이 만들어지고 해체되면서 생성 중에 있는 총체의 복합적 구조이다. 마음은 스스로 형성하는 것이다. 이를테면 화가가 어떤 장면을 볼 때는 텅 빈 마음을 지니고 보는 것이 아니다. 화가는 이전 경험의 결과로 갖게 된 마음의 총체를 배경으로 하여 당면한 사태를 보게 된다. 마음의 총체에는 오래전부터 형성된 능력이나 취향이 있으며, 최근의 경험을 통해서 갖게 된 마음의 동요도 들어 있다. 그가 어떤 장면을 대할 때는 빈 마음이 아니라, 무엇인가를 기대하며 간절히 원하는 마음으로 본다.

우리를 둘러싼 공간에서 우리는 그 공간을 형성할 뿐만 아니라 우리 자신을 형성하기도 한다. 지리·환경·건축 따위의 공간을 우리의 삶을 조건 짓는 외적 공간이라고 한다면, 마음과 기억의 공간은 우리가 공간을 감각으로만이 아니라 정신과 심리의 복합적인 작용으로 인지하는 내적 공간인 것이다. 내적 공간은 가능성의 공간으로서 삶을 확장하는 기능을 한다. 내적 공간은 외적 공간의 연장선상에 있다. 이때 공간이라는 것은 하나의 비유이지만, 공간은 절대적인 사실이기도 하다. 또한 마음의 공간은 목전의 사안으로부터 거리를 유지하는 데 필요하다. 이 거리 속에서 이해관계를 넘어선, 세상의 너그러움에 대한 느낌이 일어날 수 있다. 그것은 바로 바깥 공간은 내면과 중첩되면서 의미 있는 것이 된다고 할 수도 있다.

내면의 공간은 여러 개의 물건이나 사상事象을 하나로 놓기 위해서 필요한 공간이다. 여러 개가 놓인다는 것은 비교한다는 것을 말한다. 예를 들어 사물이나 사태에 A, B, C라는 세 종류가 있다고 할 때, 마음속의 공간을 지님으로써 A, B, C를 한 번에 보게 된다. 인간을 둘러싸고 있는 물적 환경과 공간은 처음부터 인간에게 의미 있는 것으로 존재하지 않는다.

인간은 이 환경을 기억하고 경험해 가면서 그것을 변형시키고 그곳과 특별한 관계를 형성해 나간다. 외적 공간은 기억으로 들어올 때 이미 관찰자와 해석자의 공간이 된다. 즉 공간은 자족적이지 않으며 하나의 기호적 사건으로 해석됨으로써 존재한다. 기억은 기호로 인해 생겨나는 기본적인 심리 기능의 변화, 즉 해석 행위를 잘 보여 준다. 공간은 엄연히 존재하지만 해석이 열릴 때 어떤 식으로든 변형된다. 공간은 해석 앞에서 안정된 의미구조가 아닌, 사건으로 떠오른다. 공간의 의미는 언제나 계속 이어지는 해석에 열리는 것이다.

모든 사람들이 사고의 기본 조건으로서 과거의 경험을 가지고 있다. 기억은 정서적이고 감각적이고 때로 객관적인, 과거 경험의 영역을 나타낸다. 기억은 단순한 경험의 창고가 아니라 역동적이다. 그것은 무의식중에 종종 경험을 형성하고 재형성한다. 기억에 남는 경험은 마음이 재범주화할 수 있으며 같은 경험을 몇 개의 범주로 재구성할 수도 있다. 기억에 남는 경험 속에서 여러 종류의 장소와 사건을 확인하게 된다.

다른 사람과 공유되지 않는 나만의 사소하고 시시콜콜한 기억은 내가 누구인지를 알아 가는 지름길 역할을 한다. 하지만 인간의 흔적 활동을 관찰할 수 있는 능력을 가진 사람이라면, 오늘의 이미지를 어딘가에 저장해 두었다가 내일 다시 불러낸다는 것이 있을 수 없는 일임을 잘 알 것이다. 기억을 통하여 우리의 의식에 다시 나타난다는 것은 예전의 이미지와는 다른 무엇이다. 기억한다는 것은 이미 여기에 존재하지 않는 무엇을 체험한다는 것이다. 나는 과거의 체험을 지금의 생활과 결합한다.

야구경기에서 어떤 팀이 지고 있으면서 9회 말 마지막 공격을 한다고 하자. 텔레비전은 관중석에서 응원하는 여성 팬이 한마음으로 기도하고 있는 듯한 모습을 비춘다. 물론 아무리 기도를 한다 해도 게임의 형세가 곧바로 바뀌지는 않을 것이다. 그렇지만 '마음이라도 전하자'라는 것인지, 혹은 '생각하면 실현된다'라는 관념이 우리에게 있기 때문이기도 하다. 이런 경우에 정신이 마음에 삶의 형태를 부여하는 운동을 하는 것을 알 수 있다.

정신의 기능은 마음에게 생기를 주는 것이며, 경험적 규정이라는 마음의 수동성 안에 이념이 가득한 운동을 일으키는 것이다. 때론 이상과 유사한 의미로 쓰이기도 하는 이념은 경험의 한계를 넘어서 있으면서 경험을 가능하게 하는 어떤 선험적이고 초월적인 것으로서 최고의 것이라는 메타포를 지닌다. 마음의 움직임은 매 순간 행위들 속에 의미를 지니게 한다. 그런 마음을 연마하여 구체적인 삶을 엮어 낼 때 이념의 역할을 깨닫게 된다. 이것이 정신의 기능이다.

마음의 생기를 주는 원리가 없다면 죽어 버린 마음을 만날 뿐이다. 정신은 마음에게 가능성의 자유를 열어 주며, 마음을 그것의 규정들로부터 벗어나게 하고, 마음에게 오직 마음 자신으로부터 유래하는 미래를 부여한다. "마음이 콩밭에 가 있다"는 속담이 있다. 이처럼 마음이란 물같이 유동적인 것이어서 어디론가 흘러가면 다른 곳으로는 흐를 수 없다. 정신은 마음의 잠재력을 끌어올리는 마중물이라고 볼 수 있다. 오직 마음이 그것의 현상적 규정들의 수동성에 고정되지 않고, 경험의 영역 차원에서 마음의 의식적 형성 노력을 주제화하는 이념의 노력에 의해 생기를 얻는다.

마음은 방향성 있는 흐름을 지니며, 마음 안의 어떤 것은 그 흐름을 마음에 가두지 않고 잠재적 총체 안에 투사한다. 이것은 정신의 존재, 그리고 그것과 함께 마음을 '할 수 있음'과 '해야만 함'의 열린 체계 속에 위치시킨다. 자식의 대학입시를 앞두고 절을 찾아가서 기도를 드리는 마음도 마찬가지다. 고대사회에서는 며칠이고 비가 내리지 않으면 기우제를 지냈고, 출산을 원할 때는 토우土偶를 만들었다. 기대하는 마음을 일종의 대리물로 만들었던 것인데, 그것은 어떤 힘을 가지고 있는 것으로 간주되었다. 그것의 이해하기 쉬운 예가 예禮와 부적符籍이다.

이러한 것은 단순한 염원만이 아니라 상대나 사태가 성공을 향해 가도록 동향을 만들려고 하는 마음가짐의 표현인 것이다.[22] 초월적 가상을 만들어 내는 이러한 활동을 통해 이념은 경험적 이성을 끝없는 진지한 노력 속으로 끌어들인다. 즉 경험 자체로부터 자신의 적용 범위를 부여받은 이상, 이념은 마음에게 더 멀리 나아가기 위한 운동을 부여함으로써 마음을 무한한 운동성으로 진입시킨다. 이것은 원초적으로 '길을 튼다는 것, 길을 준비한다는 것'에 비유할 수 있다.

---

22. 마음과 마음의 대상과의 관계를 적절하게 유지하면서 그것에서 마음의 유연한 움직임을 잊지 않는 것이 중요하다. 놀이나 판타지도 삶에서 필요한 것이고 심각한 의미를 부여하기도 한다. 그러나 중요한 것은 놀이를 놀이로 알고, 판타지도 판타지로 알고 해야 한다는 점이다. 그것이 현실을 대체할 수 있다고 생각하는 순간 마음의 유연한 움직임이 실종되어 버린다. 미국의 시인 월리스 스티븐스(Wallace Stevens)는 낭만주의를 비판하기를, 낭만주의의 문제는 그 자체에 있는 것이 아니라 그것이 낭만주의라는 것, 현실을 떠난 놀이라는 것을 모르는 데서 생긴다고 하였다. 졸저(2015), 『전체 안의 전체 사고 속의 사고』, 살림터, 107~108쪽 참고.

마음의 상상력과 기억력

이 세계는 개인들의 관여를 통하여 형성된다. 우리의 마음은 무언가를 구체적으로 지향하고 있다. 그것은 결코 단순한 표상들의 집합이 아니며, 무엇보다도 극히 다양한 형태로 나타나는 일정한 종류의 실천이다. 마음은 자신의 욕구와 감정에 대해 취사선택하고 이에 따라 행동한다. 선택을 수행하는 이 실천이야말로 마음의 경험적이고 구체적인 삶이 계속되게 한다. 마음의 구체적 삶은 자발적 활동에 의해 생기를 얻으며, 이 자발적 활동은 구체적인 삶을 자신 고유의 유희 속에서 작동시키는 위험에 끊임없이 빠뜨릴 수도 있다.

하지만 사람의 구체적인 상황은 현장적으로만 알 수 있다. 그 상황은 일반적인 관점만이 아니라 당사자의 입장에서 고려하는 것이라야 한다. 우리 각자는 무언가를 의식하기 이전에, 무언가를 지향하기 이전에 이미 혹은 벌써 세계와 관계를 맺고 있는 존재이다. 마음은 낯선 상황에서만 깨어나 작동한다. 거기에는 감각과 감정과 상상력이 개입된다. 이렇게 현장적 현실에 완전히 몰입한다고 해서 대상의 구체적 현실을 안다고 할 수는 없다.

타자를 이해하기 위해서는 그것을 자신의 의식 안에 끌어들이는 조작이 필요하다. 이것이 이루어지는 것은 감정이입 혹은 공감을 통한 일치이다. 그리하여 타인의 눈으로 세계를 볼 수 있게 된다. 흥미로운 것은 상상력이 타자와의 연관 속에서 이해되고, 운동과 변형의 의미를 내포하고 있다는 점이다. 바슐라르Gaston Bachelard에 의하면 상상력은 인간 본성의 주된 권능이다. 만일 상상력이 감각 실재에 대한 재생에 불과하다면, 인간은 불가피하게 그 실재의 틀 속에 갇힐 수밖에 없다. 다시 말해 인간은 자신을 둘러싼 감각 세계의 한계를 벗어날 수 없는 존재가 된다. 바슐라르는 상상력은 "본질적으로 열려 있고 가동적이며 생동적인" 정신임을 간파했다. 즉 원래의 이미지, 원래의 의미를 다른 방식으로 욕망하고 메타포로 표현하고 변형시키는 것이 바로 상상력이다. 이러한 상상력 개념을 바슐라르는 공간에 결부시키면서 인간의 존재론적인 문제로 논의를 확장시킨다.

타자 경험을 이해할 때 우리가 이르게 되는 통찰은 무엇일까? 자아와 타자의 관계 맺음은 어떤 우연이나 외적인 강요에 의한 것이 아니라 자아의 존재 방식에 의거한 자아의 내적 행위이다. 그러기에 자신 안에 들어온 타자 관점의 의미를 생각하는 것은 그것을 넓은 관련 속에서 살펴보아야 한다. 자아의 삶은 자기중심화 과정에서 발생하는 자아성과 탈중심화 과정에서 발생하는 타자성 사이의 갈등을 그 내면에서 뫼비우스의 띠처럼 유연하게 순환시키는 잠재력을 갖고 있으며, 그 잠재력을 발휘할 때만 현실적으로 존재한다.

이것을 위해서는 자아는 되돌아봄의 공간으로 구성되어야 한다. 되돌아봄의 공간은 세계를 살피는 공간이기도 한 것이다. 보다 더 넓은 의미에서 여러 가지를 되돌아보는 일을 포함한다. 그것은 자신의 마음 가운데 많은 것을 한꺼번에 볼 수 있는 공간을 만드는 일이다. 이 되돌아봄의 정신 활동은 서로 다른 계기들 사이를 이리저리 거닐며 사색하다가 그것들을 비교 연결하고, 그렇게 비교 연결한 것들을 다시금 비교하여 그것들을 공통적인 것, 이를테면 주어 등의 말로 재차 연결하는 판단 활동이다. 판단이 내려지면 그것은 되돌아봄의 반성 활동이 종결되었음을 의미한다. 이로써 서로 어긋나 있던 그 자리에 마침내 하나의 문장이 들어서게 된다. 그렇게 함으로써 결국은 자기가 착각과 오류에 불과하다고 생각하는 의견들에 대한 체험을 한눈으로 보게 한다. 이것은 삶의 진리를 찾는 데 하나의 필수적인 조건이다.

일반적으로 현대인들이 엄청나게 잃어버렸거나 혹은 적어도 쇠퇴해 버린 능력은 무엇보다도 기억력일 것이다. 이제 인간은 무엇이든지 스스로 기억해 두려고 하지 않고, 기계에 맡겨 버리기 때문이다. 그러나 한때 인간의 기억이 정보를 제공하는 최선의 수단이었던 적이 있다. 좋은 기억력은 지속과 집중을 요하는 전문적 소양의 일부였다. 보이지는 않아도 공들여 관리할 필요가 있었기에 온갖 종류의 기억술이 존재했다. 대부분의 기억술 연구서에서는 불필요한 수고를 덜기 위해 실재하는 친숙한 건물을 가상의 장소로 택하도록 권하고 있다. 그 결과 기억술은 고대 그리스·로마, 고딕, 르네상스 시대에 걸쳐 당대의 건축을 반영하는 거울이 되었다.

모리스 알박스Maurice Halbwachs가 선구적인 저작『집단 기억』에서 설명하기를, 과거를 다시 포착할 수 있는 유일한 방법은 과거가 우리의 물리적 환경들 속에 어떻게 보존되어 있는지를 이해하는 것이라고 했다. 한 시대에 획을 긋는 사건들은 종종 공간적 표시들로 기억되곤 한다. 베를린 장벽의 붕괴와 천안문 광장 사건, 바스티유 감옥의 함락 그리고 2002년 월드컵 4강 진출과 시청 앞 광장처럼 말이다. 그렇게 기억되는 이유는, 아마도 인간이 이미지로 생각하는 경향이 있고, 나아가 기억이 추상적 관념보다는 물질적 흔적들에 의해 가장 효과적으로 촉발하기 때문이 아닌가 한다.

기억에는 어떤 의식적인, 좀 더 정확히 말해 의도적인 실천이 필요하다. 기억한다는 행위는 뇌에 저장된 기억을 끄집어내는 단순 작업이 아니라, 매번 기억을 새롭게 재구성하는 수행적인 작업이다. 인간의 기억은 저장고에서 꺼내는 물건이 아니라 기억한다는 행위를 통해 끊임없이 재구성되는 능동적인 과정인 것이다. 때문에 기억은 끊임없이 변한다. 자신의 기억을 떠올리고 이리저리 맞추어 보며 자신과 끊임없는 대화를 하는 일이 필요하다. 여기서 '자신'이라는 것은 물론 일정한 공간에 위치한 존재다. 따라서 자신과의 대화는 일정한 공간과의 대화이다. 그리고 공간은 끊임없이 변화하고 기억에 남았다가 소멸되기를 반복하는 기억의 공간이다.

기억상실증에 걸린 사람을 생각해 보자. 그가 깨어나면서 "여기가 어디죠?"라고 묻는다. 자기가 누군지도 모르고 자기가 누워 있는 곳도 낯설다. 그렇기 때문에 그는 자신이 누구인지를 알기 위해 일상의 사소한 것이라도 기억해 내려 한다. 기억의 공간에서 내가 기억할 수 있는 어떤 단서도 놓치지 말아야 기억상실증에 걸리기 이전의 나로 돌아갈 수 있으며, 그러기 위해서는 끊임없이 기억의 공간을 탐색해야 한다. 나는 어디서 태어났으며, 몇 살이며, 무슨 일을 하고 있었는지 등등. 한편 과거의 경험은 우리의 존재를 늘 따라다니면서 동시에 우리가 미래를 상상하는 것을 돕는다. 자신이 태어난 곳, 자신이 다닌 학교, 친한 친구, 놀러 갔던 장소, 들렀던 가게, 가지고 놀았던 장난감 등에 대한 기억들은 자신이 어디에 던져졌는가에 따라 다르게 구성된다. 나와 남을 구별 짓고, 인간 개개인을 규정하는 것은 일상의 작고 사소한 기억들이다.

기억행위라는 것도 하나의 경험을 원래 형태대로 다시 끄집어내거나 재생산하는 과정이 아니라 새로운 기억으로 짜깁기하는 과정이다. 마음과 기억이 인식의 창고라는 공간적 은유로 표현된다면, 그것은 이 궤짝이 조심스럽게 만들어져야 한다는 것을 뜻한다. 가령 어렸을 때 장난하다 좁은 장 안에 오랫동안 갇힌 고통스러운 경험이 있는 사람이나, 무너진 건물에서 좁은 틈 사이에 끼여 오랜 시간 기다리다 구조된 고통스러운 경험이 있는 사람은, 닫힌 장소에 가면 숨이 막히고 가슴이 울렁거려 문을 열어 두어야 하는 증상을 보이는 경우가 많다. 흔히 폐소공포증이라고 하는 이 증상은, 고통스러운 경험이라는 트라우마에 기인한다. 이 경우 지워지지 않은 기억이 바로 닫힌 공간을 두려워하게 만드는 공포를 야기하는 것이다.

현재의 삶에서 세계를 구성하는 실천은 관심에 귀속된다. 관심은 개인의 개별적이고 주관적인 관여의 입장에서 이해된 사회적 관계망 속에, 개인이 실천적으로 얽혀 있음을 말한다. 이러한 관계들은 객관화되지 않는다. 관심을 하이데거적 맥락에서 본다면, 세계를 바라보는 방식이 단순히 인식과 관찰의 대상으로 거리를 두고 바라보는 것이 아니라 친밀감이 바탕이 된 정서적인 '신경 씀besorgen' 혹은 '염려sorgen'의 방식이라고 본다. 따라서 '관심을 갖는다'는 표현은 우리와 세계 간의 정서적 친밀감과 일체감을 상징적으로 표현하는 것이다. 관심은 심리적인 상태가 아니라 주체 속의 세계이다. 그 세계는 인간 현존재 자신의 가능성에 따른다면 실존적 구성틀을 근거 짓는 현장인 것이다.

현장이란 용어는 어떤 특정한 이론에 근거를 둔 가설적인 체계라기보다는 사태 중심적으로 사태를 있는 그대로 생생하게 드러내고자 한다. 이것은 고립된 상태로서 추상적으로 고찰하는 것이 아니라 이의 배경까지 고려하면서 총체적, 관계적으로 다루고자 하는 것이다. 하이데거의 현존재Dasein라는 표현에서 '현'에 해당하는 독일어 'da'는 바로 우리 인간이 어떤 특정한 상황에서 다양한 유형의 존재에 대해 열려 있는 상태를 지칭하는 표현이다. 결론적으로 현존재는 '현장에 있음'으로 번안이 가능하다고 본다.

인간은 주관과 객관이 분열하기 이전의 원상태에서 던져진 상황(정황) 안에서 현상들을 체험한다. 이렇게 하이데거는 인간의 근본 구조를 어떤 "상황(정황)에 처해 있음", "던져져 있음"이라 말한다. 현존재는 이러한 상황(정황)성 속에서 가능성으로서의 자신의 실존 및 세계에 대해서도 열려 있는 것이다. 현존재에서 'Da'의 거기는 열려 있음의 장이라는 뜻으로 받아들여 'Da'를 현장이라는 말로 사용해도 무방할 것 같다. 그렇게 함으로써 현존재의 철학적 의미를 좀 더 실제의 삶과 연관 지어 생각해 볼 수 있겠다.

현장을 실제로 경험하다 보면 현장의 경관이나 인물의 모습뿐만 아니라 공기도 냄새도 소음도 더위도 오관을 통해 덮쳐 오듯 모두 우리의 신체 안으로 밀려든다. 이것이 신체가 경험하는 현실이다. 다시 말해 경험의 세계는 특별히 이런 다양성이 존재한다는 점을 인정해야 할 것이다. 외부(대상)를 수용한다는 의미에서, 또한 '이 지각'을 '나의 지각'으로 여기는 반성 의식에 앞선다는 뜻이기도 하다. 이것은 주관적 형식이라는 틀을 벗어나 있기에 재현된 의미를 지향할 수 없다. 어떤 것을 실행하고 실현시킬 수 있다는 것을 뜻한다. 거기에서 하나의 능력을 갖게 된다. 그러므로 이곳에서는 새로운 일이 생길 수 있다. 이른바 뭔가를 새로 시작할 수 있는 것이다.

현장과 삶의 이성

생활세계를 현실로 되돌리는 것도 오관을 통한 감각이다. 바꿔 말하면 오관을 통한 감각은 신체를 통한 경험의 축적이고 신체에 근거한 상상력인 것이다. 물론 오관을 통해 지각하고 축적한 경험은 사람마다 다르다. 경험 세계의 내용도 사람마다 다르다. 그러나 그 경험 세계가 뿔뿔이 흩어져 있는 것도 아니다. 그 각각의 경험 세계에는 "흩어져 있으면서도 하나"라고 할 만한 공유된 경험이 있다. 이 속에서

'나'는 스스로를 내 자신의 바깥에 내어놓는다.

일상 속에서 살아가는 우리는 진정한 생각을 하지 않고 살아간다. 이미 습관에 젖은 생각들을 덧붙이는 데 익숙할 뿐, 새로운 것을 느끼지 못하며 살아간다. 차라리 의미의 너머 혹은 아래에 있는 실재를 직접 드러내는 삶의 흐름이 발생하는 곳이 바로 현장이다. 그래서 현장은 열려 있는 것이다. 이곳에서 무책임한 해석의 자유는 끼어들기 어렵다. 오히려 전 인격적 장 속에서야 현장성 그것을 직접 느낄 수 있다. 나름대로 외부를 전제할 때에만 성립한다는 것이며 이것은 어떤 보편적이고 익명적인 원천과 닿아 있다. 그리하여 개인이라는 테두리를 넘어선다. 이 느낌은 자아나 사물의 표면 아래 덮여 있던 '가장 오래된 경험'이 되살아나는 것이기도 하다.

현장은 공동체의 역사와 전통을 공유한 일종의 '기억의 장소'로서, 그 속에 존재하는 개인들은 자유와 권리만이 아니라 책임과 의무라는 씨줄과 날줄이 그물망처럼 엮어진 도덕 실천의 장소이다. 그리고 우리의 현재 삶에 '도덕의 소리'와 공동체의 정신을 들려주는 것은 바로 그 공동체의 기반이 되는 장소의 기억이다. 기억은 인간 문화의 심층에 자리하고 있음이 틀림없다. 그뿐만 아니라 인간의 문화적 행위나 하비투스와 밀접한 관련을 맺고 있어 인간 행위를 유발하는 동기로 작용한다.

이에 문화적 기억은 공식적인 기억으로 작용하면서 개인의 행위를 어느 정도 규정하고 있다. 이를테면 인간은 기억을 위해 산다고 해도 과언이 아닐 것이다. 기억은 도서관과 같다. 종목들은 코드 체계에 따라서 라벨이 붙여지고 저장된다. 라벨이 주어지면 회상이 일어나고 이와 함께 해당 종목이 찾아진다. 라벨이 붙여지지 않았거나 후에 망가졌거나 또는 그 종목이 잘못 정리되었다면, 그 종목은 잃어버리게 된다. 이처럼 기억은 공간으로 이루어지며 공간은 기억으로 존재한다. 공간적 구성 없이 기억은 없으며 기억 없이 공간적 구성은 없다. 그 구성이 허술하다든지 잘 정비되었다든지 할 수는 있지만, 어쨌든 그 러하다.

문화를 공유하는 집단 내부에서는 경험을 공유할 수 있다. 문화는 개인이 성장해 가면서 후천적으로 학습하여 습득해 가는 것으로 그 핵심은 문화가 공유하는 가치 체계 안에 개개의 사물·상황·행동을 위치시켜 이해해 가는 데 있다. 따라서 문화를 공유하는 집단은 경험 도 공유할 수 있다. 우리 마음이 결국은 하나의 세계를 공유하고 있 다는 사실 없이 마음과 마음의 교감이 성립할 수는 없을 것이다. 그렇 다면 나의 말이나 몸짓은 어떠해야 너의 가슴을 건드리는가? 너의 마 음을 움직일 수 있는가?

예컨대 우리가 소설을 읽을 때 어떤 알 수 없는 방식으로 우리의 주관은 소설 주인공의 주관, 더 나아가 작가의 주관과 일치한다. 그렇 게 하여 우리는 하나의 공동의 세계가 이루어지는 것을 확인한다. 나 의 세계와 공동의 세계가 교감이 이루어지는 구체적 매체로서의 어떤 사물이나 사건이 동시에 관여하여 비로소 교감을 하게 한다. 그러기 에 이 공동의 세계란 것이 따로 주어져 있다고 생각할 수는 없다. 그 것은 수시로 의미 공유 과정에서 스스로 구축되는 것이다.

현장은 제도·조직·사람·사물·자연 등이 연동하는 장소이자 삶을 구성하는 힘의 발생 영역이다. 하나의 삶이 이루어지려면 수많은 사 물의 도움이 있어야 하는데, 이렇게 하나의 삶을 위해 사물들을 불러 모으는 결합력이 곧 현장인 것이다. 현장은 이념을 둘러싸고 집결되 기도 하지만, 그것은 분명 물리적인 토대와 공간을 기반으로 하고 있 다. 현장을 구성하는 각각의 영역 혹은 분야들을 구별하여 던지는 물음은 정당화될 수 있다고 할지라도 이러한 구별을 고정하여 대상화해 버리는 것은 정당성이 없다.

우리는 문제가 발생하였을 때 '대답은 현장에 있다'라고 단언하면서 현장, 현장이라고 반복하여 강조하지만, 아무리 현장의 변혁을 말한다 해도 현장 스스로가 변하려고 하는 그 유동성을 잘 포착할 수 있을지가 승패를 가른다. 현장에 밀착하는 사고에서는 아무리 많은 시간이 지난다 해도 현장 사람들이 막연히 느끼는 정체된 것을 극복할 수 있는 돌파구를 마련하지 못한다는 문제점이 여전히 존재한다. 하지만 연구와 실천, 보편과 특수, 타자와 자신, 수동과 능동, 거시적인 것과 미시적인 것, 그러한 대립하는 것의 교착하는 차원에서 책임지고 임하며 대립하는 것의 사이를 왕래하게 된다. 현장에서 부딪히는 사안이 이렇게 대립을 이루는 양극을 함께 품으면서 모순적일수록 새롭고 놀라운 것을 구성하려는 해방된 자유정신이 감당할 몫은 커진다.

끊임없이 변화하는 현장의 역동성은 인간의 필요와 욕구도 끊임없이 새로운 것이 되게 한다. 필요한 것은 불가피하게 일어날 수밖에 없는 문제의 사태들과 제도를 이성적으로 조정하는 일이다. 그러나 말할 것도 없이 우리의 현장에도 마음대로 되지 않는 것이 너무나 많다. 우리가 현장에서 어떤 문제를 해결하고자 할 때 중요한 것은 이성의 생산적 능력이다. 현장에도 사람들 사이에서 행동하며 자신의 모습을 보여 주는 현실적 기능을 하면서도 이성을 탄생하게 하는 공적 공간의 역할이 필요하다. 현장에서 어떤 문제를 합리적으로 해결하려면 실제적 행위의 공리성에 대한 계산에서 해방됨으로써 가장 무사공평하고 선입견 없는 상태에 이를 수 있어야 한다. 그것은 일종의 실존적 자각이기에 자신이 서 있는 현장, 어느 현장에 확실하게 초점을 맞추어 움직이고 보고 생각하기 위함이다.

　다양한 현장을 경험하다 보면 활동하면서 생각할 수밖에 없다는 것을 알게 된다. 이것은 말하는 존재의 활동이며 지식이 풍부하고 박식한 화자의 활동이 아니라 일체의 화자가 하는 활동이 성취되는 곳이다. 인간의 음성 언어는 단순한 도구나 도구적 신호의 총체가 아니라 말로 하는 생각인 것이다. 그 활동은 말하다/사유하다의 특정한 방식으로 현장에서 공통적이고 눈에 잘 띄는 어떤 것으로 제시된다. 그리하여 사유의 활동이 지닌 고독한 성질 및 이것의 순수 사유라는 성질을 극복하게 되며 동시에 자신의 이성을 공적으로 사용하는 것은 항상 자유로워야 한다.

　현장은 개인의 목표와 욕망을 사회의 질서 및 안정과 연결한다. 푸코에 따르면, 사람은 권력과의 만남 속에서, 권력과의 갈등 속에서 삶의 최대한의 에너지를 발휘한다. 현장의 활동성은 자기통치의 역량을 가진 자아를 창출한다. 자기통치의 역량이란 자기 자아의 주재자가 되는 역량을 말한다. 즉, 스스로에게 기율을 부과한다. 이것은 바깥으로부터 행동의 규칙을 받아들이고 베끼는 것이 아니라 자기 스스로 규칙을 만들어 나가는 것이다. 스스로 선택한 '주체화'는 역시 본질적으로 투쟁을 내포하고 있으며 그 관계는 '투쟁적 관계'이다. 결국에 우리 자신에게 권력을 행사하는 것이다. 이것은 결국 주체성과 권력을 연결하는 것이다. 여기에는 정치적인 의미가 있다. 타율적인 사회제도에 저항한다는 것이다.

　현장은 자아를 실천의 영역으로 가져온다. 자아실현은 일종의 혁신으로서, 자신의 자아와의 관계를 통치할 수 있는 과업으로 전환한다. 자아실현은 더 이상 개인적이거나 사사로운 목표가 아니다. 결국 타율성에 저항하는 근거를 한 인간의 실존적인 자기 탐색에서 찾으며, 마침내 이것을 삶의 작품으로 연결하는 문제인 것이다. 현장에서 민주주의 통치는 주체성 스스로 인식하고, 분간하고, 다스리는 유능한 자아의 형성에 달려 있다. 유능한 자아는 개인과 자아의 관계 안에서 비롯하지만, 자아에만 한정되지 않고 개인과 더불어 사회의 민주적인 발전을 위한 토대가 된다. 우리 자신이 유능한 자아가 될수록 우리는 사회에 헌신할 수 있고, 사회문제의 비용을 줄일 수 있으며, "진정한" 민주주의를 가져올 수 있다.

인간 자유의 참모습은 세계를 문제로서 대할 수 있다는 데에서 드러난다. 자유로운 행동의 주체로서의 인간을 있는 그대로 보여 주고자 하는 곳도 현장이다. 이전부터 이상하다고 생각해 왔던 현장의 관행이 역시 윤리적으로나 사회 전체에서 보아도 잘못되었다는 것을 간파할 수 있어야 한다. 그것은 지금까지 상상도 하지 못했던 사물에 관한 생각을 하게 하며 발상의 근저까지 무너뜨릴 수 있다. 이 모든 것이 근본을 들추어내는 데 필요하고 또 우리의 나아갈 방향을 짚어 보는 데 필요한 것이다.

생각의 나태함은 굳어진 생각을 낳고 이것은 굳어진 말로 표현된다. 현장이 판에 박힌 말들로 타성을 갖게 되는 것은 그러한 것을 유지하는 것이 제 스스로에게 편리한 세력들에 의하여 조정되기 때문이다. 그런 풍토에서는 어느 누구에게도 행복한 자기실현을 줄 수 있는 현장은 찾아볼 수가 없다. 현장의 활동성과 공적 공간이 이성의 출처가 되는 것은 그 자율적 형식성으로 인한 것이다. 다시 말해 자립적으로 사고할 수 있는 이성의 생산력은 자유를 필요로 한다. 그리고 자유가 실천되는 장소가 바로 공적 공간인 것이다. 그것은 말하자면 역동적인 공간이면서 저절로 생겨나는 코리오그라피choreography에 의하여 이성은 심미적 형식성을 갖추게 되는 공간이다.

이것은 그 나름의 마음의 적극적 운동이라고 할 수 있다. 마음의 총체적 작용은 도구적 성격이 강한 이성이 아니라 형식적 균형을 강하게 의식하는 이성이다. 그저 바라보기만 해도 그 대상 형식으로부터 받는 느낌이자 단지 '마음에 든다'라고 말할 수 있을 뿐인 무관심의 만족에 기반을 둔 판단이다. 이것은 자유로운 토의와 타협과 설득의 과정을 통해서만 이루어질 수 있다. 다시 말해 한 사람 한 사람의 주관이나 감각에는 차이가 있지만 모든 사람에게 공통되는 주관이나 감각이 존재하는 상황이 생겨나는 것이다. 공적 공간에서 그것은 구성원들 사이에서 공통의 유대감을 창출하는 '악보'로서 제시된다. 그럼으로써 집단의 경험 세계를 확대해 나간다.

삶의 이성과 함께하는 현장에서의 판단의 향방은 미리 정해지는 것이 아니다. 판단의 향방이 미정 상태에 있다는 것은 모든 것이 불확실하여 알 수가 없다고 비관적으로 생각할 것은 아니다. 현장은 우리를 비록 불안정하게는 하지만 오히려 불확정적인 사태 자체가 구체적인 상황의 다양성과 예측 불가능성에 맞아 들어갈 만한 가능성을 열어 놓는 것이다. 즉 역동적 통찰력을 개발할 수 있는 새로운 장이 열리는 것이다. 따라서 참으로 현장의 상황에 맞는 실존적 판단이 가능하게 된다. 그러므로 삶의 이성은 다른 이차적인 목적에 봉사하는 것이 아니라 순수하게 사태 그 자체의 상황 속에서 움직이는 것이 된다. 그것은 세계의 설명에 대한 욕구이자 갈망이요, 세계와의 접촉을 가능하게 하는 의지이다. 그 이성으로 인해 보다 더 높은 자기실현의 가능성을 설정한다.

삶의 욕망과 활동적 삶

　살다 보면 생각도 항상 자기 마음대로 되는 것은 아니며, 대개 우리는 자신이 무엇을 원하는지도 잘 모른다. 일상의 습관들이 우리의 꿈을 가려 버릴 수도 있고, 삶이 고달픈 시기에는 스트레스 때문에 자기감정을 제대로 인지하지 못할 수도 있다. 더욱이 우리에게는 나날의 분투가 끝나면 돌아갈 수 있는 근거지로서 늘 변하지 않는 것과 습관적인 것이 필요하다. 일상생활은 당연히 여겨지는 만큼 평소에 별다른 관심의 영역이 되지 못하지만 그러기에 오히려 우리의 삶을 안정적으로 지속시키는 매우 견고한 생활공간이다. 그 공간에서 우리가 원하는 것을 찾을 수 있도록 내면의 어떤 욕구와 연결되는지 우리 의식을 집중하고 계속해서 상기할 필요가 있다.

　모든 사람의 삶은 자기가 가는 길 속에서 행해지는 그 자체로 존재론적 실험이라고 할 수 있다. 인간은 살아 있음의 존재론적 실험을 통해서 고양된 삶의 가능성을 모색할 수 있다. 그 실험을 현실 속에서 추구하는 것은 극히 어려운 일임에 틀림없다. 실험에서 각자가 살아 있음의 존재론적 추동을 끌어내야 함에도 우리가 처한 일상은 기본적으로 지루한 삶의 연속물이고 인간은 이 일상 공간을 함부로 떠날 수 없다. 권태와 피로를 느낄 때마다 이 일상을 벗어나려고 시도하지만 다시 되돌아와야만 한다. 일상에서 벗어나는 순간 '이방인'적 존재로

탈락하고 삶의 지반이 무너지는 듯한 두려움을 느끼기 때문이다.

스피노자의 자기보존 욕망

좋은 삶이 결코 안락한 삶이나 성공적인 삶일 필요는 없다. 좋은 삶이란 무엇보다도 잘 살아가는 삶이다. 대개 우리는 자신이 무엇을 원하는지도 잘 모르는 채 살아간다. 자기가 무엇을 원하는지 파악하는 것도 꽤 어려운 일이다. 사람은 자기 안에 있는 것 또는 자기 자신에게서 관찰한 것을 표현할 수 있어야 비로소 잘 살아가는 삶이 열린다고 할 수 있을 것이다. 피터 비에리Peter Bieri가 말하기를 "자신이 하는 일로써 자신을 표현하지 않는 사람은 자신이 어떤 사람인지 인식할 가능성 하나를 놓쳐 버린다"는 것이다. 잘 살아가려면 먼저 자신을 인식할 수 있어야 한다.

그러려면 인간은 자신의 고유한 존재로 되돌아와야 한다. 인간은 자기 포기를 통해 존재를 회복할 수 있는 것이 아니다. 만약 어린아이가 자신의 현 상태를 아끼지 않고 그것이 파괴되는 것을 두려워하지 않는다면, 그들이 무언가를 추구한다는 것은 불가능하다. 따라서 기초가 되는 원리는 자기보존의 욕구인 것이다. 자신을 잊는 것은 자신의 본성과 경향들에서 벗어나는 것이다. 그 반대로 인간은 자신의 본성을 전적으로 긍정하면서 존재를 회복할 수 있다. 키케로에 따르면, 이것으로부터 실제로 무엇이 선이라고 말해질 수 있는가가 인지되기 시작한다고 한다. 인간이 자신에게 '친근한 것'을 지키려는 노력으로부터 '정의' 개념이 생겨난다. "우리가 시민 공동체에 연합하는 것은 바로 본성에 의해서입니다. 이렇게 생각되지 않은 경우에는 정의나 양심의 여지는 전혀 없습니다." 인간의 부모와 자식 간에는 서로 사랑하는 것이 '본성'이며, 인간은 누구나 자기를 보존하려는 충동에 사로잡히는 것이 '본성'이다.

안경 렌즈깎이 철학자로 알려진 스피노자는 평생 독신으로 살았다. 33살에 『에티카』를 발표한 그도 역시 세상이 알고 있는 학문의 일체의 선입견으로부터 자신을 자유롭게 만들었다. 세상으로부터의 고립은 완전히 새로운 철학을 할 수 있는 새로운 세계로 그를 안내했다. 스피노자는 우리가 인간 본성의 전형에 접근할수록, 그만큼 자유와 행복도 커진다고 본 것이다. 그에 의하면, 영혼과 신체가 하나라는 원리에 따라, 모든 신체 활동 역량의 증가에 상응하여 영혼의 활동 역량도 증가한다. 영혼과 신체는 그것들이 적합한 원인일 때 다 같이 능동적이며, 부적합한 원인일 때 다 같이 수동적이다. 그러므로 능동성으로의 이행은 정서들의 삶에 대한 인식을 함축하는데, 바로 이 점이 스피노자 철학의 핵심이다.

정서들의 삶을 발생하게 하는 메커니즘은 세 가지가 있다. 욕망, 기쁨, 슬픔이 그것이다. 욕망, 이것은 자기 존재 안에 머무르고자 하는 경향이다. 기쁨, 이것은 우리 활동 역량의 증가이다. 슬픔, 이것은 우리 활동 역량의 감소이다. 그에 따르면 능동성, 이성, 자유, 행복, 기쁨, 자기완성은 불가분의 관계로 묶여 있으며, 마찬가지로 수동성, 불합리성, 속박, 슬픔, 무력감 그리고 인간의 본성에 반하는 성향들도 불가분의 관계로 묶여 있다. 스피노자는 욕망 존재론을 전개한다. 유한한 삶을 살아야 하는 인간에게는 자신의 존재를 유지하고자 하는 욕망이 개인의 존재 보존 성향을 가능케 하는 동력으로 작용한다. 즉, 욕망은 삶의 자기원인이다. 따라서 자기보존 욕망은 자기 능력이 미치는 한에서 최대한 자기 존재를 확장시키려는 노력이기도 한 것이다. 인간의 존재 보존 성향은 전적으로 삶의 욕망으로 구성되며, 바로 이 욕망이 그 내적 힘의 한도 내에서 욕망 대상까지 창출해 내는 것이다.

일상의 영향력은 대개 세월이 흐르면서 점점 더 커지고 세밀한 부분들에까지 깊이 스며든다. 그 와중에도 자신을 방해하고 괴롭히는 것이 무엇인지는 재빨리 알아차리지만, 그것을 제거하고 나면 대신 그 자리에 무엇을 채워야 할지 좀처럼 판단이 서지 않는다. 대개는 자기가 무엇을 원하는지 파악하는 것도 꽤 어려운 일이다. 그럼에도 불구하고 개인으로서의 인간은 전적으로 자율적이다. 그를 존재하게 하는 욕망은 욕망 그 자체에 의한 것이며, 이 욕망은 고대 희랍인들이 생각했던 것처럼 욕망을 부추기는 욕망 대상을 통해 규정하지 않고 스스로 창출하는 욕망 대상을 스스로 욕망하기 때문이다. 달리 말하면 욕망은 욕망 자체로 그 가치가 있는 것이지 그 추구 대상으로 가치가 있는 것이 아니다. 욕망은 그 욕망의 내부에 그 목적이 있는 것이지 욕망이 적용되는 대상들에 그 목적이 있는 것이 아니다.

그렇다면 인간은 어떻게 거짓된 삶에서 참된 삶으로 이행하는가? 그것은 자연스럽게 연속적인 변화를 통해 이루어진다. 이제 참된 삶은, 삶을 이끌어 주는 것은 자기보존 욕망의 발전이라는 사실을 인정해야 한다. 이성은 단지 욕망이 원하는 바를 실현하기 위해 작동하는 우리 영혼의 브레인brain이며, 감정은 욕망이 얼마나 성취되었는지를 나타내는 눈금에 해당할 뿐이다. 욕망이 실현되면 기쁨이, 또 욕망이 뜻을 이루지 못하면 슬픔이 찾아오며, 결국 그런 욕망의 성취가 감정으로 표현될 뿐이다.

이성은 욕망의 조력자이며, 감정은 욕망의 표현이다. 요컨대 욕망할수록 거짓된 삶에서 참된 삶으로 이행한다는 구도가 그려진다. 생명 활동을 하는 모든 존재는 살아가는 것 그 자체를 욕망한다. 스피노자 욕망 존재론의 장점은 삶에 관한 인류애적인 보편성에 호소하지 않고, 오히려 욕망이 만들어 놓는 국지적이고 지엽적인 영역에서 발생하는 미시적인 삶의 질에 주목하도록 한다. 이제 우리는 작은 변화 속에 더 큰 세상이 열리고 이미 작은 변화 속에 전체의 변화가 잉태되어 있다는 사실을 자각할 필요가 있다.

스피노자의 이론을 한마디로 요약한다면, 자신에 대해 "나는 나의 삶 자체이다"라고 말할 수 있다. 그 말은 인간의 본질은 그 삶의 존재 방식을 떠나서 달리 규정될 수 있는 것이 아니라, 바로 그 삶의 존재 방식 자체라는 것이다. 결국은 '내가 무엇을 원하는지'라는 살아가야 하는 이유에 대해 묻게 된다. 그런데 살아가는 이유는 자기 안에 있는 것이다. 스피노자는 그것을 삶의 내재성immanence이라고 한다. 내재성은 타자화된 외부가 자신의 내부적인 삶과 마음, 생활에 자기원인으로 들어와 있다는 의미이다. 그것은 타자와의 동일시가 아니다. 오히려 타자가 갖고 있는 생명과 활력으로서의 차이와 다양성을 만개시킬 잠재성으로 자신의 내재성을 이해하면서 공통성을 만들어 가는 과정이다. 중요한 것은 욕망과 관련하여 무엇이 자기 능력을 증대시키고 자유롭게 만드는지를 아는 데 있다. 스피노자의 내재성이라는 개념 속에는 외부에서의 마주침이 삶의 내재성을 풍부하게 만드는 소재인 것이다.

대다수의 사람들은 아주 작은, 구체적인 환경에서 살기 때문에 자신의 욕망 충족적 삶을 도모하기 마련이다. 욕망은 자기 능력의 표현이자 그 능력을 증대시키기 위한 노력이다. 스피노자의 욕망 존재론이 삶의 내재성에 따라 욕망을 창조적이고 능동적으로 표현하도록 유한한 지평을 가꾸어 가는 것이라면, 하이데거의 실존 역시 각자의 고유한 삶의 양식이라는 점에서 서로에게 맞닿아 있다고 볼 수 있다. 하이데거는 인간의 특수한 존재 방식을 가리켜서 '실존', 즉 인간은 '자신의 존재를 문제 삼을 수 있는 존재'라는 것이다. 자신의 존재를 문제 삼을 경우 그는 '인간 일반'은 왜 존재하는가라고 묻기보다는 '나'는 왜 존재하는가라고 묻는 것이다.[23] 그리하여 나는 스스로 내가 될 만한 것이 되도록 나를 만들고 싶은 것이다. 이때 "너는 누구냐?"가 아니라 "너는 뭐가 되려고 하는 거지?"라는 물음이 성립한다. 그것은 부단히 자기 자신으로부터 벗어나서 어떻게 존재할 것인가를 탐색한다.

스피노자의 능동성과 하이데거의 실존

그런데 세상은 마치 당연하게 주어진 것처럼 느껴지는 일상적 영역이다. 일상은 시시하고 잡다한 것으로 구성되어 있다. 너무나 시시하고 잡다해서 중요하게 생각되지 않는 것들로 말이다. 하이데거 식으로 말하여, 대체로 흐릿한 내용의 합의, 부질없는 잡담의 교류 속에 영위된다. 그런 일상 공간은 내가 누구이고 우리가 누구인지를 재현한다. 간혹 우리 자신에게도 혹은 남들 앞에서 "난 원래 그런 사람이야"라고 자조적인 말을 하기도 한다. '단지 원래 그렇다'는 일상에서 굳어진

---

23. 인간은 각자 각자의 '누구'이며 '보편적인 유(類)의 한 예'로 환원될 수 없는 존재다. 그런 각자의 존재는 자신의 현재의 삶의 방식을 문제 삼으면서 보다 이상적인 삶의 가능성을 추구할 수 있다. 그러한 실존은 인간에게 마치 사물처럼 완성품으로 주어지는 것이 아니라 선택되고 성취되어야 하는 것이다. 바로 그러한 존재 방식 자체인 실존은 그것이 강조하는 각자성과 유일회성 그리고 고유성이 개인의 수행에 의해서 비로소 얻어지는 것이라고 말할 수 있다. 말하자면 인간에게 그 존재에 있어 문제되는 존재는 바로 나 자신의 존재이므로 다음과 같은 물음이 성립한다. "우리 자신이 무엇이며 어떻게 존재하는 것인가?" 하이데거의 답변을 참고한다면, 그것은 인간이 자신의 존재를 자기 스스로 만들어 간다는 "존재 가능"을 뜻한다는 점에서 실존인 것이다. 실존이란 어떤 삶의 상태를 이르는 것이 아니라 치열하게 선택해 가는 삶이기에 어떤 삶으로 귀착될지 알 수 없는, 즉 지금 여기에서의 삶의 양식이다.

오해와 편견에 가려진 관계의 희생양일지 모른다. 이 역시 '원래'라는 말 뒤로 숨으려는 비겁함일 뿐이다. 세상 어디에도 '원래' 그런 사람은 없다. 단지 그가 맺어 온 관계에 의해 많은 영향을 받아 민감하고 연약한 사람들이 있을 뿐이다.

자본주의에 대한 마르크스의 전면적 비판도 자본주의 체제 안에서는 인간의 능동성이 마비된다는 것, 따라서 인류의 목표는 삶의 모든 분야에서 능동성을 회복함으로써 인간에게 완전한 인간성을 되돌려 주는 것이라는 생각에 뿌리를 두고 있다. 말하자면, 인간 본질이 개체적 인간 각자의 존재 방식에서 찾아져야 한다는 것이다. 근대의 인간이 자신을 독립된 개체로 인식하게 된 것은 그때까지의 공동사회가 붕괴되면서 생겨난 결과이다. 모든 개체는 새로이 태어나서 새로운 욕망과 필요에 따라 삶을 살아가고자 한다. 스피노자는 인간 고유의 개체적 존재 방식이 인간 본성의 능동성에서 기인한다고 보았다. 그것은 존재하고자 하는, 뿌리 깊이 타고난 욕구를 지니고 있다. 자신의 능력을 표출하려는 욕구, 활동하고자 하는 욕구, 타인과 관계를 맺으려는 욕구, 이기심의 감옥에서 빠져나가려는 욕구 등등.

스피노자는 어떤 영향을 주거나 받는다는 사실만으로 능동성 여부를 판별할 수 없다고 한다. 바로 이런 이유에서 스피노자에게 능동성이란 우리가 어떤 사건들 속에서 영향을 주느냐 받느냐와는 무관하고, 그 사건의 원인에 대한 명석 판명한 관념을 가졌는지 여부하고만 관계가 있을 뿐이다. 이와 달리 원인을 부분적으로만 인식할 때 우리는 수동적이다.[24] 구체적인 예를 들어 보자. 서핑을 자유롭게 즐기는 사람의 명석 판명한 관념은 그의 신체로부터 출발하여 파도라는 물체의 운동과 합치할 수 있는 공통되는 특성을 보다 더 많이 인식할 수 있는 것에서 나온다. 명석 판명한 관념은 신체와 물체의 교감 활동과 공통성 탐험을 통해서만 진정으로 획득될 수 있다. 가령 연장의 관념, 운동의 관념, 형태의 관념이 그렇다. 우리는 이것들로부터 출발하여 이성을 발달시킬 수 있다. 달리 말해 모든 사람은 이성적이지는 않으나 이성의 씨앗을 가지고 있다.

그렇다면 수동적인 상태를 능동적인 상황으로 바꾸기 위해 이성은 구체적으로 어떤 일을 하는 것일까? 이에 대해 스피노자는 주저 없이 다음과 같이 말한다. 이성을 통해 우리가 상황의 원인을 정확히 알아내고, 또 이를 통해 우리 스스로 상황을 이끌어 갈 새로운 원인이 되어야 한다는 것이다. 신체 활동의 능동성과 관념의 공통성 관계는 마치 물에 비친 하늘의 모습이라 할 수 있다. 바다는 바다로서, 하늘은 하늘로서 유지되지만 바다가 온몸으로 하늘을 품어 하나가 되듯이, 능동성과 공통성의 구현은 미美나 질서의 규칙성에 자신을 맡기거나, 자신에 의해 혼란에 빠질 수 있을지도 모를 체계의 외부에 있는 것이 아니다. 그 대신에, 개체는 자기 자신을 포함하지 않는 질서는 견고하지 못한 것이라고 선언하는 것에서부터 출발한다.

스피노자의 욕망 존재론에서 삶에 관한 탐구의 핵심은 '살아 있음'에 대한 경험이다. 그 경험은 자신의 삶을 형성적으로 생각하면서 충만한 삶을 살고 싶은 우리의 끊임없는 열망 속에 있다. 어느 곳이든 살아 있음은 그 자체의 내재성으로 인해 관계성과 공동성을 갖고 있어서 우리 자신의 실상과 필요는 물론 타인의 그것에도 반응을 보인

---

24. 원인에 대한 명석 판명한 인식은 사태에 대한 반성 태도나 관조적 분석이 아니며, 미래에 대한 예측이나 결정을 의미하지도 않는다. 그것은 외적 원인과 더불어 스스로 하나의 원인이 되는 실천을 수행함으로써 새로운 종류의 인과관계를 만들어 내려는, 즉 하나의 적극적 원인으로서 사건에 참여하려는 윤리적 제안이다. 그렇게 함으로써 인간은 자신의 내부에 자신의 모델을 가지고 있으며, 그의 본성과 함께 나타나는 존재 욕망과 행복의 필요성이 바로 인간의 모델 자체이다. 반면에 수동적인 것은 결과의 성공이나 실패와는 무관하다. 그것은 내부적 원인이 되려 하지 않는 것, 그럼으로써 스스로 사건을 구성하는 하나의 원인으로 작동시킬 수 없는 무능력을 뜻할 뿐이다. 이에 대해서는 고병권·이진경 지음(2008),『코뮨주의 선언』, 교양인, 297~301쪽 참고.

다. 그리하여 자기보존이라는 생물학적 현실은 덕에 이르게 된다. 우리 자신을 유지하고자 하는 양도할 수 없는 요구는 그 자체의 필요성에 따라서 다른 사람의 보존을 돕는다. 그 결과 우리 앞에는 우리가 상상하는 것보다 더 많은 가능성이 있다는 것을 이해하게 된다. 살아 있음의 윤리적 의미는 우리의 지평을 넓히기 위함이다. 그리하여 소통의 토대가 마련된다. 바로 여기에 인식과 존재의 문제를 실천의 문제로 변환시킨 스피노자 철학의 독특성이 숨어 있다.

인간은 태어날 때 자신과 독립적으로 존재하는 세상과 마주한다. 이 세상은 이미 만들어져서 하나의 주어진 세계로서 인간에게 나타난다. 우리가 스스로 지탱해 나가야 하고 그 자신의 생존능력을 시험할 곳은 이 세상이다. 하이데거는 이것을 '세계-내-있음'이라고 한다. 우리는 사람들 대부분이 선량하고 자신만만하고 성공적으로 보이는 세계에서 매일을 살아가고 있다고, 적어도 다른 사람들은 우리에게 그렇게 보인다. 그러나 그 사람들 자신도 만족감을 느끼는지, 혹은 그렇게 그럴듯한 외관을 유지하기 위해 어떤 대가를 치르고 있는지는 또 다른 문제다. 결국 중요한 것은 우리 스스로가 자신의 존재 가능성을 무엇으로 보고 그 가능성을 어떻게 미래로 던지며 그 가능성과 어떻게 관계 맺으면서 현재의 나를 바꾸어 나가는가 하는 데 있다. 이와 같이 인간의 '있음'은 그냥 여기에 있음이 아니라, 무언가 능동적으로 행위함이다. 그리하여 내가 나의 미래로 나를 던지면서 나를 실현해 낸다.

우리는 세계에 내던져졌을 뿐만 아니라 세계를 변경하는 가운데 세계를 알게 된다. 또한 인간의 있음은 타인과의 관계 맺음이고 자기 자신과 관계 맺음이다. 인간 실존은 현존재 누구에 방점을 두어 단순히 자아나 또는 주체와 동일시할 필요가 없다. 왜냐하면 세계를 만들어 갈 수 있다는 것이 바로 인간이 갖는 독특함이기 때문이다. 세계-내-

존재는 "처음부터 그리고 여전히 세계 없이는 결코 단순한 주체나 자아도 없다"는 점을 하이데거는 강조한다. "결국 똑같은 방식으로 타자들이 없는 고립된 '나'는 거의 존재할 수 없다." 하이데거는 세계성의 개념에 부연하면서 "세계가 늘 이미 다른 사람들과 공유하는 세계임을 덧붙이고 있다. 그래서 현존재의 세계는 공동 세계이다. 내존재 Insein는 타자들과의 공동존재를 의미한다"고 했다.

하이데거의 존재 사유 철학에서도 그렇지만 결론적으로 스피노자의 욕망 존재론에는 고결한 윤리적 시스템의 단초를 담고 있다. 감각이나 감정이 아닌 이성을 통한 자연의 필연적 법칙을 이해하고 법칙적 전체 속에서 나와 나의 삶이 차지하고 있는 작은 자리를 정확하게 이해하는 것이 좋은 삶을 가져다주는 것이다. 이것이야말로 작은 소우주인 우리가 대우주질서의 필연성에 대한 앎과 전체적 관점으로 이 세계를 가슴속에서 대면하게 됨으로써, 스피노자의 표현을 빌리자면 '모든 것을 영원의 눈으로 바라보면서'의 경지에 이르게 된다. 이것은 하이데거의 인간 본성의 탈존성과도 맥을 같이한다. 삶은 자기중심성에서 벗어나 삶의 지평을 따라 탈중심화한다. 인간의 탈존성으로 인해 삶의 지평은 끝이 없고 미완결되어 있다. 하이데거의 존재 체험 또한 영원한 순간으로 경이로울 수밖에 없는 것이다. 인간이 자신을 구성하는 조건과 한계 속에서 살아가야 하는 것은 당연하지만 자신의 한계를 넘어서 더 나은 존재가 되는 것이라고 할 수 있다.

한나 아렌트의 활동적 삶

그렇다면 삶을 인간답게 하는 조건은 무엇일까? 현재 우리가 처한 삶은 광장의 비둘기에 비유할 만하다. 광장에서 누군가가 던져 준 과자 부스러기를 찾아 이리저리 몰려다니는 비둘기의 모습이 새삼스럽기만 하다. 지금 우리 모두는 아마도 광장의 비둘기가 아닌가 싶다. 자유로운 새들은 스스로 먹잇감을 사냥한다. 한마디로 하면, 근대의 인간은 각자의 생존과 안락한 삶에만 매달려 무언가에 의존하여 끌려다니는 삶을 살아가면서 결국은 인간성의 상실을 초래했다. 이러한 형국에서 벗어나려면 삶 자체를 자유롭게 펼칠 수 있는 정치적인 지평으로 위치해야 할 필요가 있다.

하이데거의 제자이기도 한 한나 아렌트Hannah Arendt는 인간이 태어나서 지상에서 살아가는 데 주어진 기본 조건을 먼저 생명(필연성)과 세계성, 다원성의 세 가지로 본다. 그리고 인간 삶의 지평을 구성하는 세 가지 조건과 거기에 상응하는 활동적 삶을 제시한다. 우리가 대개 살아 있음에 이르는 일차적인 길은 활동적 삶이다. 활동적인 삶은 많은 형태를 취하지만, 아렌트의 말을 빌리자면 활동적인 삶은 생산을 위한 노동labor과 제작work의 활동, 그리고 정치적 행위action를 통칭하는 말이다. 활동적 삶의 세 가지 형식, 즉 삶의 필요에 관한 작업과 관련된 사적 영역―오이코스oikos의 영역에 속하는 노동 및 제작과 구별되는 행위야말로 본래적인 공적 영역, 곧 정치의 영역에 속하는 활동인 것이다. 근대에 들어서 인간 활동은 노동과 제작만 남고, 행위는 사라져서 '정치적인 것'의 쇠퇴를 낳았다. 아렌트는 이를 '노동하는 동물의 승리'라고 표현했다. 이는 인간이 생존만을 최고의 가치로 삼은 결과로, 이로써 사적 영역이 공적 영역을 차지하게 되었고 그 결과 자유를 말하는 사람이 없게 되었다. 아렌트는 근대가 인간을 대체로 노동에만 몰두하도록 하여 이웃을, 공동체를 돌아보지 않는 '동물적인 삶'을 살도록 만들었다고 지적하며, 현대사회에서 공공성을 새롭게 발견할 것을 역설했다.

노동 그리고 제작과는 달리 행위는 다수성이라는 인간의 조건, 즉 한 인간이 아니라 다수의 인간이 이 지구상에 살고 세계에 거주한다는 사실과 일치한다. 인간의 삶이란 결코 홀로의 삶이 아니라 이 지구상에 살며 복수의 사람들 사이에서 거주한다. 정치적으로 탄생한다는 것은 공동 세계에서 자신의 의견을 제시하고 행위를 함으로써 관계를 시작한다는 의미이다. 그러기에 자신을 타인에게 이해시키기 위해 행위나 말을 해야 할 필요가 있다.

물질적 생산을 통해 욕구들은 충족되면서 우리는 다시금 충족시켜야 할 또 다른 욕구들을 창출한다. 이것이 인류 역사가 전개되는 방식이다. 이 과정에서 사람들은 가장 소중한 형태의 생산에 착수한다. 마르크스가 보기에 그것은 탄광이나 면직공장에서의 생산이 아니라 개인들의 자기생산self production이며, 그것을 가리키는 한 이름은 문화다. 복잡한 노동, 정신분석학적 욕망, 광범위한 소통의 능력이 없는 동물의 몸은 생물학적 순환에 갇힌 채로 자신을 반복하는 경향이 있다. 반면에 인간은 자신의 생물학적 결정요인들로부터 어느 정도 거리를 둘 수 있다. 그렇게 거리를 두면서 인간은 애벌레의 일생보다 더 흥미진진한 이야기의 주인공으로 나설 수 있다.

아렌트가 보기에 행위, 제작 그리고 노동은 인간사에서 독특한 위상과 가치를 갖고 있으며, 그것들의 우열을 가리는 일은 무의미하다고 본다. 순전히 사적인 활동마저도 행위를 가능하게 하는 전제조건이 된다는 점에서 노동이나 제작 없이는 행위는 불가능하다. 활동적인 삶은 우리 자신과 우리의 세계를 발견하고, 우리의 능력을 시험하고 확장하며, 다른 존재와 연결되고, 공동의 현실을 함께 창조하도록 해 준다.

노동은 인간의 생물학적 필요에 조응하는 활동으로, 노동에 조응하는 인간의 조건은 생명 그 자체다. 인간의 살아 있음에 대한 신체적 조건성이 바로 생명이다. 모든 인간의 삶은 우선 신체적 생명으로 유지되어야 한다. 이 신체적 생명을 지속시키기 위해서 인간은 노동을 필요로 한다. 즉, 신체적 생명이라는 필연적인 조건에 상응하는 인간의 활동은 노동이다. 노동은 다양한 형태로 나타날 수 있지만 육체적 생존이라는 하나의 공통된 목적을 갖는다는 점에서는 동일하다. 노동은 생의 필연성에 관계하는 활동이지만 생산과 소비가 반복적으로 순환하는 과정으로 궁극적으로는 생명을 제외한 어떤 지속적인 것도 남기지 않는 덧없는 활동이다.

자본주의 조건에서 사람들은 삶 활동, 곧 생산하는 삶을 하나의 필요, 곧 물리적 실존을 유지할 필요를 충족하기 위한 수단으로만 본다. 우리는 봉사, 연대, 자기실현의 한 형태로 노동하는 것이 아니라 살기 위해 노동한다. 동시에 타인들은 우리 자신의 목적을 성취하기 위한 수단에 불과하게 되고 만다. 하지만 불교의 관점에서 보면, 노동은 윤리와 연결된다. 프란츠 요하네스 리치의 말처럼 "노동 또는 생계 유지의 의미는 생명—나의 생명과 내 가족의 생명, 다른 사람의 생명, 모두의 생명—을 유지하는 데 있다. 불교에서 노동은 생명 유지, 생명 보호, 생명 돌보기"이다. 이러한 생각은 만물이 서로 연결되어 있다고 보는 세계관에서 나온다.

인간의 삶은 그러나 이러한 자연적 조건만이 아닌 '제작' 활동을 통해서 이루어지는 인공세계의 조건에 제약을 받는다. 이 점에서 제작은 인간 실존의 '비자연성'에 조응하는 활동이며 그 인간적 조건은 세계성worldliness이다. 이 세계에서 자신의 재능을 발휘하여 일의 재미와 일정한 명예를 바라며 수행하는 작업을 한다. 제작은 천연재료를 사용해 다양한 인공물을 만듦으로써 인간이 거주할 수 있는 구체적이고 객관적인 세계를 구성한다. 제작의 대상들은 일상적인 용구에서부터 예술작품에 이르기까지 매우 다양하다. 아렌트에게 의자, 책상, 가옥 및 각종 용구를 만드는 활동과 책을 쓰거나 시를 짓고 음악을 작곡하는 활동은 모두 작업에 포함된다. 제작은 소모품을 생산하는 노동이나 구체적인 어떤 것을 남기지 않는 행위와 달리, 구체적이면서도 지속적인 작품과 물건을 만들어 냄으로써 안정적인 세계를 구성한다. 문화적 존재인 인간은 자신의 신체적 제약성을 좀 더 영구적이고 지속하여 뛰어넘기 위해서 인공세계를 건설하는 것이다.[25]

제작을 바라보는 시야를 좀 더 넓히기 위해 서점에 나와 있는 책을 예로 들어 보자. 이 책은 저자 한 사람의 작업 성과이지만 그 책이 나오기까지 친구들과 가족들이 뒤에서 힘이 되어 주었을 것이다. 게다가 출판사와 여러 공동 작업자들의 노고와 창의성이 그 속에 담겨졌을 것이고, 서적상들이 이 책을 홍보하고 추천하며 판매해 주는 활동이 있기에 우리는 책을 사서 읽게 된다. 이 책은 하나의 세계를 구성한다. 먼저 종이를 만든 누군가가 있고, 이전에 출간된 다른 책들이 있다. 그리고 검은색 작은 활자들로 이루어진 행들이 일단 여러분의 머릿속에 생각들을 가득 채우면 여러분도 공동 저자가 되는 것이다. 제지업자부터 독자까지 모두가 이 책에 함께하는 존재들이다. 이 모든 연결이 거대하며 한눈에 다 개관할 수 없는 인공적인 세계를 형성하기에 나 혼자 우쭐댈 일이 없는 것이다. 마르크스는 타인들을 '사람이 가진

---

25. 인간은 근본적으로 현실적 세계를 넘어 그 이상의 것을 지향하고 그를 향해 가는 자기초월적 의지를 가진 형이상학적 존재이다. 인간이 형이상학적 존재라고 하는 것은 인간이 더 큰 세계가 있다는 것을 자각하는 것에서 출발한다. 그리고 인간의 존재론적 조건이 초월이라면 문화적 존재로서의 인간은 초월적 존재이기도 하다. 그래서 인간은 작업이라는 활동적 삶을 통해 삶의 기본적인 생존 본능을 뛰어넘어 문화적 창조물을 추구함으로써 우리 자신보다 더 크고 더 오래가는 어떤 것 속에 우리 자신을 위치시키고자 노력한다. 졸저(2015), 『전체 안의 전체 사고 속의 사고』, 살림터, 216~221쪽 참고.

가장 큰 부'라고 부른다.

이제 진정한 공동체는 흔치 않음에도 불구하고 아렌트는 한 발 더 나아가서 인간에게 가장 고유한 조건으로 다원성plurality(복수성)을 든다. 행위의 본래적 상호 의존성에 조응하는 인간적 조건이 다원성이다. 예컨대 18세기 파리의 카페들은 자유로운 생각들이 만나고, 부딪히고, 강화되고, 확산되는 공간이었고, 이렇게 모인 생각들이 프랑스 대혁명을 낳았다. 그리고 프랑스 카페에는 한국 카페들에서 찾아보기 힘든 기능이 있다. 바로 모르는 사람들과 말을 섞을 수 있는 장소라는 점이다. 다원성은 한 종류의 인간이 아니라 다양한 사람이 함께 사는 것을 의미한다.

인간은 다양한 사람의 실천 행위와 언어 행위로 구성된 공동 세계에서 시작한다. 지금까지 생각 따로, 말 따로, 행동 따로 식으로 분석적으로 떼어 내어 고찰해 온 시각은 인간의 본래적인 차원인 다원성을 간과하게 만든 셈이다. 인간의 말함이 이미 생각이며 행위라는 것이 언어로의 전환을 긍정적으로 받아들이고 있는 현대 철학의 공통된 주장의 하나이다. 가장 중요한 것은 두말할 필요 없이 의미를 소통하는 행위, 즉 정치 행위다. 이런 경우 언어는 서로에게 이해 전달에 봉사한다. 그렇지만 언어의 본질은 '이해 전달의 수단'에 머물지 않는다. 언어는 인간이 많은 여러 도구들과 함께 소유하고 있는 그런 도구의 하나가 아니다. 오직 언어가 있는 곳에 세계가 있다. 다시 말해 결단과 작업, 활동과 책임, 그러나 또한 자의와 소란, 몰락과 혼란 등등의 끊임없이 변화하는 주위가 있다. 언어는 오히려 인간 존재의 최고의 가능성을 관장하는 그런 사건이다.

활동적 삶들의 형태는 서로 구별된다. 예컨대 노동은 신체적 생명 과정의 순환 운동에 포섭되어 있기 때문에 시작도 끝도 없지만, 반면에 행위의 경우에는 명확한 시작이 있다. 제작은 명확한 시작과 예측할 수 있는 목적 또는 끝을 갖는다면, 행위는 결코 예측할 수 있는 목적이나 끝을 갖지 않는다는 점에서 제작과 구분된다. 물론 이런 구분들이 지나치게 추상적으로 들릴지 모르지만 활동적 삶은 곧 구체적인 삶, 일상적인 삶이라서 이 셋은 상호 배타적이지 않고 종종 서로 얽혀 있다. 우리는 사무실, 농장, 가정에서 일한다. 우리는 정원 손질에서 자녀 양육과 시를 짓는 것에 이르는 모든 일에서, 우리가 세계에 묶여 있음을 보여 주지만 그럼에도 불구하고 어느 정도는 창조적으로 행한다.

당연하게 보이지만 한편으로는 신기하기도 하다. 도대체 서로 모르는 사람들과 생각이 다른 사람들이 어떻게 함께 모여 살 수 있는가? 이것을 가능하게 하는 것은 사물이나 물건의 매개 없이 인간 사이에서 의미를 직접 소통하는 유일한 인간 활동인 정치 행위이다. 그것은 인간이 물리적 대상으로서가 아니라 인간으로서 서로에게 자신을 드러내는 양식이다. 아렌트에 의하면 삶에서의 이 다원성의 조건이야말로 인간의 '행위'를 가능케 한다. 행위는 일차적으로 개인의 고유한 모습에 대한 표현의 계기를 그 일차적인 특징으로 한다고 할 수 있다.

이러한 표현이 있으려면 그 표현되는 개성이 인간에게 존재론적으로 정초해야 한다. 어떤 사람이 '누구'인가는 어떤 사람이 '무엇' 하는 사람인가와 혼동되어서는 안된다. 그것은 같은 방식으로 문제가 될 수가 없다. 어떤 사람의 개인적인 정체성, 즉 그/그녀의 '누구임'은 객관적으로 설명할 수 있는 특성이 아닐뿐더러 그것과는 다른 방식으로 타인에게 영향을 미쳐야 한다. 말하자면 개성이 미리 선험적으로 미리 존재하는 것이 아니라 자신을 드러내는 행위 가운데 형성되는 것이다.

요컨대 아렌트의 문제 인식은 분명하다. 근대성의 특징 중 하나는 고대 세계에서는 유지되었던 사적 영역과 공적 영역 사이의 구별이 무너지고 사적 영역에 속하는 노동이 공적 영역 속으로 진입하게 되었다는 점을 아렌트는 지적한다. 아렌트는 1848년 이후 공적 영역 속 노동운동의 등장은 근대 정치의 주목할 만한 현상으로 보지만, 노동운동은 경제적 이해관계를 추구할 뿐 고유한 의미의 정치적 행위를 추구하지 않는다는 점을 지적한다. 일단 노동운동이 사회 속으로 통합이 되고 노동자들이 사회의 성원으로 인정받게 되면, 노동운동은 오히려 공적 영역 및 그 영역에서 이루어져야 하는 정치적 행위의 가능성을 잠식하게 된다는 것이다.

"정치적인 것the political"의 지평을 새롭게 정립할 필요가 아렌트의 활동적 삶, 특히 행위에 의해서 전격적으로 제기되고 있다. 행위는 일차적으로 행위 주체가 '누구인지'를 드러내야 한다. 즉, 행위는 행위 주체를 '새로운 것을 시작하는 자'로서 현시한다. 이 말은 곧 행위가 새로운 것을 주도하고 시작하는 활동이라는 것을 의미한다. 신이 여러 사람이 아니라 한 사람, 즉 아담을 창조한 것은 인간이 자신의 삶을 스스로 시작할 수 있게 하기 위해서이다. 그래서 행위 주체인 우리 인간은 어떤 누구도 지금껏 살았고, 현재 살고 있으며, 앞으로 살게 될 다른 사람들과 동일하지 않은 방식으로 동등하게 살아 있음을 경험하게 된다.

그러므로 세상이 계속 존재하고 또한 살 만한 장소가 되기 위해서는 말과 행위에 적합한 장소여야만 하고, 거기서 새로 온 자가 필연성의 노예가 되거나 유용성의 관계에 너무 얽매임이 없이 자유롭게 자신의 새로움을 드러낼 수 있어야 한다. 진정한 정치는 새롭게 탄생한 사람들이 대체될 수 없는 유일한 존재로서 자신의 삶을 시작할 수 있게 하는 것이기 때문이다. 아렌트의 정치 개념은 개인 차원에서 내면과 외면의 둘로 나뉜 자기 자신과의 대화에서 출발하여 마을 그리고 더 큰 자치공동체로 확장해 나간다. 인간이 진정으로 시작할 수 있기 위해서는 다양한 관점과 의견이 보장되는 건강한 공동 세계가 있어야 한다.

인간의 탄생성이란 이미 다수의 사람이 살고 있는 세계 속으로 던져진다는 의미이다. 그런 사람들이 자신의 삶을 시작할 수 있는 자발성과 창발성에 기여하는 정치는 좋은 정치이고, 이러한 자발성을 줄이거나 파괴하는 정치는 나쁜 정치라고 할 수 있다. 이런 점은 스피노자의 능동성과 수동성을 생각하게 하는 대목이기도 하다. 자발성은 인간의 복수성이 보장될 때 가능하다. 즉 수많은 관점들이 동시에 존재하고 사람들이 그러한 관점의 다양성 속에서도 동일한 세계 연관성을 견지할 수 있는 그야말로 정치적인 것은 사적인 이해관계와 자기중심성을 뛰어넘을 수 있어야 한다.

그러려면 서로 대화를 나누고 소통하며, 항상 복수로 존재하는 관찰자가 있어야 한다. 정치는 행위의 영역이어서 참여자는 관찰자보다 현안에 몰입할 수밖에 없고 그만큼 시야가 좁아진다. 그래서 행위자와 관찰자는 정치적인 의견 형성을 통해 서로 대화해야 한다. 이때 관찰자의 정치적 태도는 사람들의 이해 관심의 사이에 놓여 있는 것들인 다양한 관념과 생각, 복수의 관점들이 병존하는 가운데 공통의 행위 중심으로 만드는 것이다. 관찰자는 대상과 거리를 둠으로써 대상을 자신의 이익과 동떨어진 위치에서 전체로서 조망할 수 있어야 한다. 그러기 위해서는 관찰자는 타인과 소통을 이루는 공동체 안에서의 사교적인 인간으로 이해되어야 한다.

좋은 정치는 새로운 어떤 것의 가능성을 확대하는 것을 포함하며 그리고 잠재적인 행위자들의 상호작용으로부터 놀라운 것, 즉 사회적 삶 속에서 확립되고 예견된 양식의 붕괴를 포함한다. 그런 의미에서 아렌트의 행위 개념은 기존의 관례를 변화시키거나 새로운 것을 덧붙이든지 아니면 전적으로 새로운 것으로 대체시키는 특징을 갖고 있다. 그러므로 모든 시작의 본질에는 '의외성'이 존재한다. 창조성은 외적인 요구보다 내적인 선택에 의해 촉발되는 경우가 많다. 어떤 행동이든 자유에서 난 것이 아니면 창조적이 될 수 없다. 창조적인 행동의 경우, 우리가 바라는 바는 '해결하거나' '성공하거나' '생존하기' 위한 것이 아니고, 그것을 어느 정도 초월하여 무언가 새로운 것을 탄생시키는 일이다. 다시 말해 새로운 시작을 끌어들이는 행위를, 정상적인 규범의 단순한 재생산을 방해하고 그 반복을 다른 방향으로 미끄러뜨리는 활동 양식으로 해석하는 것이다.

정치와 행복의 조건, 공적 공간

우리 시대의 정치는 어떠한가? '정치' 또는 '정치적'이라는 말은 주로 경멸적으로 사용되곤 한다. 왜 그럴까? 정치판은 술수와 정략이 난무하는 마키아벨리적인 현실이라는 느낌이 든다. 그것은 정치가 정치공동체 전체의 합목적성을 추구하는 권력배분 체계라는 관념에서 기인한다. 그 과정에서 소위 정치 행위라는 것은 그야말로 저급한 도덕성과 술수를 특징으로 우리의 뇌리에 각인됨으로써 우리는 정치에 대해 노골적으로 냉소를 보내는 데 익숙해져 있다.

아렌트는 활동적 삶을 통하여 정치 행위의 위상을 재조명하고 있다. 아렌트는 노동과 제작이 아닌 행위가 인간 정치 활동의 핵심을 이룬다고 하였다. 정치는 생존을 위한 필연성에서 분리될 때에만 비폭력적일 수 있다. 삶과 생존 자체가 문제일 때에는 항상 폭력이 등장한다. 인간의 다원성 조건은 정치적 행위의 존재 조건이 된다. 아렌트가 말하는 정치적 행위는 어떤 주체의 행위이다. 그것은 한편으로 동기로부터 자유로워야 하고, 다른 한편으로 예측 가능한 결과로서 그것의 의도된 목적으로부터 자유로워야 한다.

이것은 행위를 자극하는 데 동기와 목적이 중요하지 않다고 주장하는 게 아니다. 행위는 자유로워지기 위해서 그것들을 초월해야 한다고 말하는 것이다. 예를 들어 비판은 초월론적인 것이다. 비판은 우리가 자명하다고 생각하는 것을 음미하되 그런 인식을 가능하게 하는 전제 자체로 거슬러 올라가 음미하는 것이다. 비판적 사고는 자신의 생각을 자유롭고 개방적인 검토의 시험에 내맡기는 것이다. 이렇게 비판적인 태도를 취할 때 '나는 타자이다'라고 말하는 것이며 그것은 초월론적 자기에 의해 가능한 것이다. 이와 같은 "초월의 논리"를 한마디로 "자유의 논리"라고 할 수 있다. 인간은 시작할 때 비로소 자유를 실현한다. 초월론적 자기는 대체될 수 없는 유일한 존재로서 자신의 삶을 시작할 수 있다. 아렌트에게 정치 행위가 '자유롭다'는 것은 공동적인 시스템 안에 있으면서 그것에 대해 초월의 계기를 포함한다는 의미에서 정치 행위인 것이다.

예술과 정치를 결합하는 공통의 요소는 그것들 둘 다 공적 세계의 현상들이라는 점이다. 현상의 공간은 타자를 유용성의 여부로 판단하는 공간이 아닐뿐더러 어떤 필요의 유무로 타자를 판단하는 공간도 아니다. 타자를 미리 결정해 버리지 않는 것이, 타자가 '누구'로서 나타나기 위한 조건, 즉 타자의 자유의 조건인 것이다. 거기에는 개개의 말과 행위에서 타자의 현상에 주목하는 관객들spectators이 그 자리에 있다. 그리하여 세계에 대한 다양한 관점을 잃지 않아야 하는 것, 즉 공적 공간은 이 세계에 대한 다원적인 관점이 존재해야만 그것들이 서로 교환되는 공간으로서 의미를 갖는다.

정치의 가능 조건, 자유와 권력

우리는 대개 정치를 국가 혹은 통치와 동일시한다. 권력과 강제의 조직화된 제도하에서 정치는 오직 정치적 지위에 담지된 권력 쟁취를 위한 과정으로만 이해되고 있다. 이는 정치가의 정치적 활동의 실체가 자신이 속한 정당의 이해관계, 개인적인 야망, 자신이 속한 지역의 이해관계에 따르는 것임을 보아 왔기 때문이기도 하다. 이러한 부정적인 정치가의 상은 어쩔 수 없는 한계 지점이라고 할 수 있다. 현실 문제에 참여한다는 것은 현실의 일부가 된다는 것이기 때문에 정치가의 관점은 부분적일 수밖에 없다.

우리가 사는 현 세계에는 비판적 사고와 상대방을 예우하는 논쟁이 필요하다. 자극적인 말로 상대방을 쥐어뜯으며 논쟁하는 낡은 관행을 버리고, 동등한 인간 존엄성을 존중하는 공적 논의에 힘을 쏟아야 한다. 이제 사람들은 각자의 개성을 드러내는 발언과 행위를 통해 개개인의 개별성을 인정하고 함께 살아갈 수 있는 정치적 결사의 한 형태인 공적 공간을 창안할 필요가 있다. 이 공간은 단순히 이런저런 개인들의 '여론'이 아니라 사람들이 "좋든 나쁘든 자신이 누구이며 또 무엇을 할 수 있는지를 행위와 발언으로 보여 줄 수 있는 장소"로, 말하자면 공통의 관심이 집중되는 휘황찬란한 무대와도 같다. 그 무대는 우연적이고 무근거적이기에 모든 이해관계와 도구성을 떠나 자기충족적인 정치의 가능성을 보여 준다.

정치는 타인과 함께 행위할 때 출현하게 되는데, 이때 타인이 내게 '현상한다'는 말은 서로이자 모두에게 들리고 보이는 '상호작용의 지평 안에 있다'는 말과 같다. 아렌트에게 다른 사람들과 함께 존재하는 세계, 그리고 그들에게 찬성하지도 반대하지도 않는 세계인 공적 공간은 '현상 공간'이다. 이러한 공간의 발상은 보편성이나 합리성과 같이 기존에 상정된 틀에 따라 세계를 재단하는 것이 아니라, 있는 그대로의 세계를 이해하고 긍정하는 방법을 찾고자 한 것이다. 다양한 목표를 압축해 하나로 정리하기보다는 개별 목표가 서로 어떤 관계를 맺는지 잘 살핀 뒤 보완하고 뒷받침해 줄 방법을 모색한다.

　공적 공간은 타자를 하나의 시작으로 여기는 공간, 그 사람의 실존적 경험—사실을 통해 그저 그렇게 드러나는 현상의 공간인 것이다. 그 공간에서는 누구나 볼 수 있고 들을 수 있으며, 그러므로 가능한 한 가장 폭넓은 공개성publicity 을 가진다. 우리가 다른 사람을 이해한다는 것은 다른 사람의 욕망, 목적, 관심, 반응 양식이 우리 자신의 존재를 확장시켜 주는 것이 될 때이다. 이때 우리는 그의 눈으로 보고, 그의 귀로 들으며, 따라서 진정한 의미의 배움이 일어난다. 그리하여 자신의 존재가 무시되지 않고, 자신의 말이 묵살되지 않는 '사이'를 가질 수 있다는 것은 자존감에 있어서 역시 중요한 의미를 갖는다. 아렌트는 자신의 행위나 말로 공적 공간에 '현상'하는 용기를 '정치적 덕성'으로서 중요시한다.

　우리 앞에 펼쳐진 현상 공간에서 공개적으로 제기된 문제들과 그 문제들에 대한 다양한 관점과 입장은—근본적으로 세계 개시에의 욕구가 발현된 것이기에—공적 공간 안에서 어떤 정치적 힘으로 작용할 수 있는 '공론'으로 결집되어 현실에 영향력을 행사하고 개입하게 된다. 이 공간은 사람들이 행위와 논의에 의해 서로 관계하는 지점에서 창출되는 공간이기에 이는 고정된 지리적 경계를 갖지 않음을 함축한다. 공적 공간은 물리적으로 윤곽을 갖는 객관적 실체가 아니라, 각자의 앞에 상호 주관적으로 존재하는 공간이다. 즉, 함께 공유하는 영역인 것이다. 그것은 예기치 않은 것에 대한 기대가 존재한다는 의미로, 일종의 극장적인 공간이다.

　어느새 드러나는 공적인 세계는 예측이 어렵고 돌이킬 수 없는 무제한적인 인간의 행위를 가두고 품을 수 있는 그릇이어야 한다. 이 그릇을 지속적으로 붙잡아 두려면 권력이 필요하다. 아렌트는 권력은 결코 목적을 이루기 위한 수단이 아니라 정치적 행위를 가능하게 해 주는 조건 자체라고 생각한다. 권력이란 '우리'를 만드는 능력이자, 우리 속에서 생겨나는, 행동의 잠재적 가능성이다. 아렌트의 표현을 빌리자면, "행위하고 말하는 사람들 사이의 잠재적 현상 공간인 공론 영역을 존재하게 하는 것이 권력"이다.

자유로운 인간에게 공론 영역은 말과 행위를 통해 타인과 소통하여 권력을 구성하는 공간이다. 중요한 문제는 확실히 권력을 어떻게 제한하는가의 문제가 아니라 권력을 어떻게 확립하는가의 문제이다. 공적 공간에서의 이 권력은 폭력을 수반하는 지배 관계와는 차원을 달리한다. 아렌트에 의하면 권력의 반대는 폭력이고 폭력의 반대는 권력이다. 폭력은 권력이 위험에 빠질 때 나타난다. 푸코를 참고한다면, 권력 관계는 자유freedom의 실천에 의해서 통제되어야 한다. 권력이란 (단순히 물리력이나 폭력이 아니며) 다른 방식으로 자유롭게 행동할 수 있는 개인을 대상으로 하는 경우에만 권력이 된다. 푸코의 의도는 권력과 자유의 대립적 관점을 타도하는 것이다.

시민들의 자유로운 토론과 의사소통을 통해 합의에 이를 때 생겨나는 것이 바로 권력이다. 이때 권력은 "타인의 행위에 대한 행위"로 정의되며, 그것은 자신이 다른 사람의 행동을 지시하려고 노력하는 곳에서 관계를 가지며 발생한다. 어떤 사람이 권력을 갖고 있다는 것은 국민이 공동으로 그에게 권한을 주었다는 것을 의미한다. 그렇기 때문에 자유를 실천하는 주체에 의해서 권력 관계의 전개 방향이 점검되지 않을 경우 그것은 더 이상 권력 관계라고 하기보다는 지배 상태로 바뀔 가능성이 있는 것이다. 즉, 권력은 행위자로서 타인의 능력을 배제하기는커녕 오히려 전제하며, 일련의 개방된 실천적·윤리적 가능성에 근거해 혹은 이를 통해 작동한다. 따라서 권력이 인간관계에서 편재하는 차원이기는 하지만, 사회 속에서 권력은 결코 고정되고 폐쇄된 체계가 아닌 끝없이 열려 있는 전략적 게임인 것이다.

여기서 주목해야 할 점은, 지배 상태에서는 지배당하는 자의 자유뿐만 아니라 타자를 지배하는 자도 자유를 잃게 된다는 것이다. 자기의 가능한 행위에 작용해 오는 타자의 교섭이 사라진다면 그것은 자신이 자유롭기 위한 조건을 잃어버리는 것이다. 공적 공간은 지배 상태로부터의 해방liberation 이후에 나타나는 바로 자유의 존재론적 조건이라고 할 수 있다. 해방적 행위와 같은 자유의 존재론적 조건을 유지하기 위해서는 자유가 스스로 실천되어야 한다. 푸코에 따르면, 자유는 하나의 실천이며 그것을 보장하려 고안된 제도나 법률에 의해 보증될 수 없다. 자유를 보장해 주는 것은 자유이기에 그저 '자유'란 실행되어야만 하는 것이다. 아무리 보잘것없어 보이는 사람이라도 "나도 인간이다!"라고 외치는 순간 그 누구도 범접할 수 없는 자유 존재로 갑자기 탈바꿈한다. 그렇게 변화된 존재에 대해 누가 감히 외경심을 품지 않을 수 있겠는가?

자유 개념은 아렌트 정치사상의 기본이 된다. 아렌트가 볼 때 자유를 누리지 못하고 생의 필연성과 결부된 노동과 제작에만 얽매인 삶은 더 이상 인간적 삶이 아닌 것이다. 그런 삶에서는 그 밖의 무엇인가를 실현하기 위해서in order to 무엇인가를 떠맡는 것은 수단과 목적 간의 관계만이 유일하고, 그것의 적절한 관계는 근본적으로 공리주의적 형식화이다. 그곳에서는 더 이상 노력하고, 욕망하고, 사랑하는 그 어떤 것도 존재하지 않는다. 자유의 존재론적 잠재성은 최종 목적성에 의해 봉쇄되고, 통제되고, 지배된다.

참고로 근대의 시민 개념에서는 자유를 영예로운 인권, 즉 사적 소유를 비판할 수 있는 토대로 간주했다. 바로 이 때문에, 소유의 자유가 아니라 소유로부터의 자유, 장사할 자유가 아니라 제 잇속만 차리는 고삐 풀린 무질서한 상행위로부터의 자유, 봉건사회로부터 이기적 개인의 해방이 아니라 모든 종류의 계급사회로부터 인류의 해방을 촉구하게 된다. 그리하여 자유는 인간의 권리 중에서 진정으로 근원적인 권리인 것이다.

그리고 우리는 수단이 아닌 목적으로서의 자유가 왜 여전히 오늘날에도 역사적으로 적합한 개념인지를 알게 되었다. 전체주의에 대항하는 진정한 무기가 자유이기 때문이다. 결과적으로 집회의 자유, 결사의 자유, 언론의 자유, 개인의 안전에 대한 권리는 오늘날 그 어느 때보다 더 중요하다. 착취와 탄압에 대한 노동자의 저항 권리도 마찬가지다. 삶의 질곡과 구속, 즉 억압 상태로부터 벗어나려는 노력이다.

그런데 '반' 정치 혹은 '거짓된' 정치가 도래하고 있다. 이는 현대세계에서 지배적인 정치제도로서 관료제의 성장, 현대성 속에서 노동 동물의 승리가 그 원인이라고 할 수 있다. 그것은 경제적인 것과 사회적인 것의 구분을 파괴해 노동을 사회적 욕구가 충족되는 특권적 공간으로 만들어 버린다. 그에 따른 인간의 생물학적 필요의 충족이라는 과제와 연관된 문제들이 유일한 공적인 관심사의 지위로 격상되는 이 '사회적인 것the social'의 출현으로 인해 진정한 정치의 쇠퇴가 우리가 직접 겪고 있는 위협적인 현상이다. 문화 영역에서 비평 공간이 사라져 버리는 것과 마찬가지로, 정치의 영역에서도 의논과 비판은 공동화 空洞化되어 경제의 영향력이 지하 수로를 통해서 정치의 장으로 흘러 들어간다.

이런 경우 사회적인 것은 생명·생존의 공간이라는 함의를 갖게 된다. 그것은 행위가 실행될 수 없는 공간, 노동 또는 일만이 실행되는 장소로서 묘사되는 것이다. 노동과 소비라는, 삶을 살아가는 한 반복하지 않을 수 없는 순환적 필연성은, 새로운 시작이라는 것을 알지 못한다. 현 단계 자본주의는 기계화와 정보화에 의해 규정된다. 이것은 기술적 차원에서 전개되는 '노동해방'의 경향이지만 비정규직화를 통해서 자본 축적의 도구로 이용된다. 비정규직 노동자들의 정규직화는 먹고살기 위해서는 자기 몸을 팔아야 하고, 그것도 정규직으로 팔아야 살 수 있도록 제약하고 있는 자본주의의 법적·제도적·정치적 조건 속에서 형식화된 욕구이다.

'사회적인 것'은 생명·생존의 공간이라는 측면 외에, 또 하나의 다른 측면을 가지고 있다. 그것은 정상적인 행동의 공간이라는 함의이다. 주체의 행위를 대신해서 '행동'이 사람들에게 '정상적인' 활동 양식이 되는 영역으로 성립한다. 행동이라는 것은 '규칙'을 재생산하는 활동 양식, 정상적인 규범에 따른 행동을 통하여 규범의 효력을 한층 더 강화해 가는 활동 양식이다. 행동은 이미 확립되어 있는 규범적인 의미를 반복함으로써 그것을 정통화해 간다. '사회적인 것'의 공간은, 사람들의 행동을 전적으로 그들의 지위로 환원하여 판단하는 표상의 그물망을 조밀하게 펴고 있다. 대부분의 경우 사람들은 서로 '무엇'으로 처우하는 사회적 지위로 표상되는 공간 안에 살고 있다.[26]

---

26. '표상'은 타자의 행위나 논의를 '무엇(what)'이라는 위상, 즉 타인과 공약 가능한 위상, 교체 가능한 위상으로 환원되는 시선이다. 표상의 시선으로 보는 한, 나는 타자 앞에 '나타나는' 것이 불가능하다. 표상이 지배하는 정도만큼 '현상' 가능성은 봉쇄되는 것이다. 여성이라는 표상, 근로자라는 표상, 동성애자라는 표상, 노인이라는 표상 등등. 표상을 가지고 타자를 바라보는 것, 혹은 표상을 통해 타자에게 보여지는 것은 우리에게도 지극히 일상적인 경험이다. 게다가 표상의 시선은 정치적·경제적·사회적·문화적·신체적으로 우위에 있는 사람들이 열위에 있는 사람들에게 부정적인 정체성을 부여하는 것과 밀접하게 결부되어 있는 경우가 대부분이다. 우리는 이 표상의 공간 바깥으로 완전하게 벗어나는 것은 불가능하다. 대신에 내가 타자와 대면해서 나타나고, 타자가 나와 대면해서 나타나는 '현상의 공간'을 생각해 볼 필요가 있다. 그것은 사람들이 자신이 '누구(who)'인가를 리얼하고도 교환 불가능한 방법으로 보여 줄 수 있는 유일한 장소로 정의된다. 따라서 세상에서 하나밖에 없는 그 사람의 정체성을 능동적으로 드러내며 인간 세계에 현상한다. 현상의 공간이 성립하는 것은 세계 개시에 대한 욕구이다. 이에 대해서는 사이토 준이치 지음(2009), 윤대석·류수연·윤미란 옮김, 『민주적 공공성』, 이음, 58~65쪽 참고.

아렌트의 우려는 사람들이 단지 생명과 생존을 위해서 상호 의존한 다든가 정상적인 규범에 따른 행동을 반복함으로써 정치적으로 순종적인 삶의 양식에 길들여지고 만다는 점에 있다. 즉 공동적인 시스템 자체가 이해 관계적으로 되어, 공동체에 갇혀 있게 된다는 사실이다. 그러기에 행동과 달리 행위 그것은 목적을 형식화하는 지성의 판단과 지성의 판단을 실행하는 의지의 명령 양자로부터도 자유로운 행위인 것이다. 그 행위는 자기의식적 행위이며 자기가 속한 공동적인 시스템에 대해 자기 관계적이어야 한다. 자기 관계는 앎의 자기 관계가 아니라 활동하는 실행 속에 있는 자기 수행이다. 그리하여 어떤 것을 실행하면서 그의 자리, 의미 그리고 척도를 가지는 것이다. 자기 수행은 일종의 행위능력으로서 어떤 활동 방식의 선을 실현할 수 있다.

공동체와 정치

자유로운 행위가 공동체의 바깥으로 나가는 것을 의미하는 것은 아니다. 그런데 개별적인 '나'는 이미 공동주관성 속에서 이해관계적으로 성립되어 왔다. 공동적인 시스템에 자기 관계적이려면 사회적·정치적 순응을 장려하려 애쓰는 세속적·종교적 권위(또는 권위주의)의 다양한 형식에 맞서야 하는데―일상적인 의미의 용어로―사람들은 '초연해져야' 한다. 이것은 하나의 주체로 존재하는 것이며 실천 성취의 심급이다. 그리하여 자신의 경험적인 자명함을 철저하게 의심하게 된다.

요컨대 데카르트에서 볼 수 있듯이, '나는 의심한다, 고로 존재한다'는 자신의 존재를 문제 삼는다는 점에서 실존한다는 것을 의미한다.

이 경우 '나는 존재한다'는 공동체의 이해관계를 넘어서는 것, 즉 초월론적 자기의 문제 설정이 숨어 있는 것이다. 초월론적인 것은 우리에게 자명하고 또 자연스럽게 보이는 사항을 괄호 쳐 놓고 그것을 그렇게 받아들이도록 하는 인식론적 틀 자체를 음미하는 것이다. 그런 한에서 초월론적인 것은 외부에 서려고 하는 것이며 공동적인 시스템과 자기 관계적인 것이다. 그래서 초연함의 초월론적인 것은 실존적인 것이다.

인간은 다양한 사람의 실천 행위와 언어 행위로 구성된 공동 세계에서 시작한다. 정치적으로 탄생한다는 것은 공동 세계에서 자신의 의견을 제시하고 행위를 함으로써 관계를 시작한다는 의미이다. 정치는 구체적 인간들의 다양성을 존중하며 함께 살아가는 세계를 모색하고자 한다. 그런데 끊임없이 변화하는 구체적 상황에서 이루어지는 개별적인 행위를 포괄할 수 있는 정치의 객관적 기준과 규칙은 존재하지 않는다. 정치를 학문적 사고처럼 개념적 형태로 사물이나 사태를 쉽게 이해할 수 있도록 할 수는 없다. 정치는 지식이 아니라 예술이다. 아렌트는 개별자를 보편적 원리로 환원하지 않고 개별자 자체로 다루는 것으로 칸트의 판단력 개념을 재발견해 낸다. 정치에서 생각과 행위를 연결하는 것은 바로 판단력이다. 또 판단하는 사람끼리 서로의 의견을 부단히 나누어야 한다. 그리고 공동 행위를 통해 자신을 분명히 표현해야 한다.

인간은 스스로 사회화하는 경향성을 지니고 있다. 사회 속에서만 인간은 자신의 방식에 따라 보다 세련된 인간이 될 수 있다. 이것이 바로 문명화의 시작이라는 것이다. 그런데 사회적 상태란, 항상 그 시초에 우호적이지 않고 오히려 야만적이며, 단순히 경쟁적임을 유의해야 한다. 사람들은 은연중 다른 사람의 생각과 자기 판단을 견주어 보려고 한다. 인간은 편견에서 해방되고, 확장되고, 일관성 있는 사고방식을 추구하고 견지할 수 있기 때문이다. 아렌트는 행위에서의 정치적 판단과 관련하여 칸트의 미적 판단력[27]에 주목한다. 정치적 판단은 타인들과의 관계성 속에서 공동체성을 기반으로 하여 가능한 것이다.

이 세상을 어떤 유용성이나 개인의 이해관계, 또는 도덕적 판단도 넘어서서, 즉 욕구의 충족이나 의도의 실현 등 일체의 관심에서 벗어나 이 세계를 있는 그대로 보존할 수 있는 그 능력은 심미적이다. 예를 들어 하나의 걸상을 바라보며 그것이 보기에 아름답다고 느낄 때 그 미적 쾌감은 대상의 현존에 대한 관심과 결부되어 있는 만족감이 아니다. 그냥 바라보기만 해도 느껴지는 느낌이란 현존하는 대상이나 내용으로부터 효용성이나 특정 의도가 충족되는 바가 있어서 발생하는 느낌이 아니라, 아무 의도나 관심 없이 그냥 대상 형식으로부터 받게 되는 느낌이며, 그런 쾌감에 따라 '이 걸상은 아름답다'라고 판단하게 된다. 판단은 멈추고 생각할 여유를 요구한다. 멈춰서 생각하고 판단하려면 무엇보다 필요한 것이 바로 관조할 수 있는 거리이다. 미적 판단은 일체의 관심, 감각적 관심도 지적 관심도 떠난 무관심의 판단이

---

27. 판단력은 스스로 하나의 개념을 제시하고 그것을 통해 사물을 인식하는 것이 아니라 단지 자기 자신에 관한 규칙으로서만 사용한다. 칸트에 따르면 'X가 아름답다'는 미적 판단에서 '아름답다'라는 술어는 대상 X와 목적-수단의 관계에 있는 것이 아니라 아름답다고 느끼는 주관적 마음의 상태와 관계한다. 칸트의 미적 판단에 대한 분석은 바로 이 아름답다고 판단하는 주관성이 스스로 전개하여 어떻게 보편성을 확보할 수 있는가에 집중한다. 그러므로 미적 판단은 "일체의 관심에서 벗어났다는 의식을 포함하고 있으므로, 객관적으로 성립하는 보편성은 아니지만 모든 사람들에 대해 타당하다는 주장이 성립해야만" 한다. 또한 외적인 강제 없이 '목적 없는 합목적성'을 띠고, '개념 없이도 필연적 만족의 대상으로 인식되는 것'이다.
우리는 칸트가 말하는 '반성'이라는 개념에 주목할 필요가 있다. 미적 판단력은 오로지 반성적 판단력에서만 가능하다. 무관심적으로, 무개념적으로 행해지는 반성적 판단력의 목적의식에 이끌려 보편성을 찾아가는 능력이 곧 상상력이다. 그리하여 목적은 목적이라는 자신의 과제 수행을 위해 자신의 자유를 구가하되, 자신에게 법칙을 부여해야만 목적을 수행할 수 있다. 이 능력을 담보하는 것이 상상력의 개념이다. 상상력의 수행 과정 자체는 논리적으로 설명되지 않는다. 그렇지만 상상력의 자동적·자율적 합목적성이 상호 주관적인 소통 가능성이라는 문제를 해결할 수 있는 실마리를 제공한다. 이것은 근본적으로는 공통감에 의해 가능하다. 정낙림(2017), 『놀이하는 인간의 철학』, 책세상, 113~118쪽 참고.

며, 따라서 순수하게 관조적일 뿐이다.

정치적 행위를 의식적으로 판단한다는 것은 항상 공적으로 생각하는 것이다. 생각한다는 것은 결코 공동체에서 떨어져 나오기 위해서가 아니라 공동체에 참여하기 위한 것이다. 정치적 판단은 우리의 공적 삶과 연관된 구체적 사건들을 대상으로 한다. 칸트는 미적 판단력이 우리의 순수이성이나 실천이성의 수행처럼 자기 자신과 대화하며 실행되는 것이 아니라 다른 사람과 관계하며, 즉 "모든 다른 사람의 입장에서 생각해 볼 수 있는" 능력에 달려 있다는 것을 지적하였다. 공적 공간에서 이루어지는 정치적 행위를 이해하고 올바로 판단하려면 우리는 무엇이 우리의 마음에 들고 또 무엇이 우리의 마음에 들지 않는지를 말할 수 있는 판단력을 갖고 있어야 한다.

정치와 예술은 상호 의존적이다. 미적 판단이 아름다움 자체를 다루는 것이 아니라 개별적인 특수한 대상을 다루는 것처럼 정치적 판단 역시 특수한 시대적·역사적 상황에서 이루어지는 특수한 행위를 대상으로 한다. 각기 다른 경험과 조건을 가진 사람들은 반성적 판단력을 통해 의견을 조율하고 의사소통을 전개한다. 정치는 개인들이 각자 자신들의 개성을 드러내며 공동의 생활을 유지하는 방법을 찾는 것이다. 그리하여 칸트에게서 '반성'이라는 새로운 형태의 주관성이 등장한다. 말하자면 미적 판단은 이미 존재하는 보편적인 객관적 기준이나 객관적 개념에 따라 행해지는 것이 아니라 그 반성적 활동을 하는 가운데, 즉 자신의 사고 속에서 상상력을 통해 모든 다른 사람들을 재현하는 방식을 고려하게 된다. 아렌트는 판단 개념을 통해 개인들에게 공동체적 지반을 제공하려고 했던 것이다.

반성력과 더불어 상상력은 미적 판단에서 정치성을 읽어 내는 중요한 단서이다. 모든 인식작용은 상상력을 기반으로 한다. 우리가 직접

보고 느끼면서 기쁜 것은 단지 만족스러운 것일 뿐이며 오히려 상상을 통해 부재한 대상을 재현한 기쁨을 느낄 때 비로소 아름답다고 판단한다. 부재한 대상을 표상할 수 있는 상상력은 개별적 역사의 사례에서 대표성representation을 띤 역사적 범례를 도출할 수 있게 한다. 이것이 바로 상상력이 지닌 추상화 능력이다. 이 추상화는 예증적 타당성에서의 예와 같은 속성을 지닌다. 개별자의 개별성을 창조적으로 포섭하면서 대표성을 획득할 수 있는 추상화 능력은 미적 판단력의 능력과 동떨어져 존재하는 것이 아니다. 상상력이 지닌 추상화 능력을 기반으로 하는 반성적 판단력이야말로 정치적 지평을 확장시켜 나가는 핵심 동인인 것이다.

아렌트에 따르면, 상상력이 없다면 인식될 수 있는 세계의 객관성도 없게 될 것이고 소통 가능성도 존재하지 않을 것이다. 상상력은 자아와 세계의 분리 지점에서 세계를 수용할 수 있는 지평일 뿐 아니라 타인을 수용하고 자아를 확장할 수 있는 능력과 다름없다. 상상을 통해 타인의 관점에서 바라봄으로써 우리의 호불호가 적합한지를 판단한다. 상상력은 판단을 가능하게 하는 심의 능력인 것이다. 나를 벗어나서 타인의 입장에 서는 것, 자신의 이익의 관점에서 벗어난 상태에서 타인의 입장에서 사유하는 것은 상상력의 가능성 속에 존재하는 것이다.

정말로 선한 사람이 되려면 나와 남을 포함하는 전체적 관점에서 치열하게 상상해야만 한다. 판단력은 자아의 개인적인 한계나 욕구를 뛰어넘어서 우리와 우연히 한 시대에 함께하는 다른 사람들의 시각에서 대상을 볼 수 있는 능력이므로 그것은 타인의 현존을 필요로 하고, 그런 의미에서 미적 판단력은 매우 정치적인 의미를 지닌다. 미적 판단의 반성력과 상상력이 지닌 개방성과 창조성은 서로 구획되어서 구분할 수 없는 경우가 많다. 아렌트에게서 중요한 것은 인간들 사이의 다원성을 기반으로 하는 소통 가능성이다. 그녀가 주목하는 지점은 사람들이 자신의 생각을 확장함으로써 타인의 생각을 고려할 수 있다는 측면이다. 확장된 사유 방식은 공통감을 기반으로 하여 상상력이 지닌 능동적 능력을 통해 실현할 수 있는 것이다.

미적인 문제에 관하여 취미에서 보여 주는 정신적 능력은—정치적 행위에서와 마찬가지로 그것은 누군가가 그/그녀 자신이 '누구'인지를 드러내는 것에 대하여 생각하게 한다. '누구'라는 정체성은 행위나 말에 대한 타자의 응답으로 비로소 생성된다. 정체성은 타자의 존재를 요구한다. 여기서 공통감각common sense, 즉 공통감의 중요성이 분명해진다. 공통감은 나와 타인을 매개하는 능동적인 차원에서 이해되어야 하며, 다른 말로 표현하자면 그것은 나와 타인을 연결하는 끈으로서의 공동체성을 요구한다.

칸트가 분명하게 인식했듯이 판단은 공통감과 서로 밀접하게 얽혀 있다. 우리의 판단을 다른 사람들이 내릴 수 있는 판단과 비교하고 우리 자신을 다른 사람의 입장에 세워 보고, 그렇게 우리 자신의 판단에 우연히 붙어 있는 한계들을 극복하도록 만드는 능력이 바로 공통감각이다. 그 감각은 인식의 일종 내지는 인식의 한 단계가 아니라 사람들에게 보이는 세계의 공생적 이해의 방식이다. 공통감각은 새로운 사람이 많아질수록 더욱 풍요로워진다. 그만큼 더 많은 관점과 가치가 존재하기 때문에 시작할 수 있는 가능성도 늘어나기 때문이다.

공통감은 감정에 따라 판단을 내린다. 칸트는 만족, 불만족을 단지 감정에 의해 보편타당하게 규정하는 주관적 원리라 하여 공통감이라 부른다. 이 느낌이란, 우리의 감성적 판단의 타당성을 논증할 수는 없지만 그러나 어떤 의미에서는 경험을 같이 나눌 수 있게 한다는 희망 속에서 그 판단에 관한 토론이 타당할 수 있다는 것이다. 공통감은 우리를 인지적으로만이 아니라 생물학적으로, 정신적으로, 그리고 육체적으로도 묶어 주는 어떤 것이다. 양쪽으로 손을 잡고 둥글게 늘어선 사람 띠와 같은 관계가 형성되는 것이다. 그 띠 안에 있는 사람은 양옆에 있는 사람밖에 알지 못하지만 타자의 손으로 연결되어 멀리 있는 사람과도 맺어져 있다. 띠를 이루는 모든 사람들이 그 감각을 공유하는 것이다. 우리는 때로 공통의 지성(상식)도 공통감이라 부르고 있지만, 이 공통감은 그러한 공통의 지성(상식)과는 본질적으로 다른 것이다.

공통감은 사람들 '사이'에 존재한다. 그것은 상호 주관적인 소통 가능성이라는 문제를 해결하기 위한 것이다. 우리가 살아가는 '사이'는 단 하나의 차원으로 완결될 수가 없다. 하지만 공통감은 보편적으로 전달 가능해야 한다는 필연적 조건으로 상정된다. 다수의 주관에 의한 판단은 그것을 넘어선 아프리오리한 보편성은 없으며 그저 시간적·공간적으로 규정된 공통감각에 의거할 수밖에 없다. 그것은 공통의 심성을 표현하고, 공통의 바탕을 공유하는 신체일 뿐만 아니라 다수의 주관들 사이에 이루어지는 대화와 합의에 근거한다. 우리가 어떤 정치적 의견에 대해 나름 합리적이라고 판단할 수 있는 공통감각이 존재한다면 의견의 차이와 다양성은 오히려 더 나은 방향으로 나갈 수 있는 생산적 경쟁의 토대가 된다.

세계에 대한 개방성은 비로소 열린다. 그것은 공동체성을 가능하게 하여 소통 가능성에 대한 실현 가능한 희망을 제시하는 지점일 뿐 아니라, 해석적인 차원에서 타인과 공유할 수 있는 선이해들을 주어진 것으로서가 아니라 지금, 여기에서 창조적으로 구성해 갈 수 있는 지점이라고 할 수 있다. 그리고 이러한 개방성은 창조성을 지니고 인간들 사이, 너와 나 사이에서 능동적인 교류를 가능하게 하는 상상력에 달려 있다.

요컨대 공통감각은 문화역사적이며 지역적이다. 게다가 그것은 끊임없이 변한다. 정치적 행위의 판단을 기존의 관행과 구래의 관습에 떠맡기는 것은 종종 행위의 옳고 그름을 말하지 않음으로써 책임을 피하겠다는 태도를 표현한다. 다른 사람과의 소통 가능성을 고려한 생각만이 정치적 행위의 옳고 그름을 말할 수 있는 핵심 기준이다. 아렌트는 우리가 어떻게 정치적 판단을 하는지 알게 되면 어느 정도는 정치적 행위를 판단할 수 있는 기준도 얻게 될 것이라고 확신한다. 우리는 정치적 사건을 파악하기 위해 멈춰 서 생각한 후에는 다시 우리가 직면하고 있는 문제에 관여해야 한다.

무한경쟁, 편치 않음, 공적 행복

모두가 주지하다시피 21세기 오늘날에 교육을 포함하여 전 지구적으로 인류의 삶을 가장 강력하게 규정하는 요소는 경제가 되었다. '국제화 시대', '세계화', '신자유주의', '자유민주주의와 시장경제', '구조조정과 혁신', '평가' 등은 매일 듣는 용어이다. 우리의 전全 삶을 거기에 맞추어서 조준해야 하는 것처럼 압박해 오는 원리는 한마디로 경제환원주의이고, 거기서의 최대 가치와 방법은 무한경쟁주의이다. 이 과정에서 공공 영역의 기업화와 시장화, 경제 영역의 탈규제, 복지 축소와 작은 정부 지향 정책들을 통해 국가를 비롯한 다른 공공 영역들의 공익적 성격을 침식했다.

이 담론에 따르면, 시장은 자연적인 사회적 실재가 아니라 열린 공간이고 거기서의 경쟁적 자유는 하나의 인공적 게임인 것이다. 이 원리는 국내외 정치는 물론이고 문화와 교육, 심지어는 종교나 가장 내밀한 사적 영역의 삶까지 관장하면서 무소불위의 힘으로 다가온다. 이러한 상황 앞에서 상식적인 견해만으로도 무한경쟁주의의 마지막은 결국 모두의 종말과 파국이라는 것을 쉽게 예견할 수 있다. 더 이상 경제환원주의와 무한경쟁주의로 내몰리지 않으려면 인류의 공공선을 사고할 수 있는 정치의 장을 열어야 한다.

인류의 공공선에 대한 일정한 '개념적 전형'을 굳이 찾는다면 프랑스 혁명이 내건 '자유, 평등, 박애'의 사상이 그나마 가장 가깝게 표현하고 있다고 볼 수 있다. 자유라는 가치에는 타인을 자유 존재로 인정할 의무가, 평등이라는 가치에는 모든 인간의 공통적인 욕구를 충족시킬 의무가, 박애라는 가치에는 모든 타인과 함께 서로 '공감할 수 있는 대화'를 나누어야 할 의무가 만인에게 부과된다. 이 세 가지 가치는 상호 간에 긴장과 모순을 함축하고 있으나 그러한 긴장을 감수하더라도 그것이 하나의 전체를 이루는 것으로 파악해야 한다.

한나 아렌트는 정치의 본질이 자유로운 여러 사람이 함께하는 토의와 숙고와 행위의 공간이라는 것, 그리고 그것이 인간성 본유의 욕구인 '공적 행복'의 추구에 대응하는 것이라고 강조한다. 그 존재가 잊히지 않도록 하는 것은 좋은 사회를 위하여 절실하게 요구되는 일이다. 개인적인 애호나 삶의 방식과는 상관없이 누구에게나 포기할 수 없는 행복의 요소들이 있기는 한 것 같다. 예를 들면 건강이나 최소한 고통이 없는 상태, 생존을 보장해 줄 정도의 재산, 집, 의복, 물과 음식 등이 행복의 필수조건이라는 것은 의심의 여지가 없다. 하지만 이런 조건만 충족된다고 해서 반드시 행복하다고 할 수는 없을 것이다.

인간은 자신의 잠재력을 최대한 발휘할 때, 윤리적으로 생각할 뿐 아니라 윤리적으로 행동할 때, 순수한 행복을 느낄 수 있다. 그리스인 들은 행복한 삶을 '에우다이모니아eudaimonia', 즉 문자 그대로 번역하면 '좋은eu 영혼daimon'으로 '영혼이 만족스러운 상태'로 보았다. 중요한 것은 어느 정도 이상의 재화를 소유하고 있는 것이 아니라 사람들이 그 재화를 사용해서 무엇을 할 수 있는가, 스스로 어떠한 상태에 둘 수 있는가 하는, 즉 잠재능력[28]에 관한 것이다. 사람들에게는 잠재력의 씨앗이 심어져 있어서 그들이 서로 만나 말하고 행위하는 순간에서야 싹을 틔우고 꽃을 피운다. 씨앗은 열매 맺기 좋은 토양과 기후가 없다면 가능성으로만 남겠지만, 서로가 서로의 좋은 땅이 되어 주고 따뜻한 온기를 더해 줄 수 있는 영역이 있다고 할 수 있는데, 그것이 바로 공적 공간에서 피어나는 공적 행복일 것이다.

아렌트가 생각한 공적 행복의 공간은 스스로 안에서 그것을 초월하는 규범을 탄생하게 하는 공간이다. '자유', '행위', '공적 영역'이 복합적으로 결합된 현상 공간은 인간이 만든 작품이다. 작품은 각자가 자신이 만든 작품 안에서 자기를 다시 발견하는 인정의 실현을 전제로 해서만 의미가 있다. 작품은 개인들을 통합시키기도 하고 분리시키기도 하는 실존적인 드라마의 무대이다. 개인의 정체성과 위대함을 실현할 수 있는 자유로운 행위가 이루어질 때 비로소 공적 공간에서 타자란 그 안에서 내가 발견되는 일치의 장소일 수 있다. 따라서 타자란 나를 보충하고 완성한다. 이렇게 공통된 것을 서로 확인하면서, 즉 각

---

28. 인도 출신의 경제사상가 아마르티아 센(Amartya Sen)이 '잠재능력'의 예로 들고 있는 것은 적절한 영양을 얻는 것, 병에 걸리지 않는 것, 요절하지 않는 것, 문자를 읽을 수 있는 것, 자존감을 가질 수 있는 것, 친구를 사귀는 것, 만나고 싶은 사람을 만날 수 있는 것, 커뮤니티에서 일정한 역할을 수행하는 것 등이다. 센의 접근법에 따르면 빈곤이라고 일컫는 사태는 재화의 결여가 아니라 기본적인 잠재능력의 박탈로 파악되어야 한다. 또한 센이 문자 교육을 중시하는 것은 사람들이 "어떤 것을 생각하고, 무엇이 필요한가를 스스로 생각하고, 그것을 사회에 호소할 기회"를 잃지 않게 하기 위함이다. 자신의 생각을 타자에게 전할 기회를 가질 수 있는 것은 센의 시점에서도 기본적인 잠재능력의 하나라고 보아도 좋을 것이다. 이에 대해서는 사이토 준이치 지음(2009), 윤대석·류수연·윤미란 옮김,『민주적 공공성』, 이음, 86~88쪽 참고.

자는 그 작품을 만든 자기 자신을 다시 만나고 싶어 한다. 왜? 그 작품 안에서 그가 실제로 살고 있기 때문이다.

행복은 인간이 궁극적으로 추구하는 목적들이 실현될 때 비로소 충족된다. 그것은 좋은 삶에 대한 열망이 충족되었을 때의 행복이다. 이 점에서 행복은 심리학적인 것이 아니라 존재론적인 것이다. 모든 인간의 행위는 행복을 실현하는 욕구에 의해 움직인다. 행위의 작용은 궁극 목적을 따르고 수행함으로써 행복을 느낀다. 우리가 공적 공간에서 행동하는 것은 그 행위가 궁극적으로 추구하는 목적―'좋은 삶에 대한 열망'을 완성함으로써 행복을 맛보기 위해서이다. 인간은 자율과 행복의 최저조건이 보장되지 않으면 자신의 생명까지도 버릴 수 있는 가치지향적 존재이다.

사람은 힘든 고뇌에 대해서는 버텨 낼 수 있는 힘을 지니고 있지만 의미 상실에는 견디지 못한다고 한다. 물론 하나하나의 의미를 일일이 생각하며 사는 것은 아니고 의미를 확신하고 있기 때문에 이해가 무의식화되는 경우도 있다. 의식을 하고 있든 그렇지 않든 사람은 믿고 있는 것에서 사물의 의미를 얻는다. 의미를 얻지 못하면 사람은 살 수가 없다. 행복이 공적인 삶과 연관되어 있을 때 나름 공유하고 있는 삶의 깊은 의미에 대한 지속적인 물음이 가능해진다. 그로 인해 공동체의 구성원들은 자신들이 만든 공적 공간이 자신들에게 행복의 근원이 될 수 있다는 것에 대해 강한 긍지와 자부심을 비로소 지니게 된다.

행복한 삶이란 인간 각자가 지니고 있는 내적 가능성들을 완성하고 사는 데 있다. 아리스토텔레스에게 행복은 한적한 곳을 찾아 개울물에 발을 담고 책을 읽는 것과 같은 원초적 느낌의 상태가 아니다. 그에게 행복은 우리가 살고 있는 곳에서 최선을 다하는 것이다. 이를테면 자신이 가장 잘하는 것이 무엇인지를 다시 깨달아서, 자기 자신보다 더 크다고 믿는 무언가를 위해 힘을 쓰는 것을 아리스토텔레스는 행복이라고 한다. 이것을 통해서 자신의 의미를 확인하고 좀 더 풍요로운 삶을 살아가고 실천하고자 하는 현재의 행동을 말하는 것이지 어떤 상태가 아니다. 아리스토텔레스는 전율이나 오르가슴을 이야기하지 않는다. 오히려 행복에 다다르면 일상에서는 느낄 수 없는 성스러운 경험을 하듯이 시간은 멈추고 자의식은 차단되어 완전한 평온을 느낀다고 한다.

내가 내 집에서 고향 같다고 느끼듯이 나는 내가 만든 작품 속에서 내가 편히 쉴 수 있어야만 한다. 가령, 내가 집에서 편안함과 안락함을 느끼고 있을 때, 나는 이 집을 정서적인 일체감 속에서 경험하는 것과 같다. 사람은 자신이 편히 쉴 수 있었던 경험을 기억하듯이 행복의 느낌 역시 자신의 어떤 경험과 결부시켜 생각한다. 그것은 아마 행복이 논리적인 연쇄 속에서 일어나지 않기 때문이다.

행복은, 어느 경우에나, 개인의 심리를 경유하지 않고는 별 의미를 갖지 않는다. 또한 행복은 사적인 것과 공적인 것을 하나로 융합한다. 예를 든다면 행복한 결혼은 사적 개인의 공적 행위이다. 결혼 당사자들이 그 어느 누구에 의해서도 강요된 것이 아닌 스스로의 의지에 의한 것임을 확인하는 것이 중요하다. 동시에 결혼식은 공적 권위를 요청한다. 이는 결혼이 공적 행위이자 사적 계약이기 때문이다. 프랑스에서 결혼식은 기독교 전통과 공화제 전통의 유산을 이어받아 종교의 의례이면서 시민의 의례이기도 하다.

철학자 젤M. Seel은 어떤 순간의 경험이나 단계에서의 행복을 '에피소드적 행복'이라고 부르고, 삶의 특질과 관계되는 더 오랜 행복을 '포괄적 행복'이라고 부르면서, 이 두 행복 사이에 일종의 통일이 필요하다고 말한다. '바른 행복론'은 이 통일에서 나오기 때문이다. "모든 행복의 이론은 개별적 행복의 상태와 인간적 삶의 질적 통일성 사이의 관계를 해명하려는 과제를 가진다." 행복의 개념 속에 공적 공간을 편입시킴으로써 공적인 것에서 행복이 이루어진다면, 그것에서 사적인 것으로서의 에피소드적 행복과 공적인 것으로서의 포괄적 행복 양자 사이의 모순과 긴장은 해결되는 것이다.

혼자이기에 고립과 외로움을 느끼고 있다고 한다면 그것은 같이 있다는 것에 비추어 볼 때 분명 결핍의 상태이다. 반면에 함께 있다는 것은 그렇게 혼자 있다는 것에 비추어 보면 충족의 상태이다. 하지만 행복이라는 틀로 비추어 보면, 행복은 혼자 있을 때와 같이 있을 때 어느 한쪽과 일방적인 관계를 맺지 않는다. 행복이란 혼자이기에 발생할 수 있는 결핍의 상태에서 벗어날 때, 그리고 함께 있을 때 발생하는 과잉 충족으로 인한 질식에서도 동시에 벗어날 때 가능하다.

오늘날 모든 삶의 형태는 '편치 않음'을 경험한다. 편치 않음은 영어로 'not feeling at home', 즉 풀어 보면 '집에 있는 것처럼 편안하게 느껴지지 않음'으로 옮겨질 수 있다. 하이데거에 따르면, 이것이 바로 불안의 기원이다. 편치 않음은 두려움과 불안을 하나로 모으는 느낌이다. 전통적인 설명에 따르면, 두려움은 공적인 감정인 반면, 불안은 동료로부터 고립된 개인과 관련된다. 두려움과 달리, 불안한 낯섦은 공적인 영역을 벗어나며, 그저 소위 개인의 내면성이라고 불리는 것과 연결될 뿐이다.

공동체의 해체에 따라 두려움과 불안을 나누는 선은 사라졌다. 이제는 우리가 살고 있는 세계와 접할 때 '편치 않음'이라는 개념을 통해서 다시 설명되어야 한다. 만일 내가 일자리를 잃는다면 특정한 공포를 낳는 아주 분명하게 정의된 위험과 대면할 수밖에 없다. 이러한 공포 때문에 도시 생활의 불확실성에 직면한 우리는 호기심을 느끼고 도전하기보다는 뒤로 물러서 은둔하는 선택을 내렸다. 그러다 보니 이 세계에 대하여 방향 상실을 체험한다. 미결정된 세계가 지닌 엄청난 압력을 느끼고 있는 사람만큼 고립감을 느끼는 사람도 없다. 그러므로 '편치 않음'이라는 감정보다 더 공유되고 더 공통적이며 어떤 의미에서는 더욱 공적인 것은 없다.

인간은 행복을 외면할 수도 정신을 포기할 수도 없는 존재이다. 행복이 인간에 대하여 갖는 의의를 생각하는 것은—헌법에 행복을 추구할 권리가 규정되어 있듯이—행복이 공적인 성격을 가지게 되는 것, 또 가져야 된다고 말한다. 그러기에 모든 인간에게 기본적인 욕구를 보장해 주고 행복을 증진시키는 복지형 체제를 강력한 비전으로 제시해야 한다. 도시와 마을에서 삶의 균형을 되찾고 가능성 있는 미래를 기약하기에 아직 늦지 않았다. 이러한 일을 하려면 이웃과 마을에 호기심을 느끼고 신뢰와 협동 관계를 구축하려는 인간의 본성에 귀를 기울여야 한다. 인간에게는 현재의 나의 상태에 만족하지 못하고 남보다 나은 상태를 원하는 본성도 있지만, 서로 신뢰하고 협동할 때 행복을 느끼는 본성이 더 근본적이라는 점을 유념할 필요가 있다. 인간이 최선의 자아를 발견하는 때는 혼자 있을 때가 아니라 집단, 팀, 마을 등 사회적 과정에 있을 때이다.

행복을 추구하는 정치의 새로운 가능성은 정책적·제도적·행정적 구상만으로는 접근할 수 없다. 필요한 것은 행복과 공적 사회 공간의 바른 관계—그리고 그것들과 존재론적인 인간성의 실현, 이 셋 사이의 균형의 기술이다. 그것은 어떤 사람에게 실질적으로 열려 있는 '삶의 폭', 즉 "사람들이 행할 수 있는 것, 그렇게 될 수 있는 것"의 범위를 가늠하게 하는 것이다. 사람들은 구조화되고 제도화된 억압이나 차별로 인해, 예를 들면 비정규직처럼 어떤 '삶의 폭'을 상실할 수 있다. 그것은 단순히 빈곤함을 의미하는 것이 아니라 인간답게 살기 위해 누려야 할 적정한 수준으로부터 멀리 밀려나 있는 상태를 뜻한다. 즉 행복을 누릴 수 있는 조건 바깥에 놓이도록 강제되는 상황을 가리킨다.

그래서 정치적·시민적 권리, 특히 공개적인 토론과 논쟁과 비판과 반대를 보장해 주는 권리는 인간이 제대로 된 선택을 내릴 수 있도록 해 주는 과정에서 핵심적인 역할을 한다. 사람들은 때때로 서로 만나 이야기하고 같이 행동할 때 자신이 가진 것보다 더 나은 것들을 만들어 내기도 한다. 이것은 다른 주체와의 상호 주관적 교섭을 통해 깊이를 더해 가기 때문에 공통감을 기반으로 한 미적 판단은 타인에게 동의를 요구할 만큼의 보편타당성을 확보해 준다. 일단 그것이 모든 다른 사람들과 그들의 느낌을 고려하는 반성에 의해 변형되면 의사소통에 열려 있는 것이다. 달리 말해서, 우리가 판단할 때, 우리는 타인과 더불어 진행되는 상호 주관적인 과정으로, 공동체의 일원으로서 판단하는 것이다.

행복은 모든 사람이 원하는 것이다. 그래서 행복감은 작고 사소한 사건에 숨어 있는 때가 많다. 우연히 반가운 친구를 만났다거나 오랫동안 풀리지 않았던 문제에 대해서 해결의 실마리가 떠오르거나 할 때 행복감이 다가온다. 그래서 행복을 규정한다는 것은 그리 간단치 않은 물음이다. 모든 사람이 바라는 행복의 상태란, 브리스톨 대학의 로널드 그림슬리의 목록에 따르면, "생의 충일감充溢感, 절대적인 내적 일체성, 함께하는 친밀감, 근접한 주위 환경과의 조화되고 막힘 없는 연결감, 생생하고 직접적인 체험으로서의 모든 가능한 욕망의 자연스러운 실현"을 포함한다.

이러한 행복의 실현은 스스로를 사랑하고 스스로에 의지하는, 그리고 태어난 대로의 자연인의 연장선상에서 이루어지는 것이면서도 자연의 상태를 상당히 넘어간 것이다. 또 이것을 원하는 것은 어떤 사람에게만 한정되는 것이 아닌, 모든 사람에게 있는 인간적 본능이다. 인간이 인간답게 삶으로써 행복을 누리기 위해서는 정치적 행위는 반드시 있어야 하며, 행위가 가능하게 되는 공적 공간이 전제되어야 한다. 다양한 관점 또는 시각의 자유로운 표출, 새롭고도 위대한 행위를 할 수 있는 기회의 보장, 공적인 참여에서 체험할 수 있는 공적 행복 등이 구현될 수 있어야 한다.

참고 문헌

강미라(2013).『몸 주체 권력』. 이학사.

강학순(2011).『존재와 공간』. 한길사.

고병권·이진경 외 지음(2008).『코뮨주의 선언』. 교양인.

권정우·하승우(2015).『아렌트의 정치』. 한티재.

김광현(2018).『건축이 우리에게 가르쳐 주는 것들』. 뜨인돌.

김석철(2011).『건축과 도시의 인문학』. 돌베개.

김왕배(2011).『도시, 공간, 생활세계』. 도서출판 한울.

김용민 외(2014).『좋은 삶의 정치사상』. 이학사.

김우창(2012).『기이한 생각의 바다에서』. 돌베개.

_____(2013).『체념의 조형』. 나남.

_____(2014).『깊은 마음의 생태학』. 김영사.

김은형(2015).『달동네』. 한겨레출판.

나카무라 요시오 지음(2007). 강영조 옮김.『풍경의 쾌락』. 효형출판.

나카무라 유지로 지음(2012). 박철은 옮김.『토포스 topos』. 그린비.

나카오카 나리후미 지음(2015). 이기원 옮김.『시련과 성숙』. 경인문화사.

닐 스미스 지음(2019).『도시의 새로운 프론티어』. 동녘.

닛타 요시히로(2014). 박인성 옮김.『현상학이란 무엇인가』. 도서출판 b.

데얀 수딕 지음(2011). 안진이 옮김.『거대건축이라는 욕망』. 작가정신.

데이비드 딜레니 지음(2013). 박배균·황성원 옮김.『영역』. 시그마프레스.

데이비드 앳킨슨 외 편저(2014). 이영민 외 옮김.『현대 문화지리학』. 논형.

데이비드 하비 지음(2001). 최병두 외 옮김.『희망의 공간』. 한울.

도시재생네트워크(2010).『뉴욕 런던 서울의 도시재생 이야기』. pixelhouse.

류지석 엮음(2013).『공간의 사유와 공간이론의 사회적 전유』. 소명출판.

마루타 하지메 지음(2011). 박화리·윤상현 옮김.『'장소'론』. 심산.

마르쿠스 슈뢰르 지음(2010). 정인모·배정희 옮김.『공간, 장소, 경계』. 에코리브르.

마르틴 하이데거(2013). 이기상 옮김.『존재와 시간』. 까치.

마이크 크랭·나이절 스리프트 엮음(2013). 최병두 옮김.『공간적 사유』. 에코리브르.

박인철(2015).『현상학과 상호문화성』. 아카넷.

박찬국(2018).『삶은 왜 짐이 되었는가』. 21세기북스.

변학수(2008).『문학적 기억의 탄생』. 열린책들.

부산대학교 한국민족문화연구소(2013).『로컬의 일상과 실천』. 소명출판.

빅토르 델보스·모리스 블롱델 지음(2006).『스피노자와 도덕의 문제』. 선학사.

사이토 준이치 지음(2009). 윤대석 외 옮김.『민주적 공공성』. 이음.

신승환(2016).『해석학』. 아카넷.

심강현(2016).『스피노자 인문학』. 을유문화사.

앙리 르페브르 지음(2011). 양영란 옮김.『공간의 생산』. 에코리브르.

양용기(2016).『철학이 있는 건축』. 평단.

양해림(2014).『해석학적 이해와 인지과학』. 집문당.

에스더 M. 스턴버그 지음(2013). 서영조 옮김.『공간이 마음을 살린다』. 더퀘스트.

오지 도시아키 지음(2010). 송태욱 옮김.『세계 지도의 탄생』. 알마.

오토 프리드리히 볼노 지음(2014). 이기숙 옮김.『인간과 공간』. 에코리브르.

외르크 되링·트리스탄 틸만 엮음(2015). 이기숙 옮김.『공간적 전회』. 심산.

유발 하라리 지음(2016). 조현욱 옮김.『사피엔스』. 김영사.

유현준(2017).『도시는 무엇으로 사는가』. 을유문화사.

이규목(2004).『한국의 도시경관』. 열화당미술책방.

이기상(2004).『하이데거의 존재사건학』. 서광사.

_____(2011).『쉽게 풀어 쓴 하이데거의 생애와 사상』. 누멘.

_____(2013).『존재와 시간』. 살림.

이나라·티에리 베제쿠르 지음(2017). 류은소라 옮김.『풍경의 감각』. 제3의공간.

이남인(2014).『현상학과 해석학』. 서울대학교출판문화원.

이영범(2009).『도시의 죽음을 기억하라』. 미메시스.

이종관(2012).『공간의 현상학, 풍경 그리고 건축』. 성균관대학교출판부.

_____(2017).『포스트휴먼이 온다』. 사월의 책.

이진우(2019).『한나 아렌트의 정치 강의』. 휴머니스트.

임석재(2011).『임석재의 생태건축』. 인물과 사상사.

자크 동즐로 지음(2005). 주형일 옮김.『사회보장의 발명』. 동문선.

정낙림(2017).『놀이하는 인간의 철학』. 책세상.

정석(2016).『도시의 발견』. 메디치.

조명래(2014).『공간으로 사회 읽기』. 한울.

주디 자일스·팀 미들턴(2003). 장성희 옮김.『문화 학습』. 동문선.

질 들뢰즈 지음(2002). 서동욱 옮김.『칸트의 비판철학』. 민음사.

찰스 몽고메리 지음(2014). 윤태경 옮김.『우리는 도시에서 행복한가』. 미디어월.

철학아카데미(2004).『공간과 도시의 의미들』. 소명출판.

최병두·한지연 편역(1997).『자본주의 도시화와 도시계획』. 한울아카데미.

캐런 프랭크·린다 쉬니클로스 엮음(2012). 한필원 옮김. 『공간의 유형학 1, 2』. 나남.

콜린 고든 외 엮음(2016). 『푸코 효과』. 난장.

팀 크레스웰 지음(2012). 심승희 옮김. 『장소』. 시그마프레스.

파울로 비르노 지음(2004). 김상운 옮김. 『다중』. 갈무리.

프랑수아 줄리앙(2016). 김설아 옮김. 『풍경에 대하여』. 아모르문디.

프레드 달마이어 지음(2011). 신충식 옮김. 『다른 하이데거』. 문학과지성사.

피에르 테브나즈 지음(2012). 김동규 옮김. 『현상학이란 무엇인가』. 그린비.

한국하이데거학회 편(1997). 『하이데거의 철학세계』. 철학과현실사.

한국현상학회 기획(2014). 『프랑스 철학의 위대한 시절』. 반비.

한나 아렌트(1996). 이진우·태정호 옮김. 『인간의 조건』. 한길사.

한자경(2013). 『자아의 연구』. 서광사.

_____(2013). 『칸트 철학에의 초대』. 서광사.

현광일(2015). 『전체 안의 전체 사고 속의 사고』. 살림터.

홍덕선·박규현(2016). 『몸과 문화』. 성균관대학교출판부.

홍승표(2018). 『인공지능 시대의 사회학적 상상력』. 살림터.

황수아(2017). 『하이데거, 어린 왕자를 만나다』. 탐.

삶의 행복을 꿈꾸는 교육은 어디에서 오는가?

미래 100년을 향한 새로운 교육 **혁신교육을 실천하는 교사들의 필독서**

▶ 교육혁명을 앞당기는 배움책 이야기
혁신교육의 철학과 잉걸진 미래를 만나다!

한국교육연구네트워크 총서

01 핀란드 교육혁명
한국교육연구네트워크 엮음 | 320쪽 | 값 15,000원

02 일제고사를 넘어서
한국교육연구네트워크 엮음 | 284쪽 | 값 13,000원

03 새로운 사회를 여는 교육혁명
한국교육연구네트워크 엮음 | 380쪽 | 값 17,000원

04 교장제도 혁명
한국교육연구네트워크 엮음 | 268쪽 | 값 14,000원

05 새로운 사회를 여는 교육자치 혁명
한국교육연구네트워크 엮음 | 312쪽 | 값 15,000원

06 혁신학교에 대한 교육학적 성찰
한국교육연구네트워크 엮음 | 308쪽 | 값 15,000원

07 진보주의 교육의 세계적 동향
한국교육연구네트워크 엮음 | 324쪽 | 값 17,000원
2018 세종도서 학술부문

08 더 나은 세상을 위한 학교혁명
한국교육연구네트워크 엮음 | 404쪽 | 값 21,000원
2018 세종도서 교양부문

09 비판적 실천을 위한 교육학
이윤미 외 지음 | 448쪽 | 값 23,000원

10 마을교육공동체운동:
세계적 동향과 전망
심성보 외 지음 | 376쪽 | 값 18,000원

혁신학교
성열관·이순철 지음 | 224쪽 | 값 12,000원

행복한 혁신학교 만들기
초등교육과정연구모임 지음 | 264쪽 | 값 13,000원

서울형 혁신학교 이야기
이부영 지음 | 320쪽 | 값 15,000원

혁신교육, 철학을 만나다
브렌트 데이비스·데니스 수마라 지음
현인철·서용선 옮김 | 304쪽 | 값 15,000원

한국교육연구네트워크 번역 총서

01 프레이리와 교육
존 엘리아스 지음 | 한국교육연구네트워크 옮김
276쪽 | 값 14,000원

02 교육은 사회를 바꿀 수 있을까?
마이클 애플 지음 | 강희룡·김선우·박원순·이형빈 옮김
356쪽 | 값 16,000원

03 비판적 페다고지는
세상을 변화시킬 수 있는가?
Seewha Cho 지음 | 심성보·조시화 옮김 | 280쪽 | 값 14,000원

04 마이클 애플의 민주학교
마이클 애플·제임스 빈 엮음 | 강희룡 옮김 | 276쪽 | 값 14,000원

05 21세기 교육과 민주주의
넬 나딩스 지음 | 심성보 옮김 | 392쪽 | 값 18,000원

06 세계교육개혁:
민영화 우선인가 공적 투자 강화인가?
린다 달링-해먼드 외 지음 | 심성보 외 옮김 | 408쪽 | 값 21,000원

07 콩도르세, 공교육에 관한 다섯 논문
니콜라 드 콩도르세 지음 | 이주환 옮김 | 300쪽 | 값 16,000원

대한민국 교사, 어떻게 가르칠 것인가?
윤성관 지음 | 320쪽 | 값 15,000원

아이들을 어떻게 가르칠 것인가
사토 마나부 지음 | 박찬영 옮김 | 232쪽 | 값 13,000원

모두를 위한 국제이해교육
한국국제이해교육학회 지음 | 364쪽 | 값 16,000원

경쟁을 넘어 발달 교육으로
현광일 지음 | 288쪽 | 값 14,000원

혁신교육 존 듀이에게 묻다
서용선 지음 | 292쪽 | 값 14,000원

 독일 교육, 왜 강한가?
박성희 지음 | 324쪽 | 값 15,000원

 다시 읽는 조선 교육사
이만규 지음 | 750쪽 | 값 33,000원

 핀란드 교육의 기적
한넬레 니에미 외 엮음 | 장수명 외 옮김 | 456쪽 | 값 23,000원

 대한민국 교육혁명
교육혁명공동행동 연구위원회 지음 | 224쪽 | 값 12,000원

 한국 교육의 현실과 전망
심성보 지음 | 724쪽 | 값 35,000원

▶ 비고츠키 선집 시리즈
발달과 협력의 교육학 어떻게 읽을 것인가?

 생각과 말
레프 세묘노비치 비고츠키 지음
배희철·김용호·D. 켈로그 옮김 | 690쪽 | 값 33,000원

성장과 분화
L.S. 비고츠키 지음 | 비고츠키 연구회 옮김
308쪽 | 값 15,000원

 도구와 기호
비고츠키·루리야 지음 | 비고츠키 연구회 옮김
336쪽 | 값 16,000원

연령과 위기
L.S. 비고츠키 지음 | 비고츠키 연구회 옮김
336쪽 | 값 17,000원

 어린이 자기행동숙달의 역사와 발달 Ⅰ
L.S. 비고츠키 지음 | 비고츠키 연구회 옮김
564쪽 | 값 28,000원

의식과 숙달
L.S 비고츠키 | 비고츠키 연구회 옮김
348쪽 | 값 17,000원

 어린이 자기행동숙달의 역사와 발달 Ⅱ
L.S. 비고츠키 지음 | 비고츠키 연구회 옮김
552쪽 | 값 28,000원

분열과 사랑
L.S. 비고츠키 지음 | 비고츠키 연구회 옮김
260쪽 | 값 16,000원

 어린이의 상상과 창조
L.S. 비고츠키 지음 | 비고츠키 연구회 옮김
280쪽 | 값 15,000원

성애와 갈등
L.S. 비고츠키 지음 | 비고츠키 연구회 옮김
268쪽 | 값 17,000원

 비고츠키와 인지 발달의 비밀
A.R. 루리야 지음 | 배희철 옮김 | 280쪽 | 값 15,000원

관계의 교육학, 비고츠키
진보교육연구소 비고츠키교육학실천연구모임 지음
300쪽 | 값 15,000원

 수업과 수업 사이
비고츠키 연구회 지음 | 196쪽 | 값 12,000원

비고츠키 생각과 말 쉽게 읽기
진보교육연구소 비고츠키교육학실천연구모임 지음
316쪽 | 값 15,000원

 비고츠키의 발달교육이란 무엇인가?
비고츠키교육학실천연구모임 지음 | 412쪽 | 값 21,000원

  교사와 부모를 위한 비고츠키 교육학
카르포프 지음 | 실천교사번역팀 옮김 | 308쪽 | 값 15,000원

 비고츠키 철학으로 본 핀란드 교육과정
배희철 지음 | 456쪽 | 값 23,000원

▶ 살림터 참교육 문예 시리즈
영혼이 있는 삶을 가르치는 온 선생님을 만나다!

 꽃보다 귀한 우리 아이는
조재도 지음 | 244쪽 | 값 12,000원

 선생님이 먼저 때렸는데요
강병철 지음 | 248쪽 | 값 12,000원

 성깔 있는 나무들
최은숙 지음 | 244쪽 | 값 12,000원

 서울 여자, 시골 선생님 되다
조경선 지음 | 252쪽 | 값 12,000원

아이들에게 세상을 배웠네
명혜정 지음 | 240쪽 | 값 12,000원

밥상에서 세상으로
김흥숙 지음 | 280쪽 | 값 13,000원

우물쭈물하다 끝난 교사 이야기
유기창 지음 | 380쪽 | 값 17,000원

행복한 창의 교육
최창의 지음 | 328쪽 | 값 15,000원

북유럽 교육 기행
정애경 외 14인 지음 | 288쪽 | 값 14,000원

▶ 4·16, 질문이 있는 교실 마주이야기
통합수업으로 혁신교육과정을 재구성하다!

통하는 공부
김태호·김형우·이경석·심우근·허진만 지음
324쪽 | 값 15,000원

내일 수업 어떻게 하지?
아이함께 지음 | 300쪽 | 값 15,000원
2015 세종도서 교양부문

인간 회복의 교육
성래운 지음 | 260쪽 | 값 13,000원

교과서 너머 교육과정 마주하기
이윤미 외 지음 | 368쪽 | 값 17,000원

수업 고수들 수업·교육과정·평가를 말하다
박현숙 외 지음 | 368쪽 | 값 17,000원

도덕 수업, 책으로 묻고 윤리로 답하다
울산도덕교사모임 지음 | 320쪽 | 값 15,000원

체육 교사, 수업을 말하다
전용진 지음 | 304쪽 | 값 15,000원

교실을 위한 프레이리
아이러 쇼어 엮음 | 사람대사람 옮김 | 412쪽 | 값 18,000원

마을교육공동체란 무엇인가?
서용선 외 지음 | 360쪽 | 값 17,000원

교사, 학교를 바꾸다
정진화 지음 | 372쪽 | 값 17,000원

함께 배움
학생 주도 배움 중심 수업 이렇게 한다
니시카와 준 지음 | 백경석 옮김 | 280쪽 | 값 15,000원

공교육은 왜?
홍섭근 지음 | 352쪽 | 값 16,000원

자기혁신과 공동의 성장을 위한
교사들의 필리버스터
윤양수·원종희·장군·조경삼 지음 | 280쪽 | 값 14,000원

미래교육의 열쇠, 창의적 문화교육
심광현·노명우·강정석 지음 | 368쪽 | 값 16,000원

주제통합수업, 아이들을 수업의 주인공으로!
이윤미 외 지음 | 392쪽 | 값 17,000원

수업과 교육의 지평을 확장하는 수업 비평
윤양수 지음 | 316쪽 | 값 15,000원
2014 문화체육관광부 우수교양도서

교사, 선생이 되다
김태은 외 지음 | 260쪽 | 값 13,000원

교사의 전문성, 어떻게 만들어지나
국제교원노조연맹 보고서 | 김석규 옮김 392쪽 | 값 17,000원

수업의 정치
윤양수·원종희·장군 지음 | 280쪽 | 값 14,000원

학교협동조합,
현장체험학습과 마을교육공동체를 잇다
주수원 외 지음 | 296쪽 | 값 15,000원

거꾸로 교실,
잠자는 아이들을 깨우는 수업의 비밀
이민경 지음 | 280쪽 | 값 14,000원

교사는 무엇으로 사는가
정은균 지음 | 292쪽 | 값 15,000원

마음의 힘을 기르는 감성수업
조선미 외 지음 | 300쪽 | 값 15,000원

작은 학교 아이들
지경준 엮음 | 376쪽 | 값 17,000원

아이들의 배움은 어떻게 깊어지는가
이시이 준지 지음 | 방지현·이창희 옮김 | 200쪽 | 값 11,000원

대한민국 입시혁명
참교육연구소 입시연구팀 지음 | 220쪽 | 값 12,000원

함께 배움 이렇게 시작한다
니시카와 준 지음 | 백경석 옮김 | 196쪽 | 값 12,000원

함께 배움 교사의 말하기
니시카와 준 지음 | 백경석 옮김 | 188쪽 | 값 12,000원

교육과정 통합, 어떻게 할 것인가?
성열관 외 지음 | 192쪽 | 값 13,000원

학교 혁신의 길, 아이들에게 묻다
남궁상운 외 지음 | 272쪽 | 값 15,000원

프레이리의 사상과 실천
사람대사람 지음 | 352쪽 | 값 18,000원
2018 세종도서 학술부문

혁신학교, 한국 교육의 미래를 열다
송순재 외 지음 | 608쪽 | 값 30,000원

페다고지를 위하여
프레네의『페다고지 불변요소』읽기
박찬영 지음 | 296쪽 | 값 15,000원

노자와 탈현대 문명
홍승표 지음 | 284쪽 | 값 15,000원

선생님, 민주시민교육이 뭐예요?
염경미 지음 | 244쪽 | 값 15,000원

어쩌다 혁신학교
유우석 외 지음 | 380쪽 | 값 17,000원

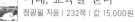
미래, 교육을 묻다
정광필 지음 | 232쪽 | 값 15,000원

대학, 협동조합으로 교육하라
박주희 외 지음 | 252쪽 | 값 15,000원

입시, 어떻게 바꿀 것인가?
노기원 지음 | 306쪽 | 값 15,000원

촛불시대, 혁신교육을 말하다
이용관 지음 | 240쪽 | 값 15,000원

라운드 스터디
이시이 데루마사 외 엮음 | 224쪽 | 값 15,000원

미래교육을 디자인하는 학교교육과정
박승열 외 지음 | 348쪽 | 값 18,000원

흥미진진한 아일랜드 전환학년 이야기
제리 제퍼스 지음 | 최상덕·김호원 옮김 | 508쪽 | 값 27,000원

교사를 세우는 교육과정
박승열 지음 | 312쪽 | 값 15,000원

전국 17명 교육감들과 나눈
교육 대담
최창의 대담·기록 | 272쪽 | 값 15,000원

들뢰즈와 가타리를 통해
유아교육 읽기
리세롯 마리엣 올슨 지음 | 이연선 외 옮김 | 328쪽 | 값 17,000원

학교 민주주의의 불한당들
정은균 지음 | 276쪽 | 값 14,000원

교육과정, 수업, 평가의 일체화
리사 카터 지음 | 박승열 외 옮김 | 196쪽 | 값 13,000원

학교를 개선하는 교장
지속가능한 학교 혁신을 위한 실천 전략
마이클 풀란 지음 | 서동연·정효준 옮김 | 216쪽 | 값 13,000원

공자던, 논어는 이것이다
유문상 지음 | 392쪽 | 값 18,000원

교사와 부모를 위한
발달교육이란 무엇인가?
현광일 지음 | 380쪽 | 값 18,000원

교사, 이오덕에게 길을 묻다
이무완 지음 | 328쪽 | 값 15,000원

낙오자 없는 스웨덴 교육
레이프 스트란드베리 지음 | 변광수 옮김 | 208쪽 | 값 13,000원

끝나지 않은 마지막 수업
장석웅 지음 | 328쪽 | 값 20,000원

경기꿈의학교
진흥섭 외 지음 | 360쪽 | 값 17,000원

학교를 말한다
이성우 지음 | 292쪽 | 값 15,000원

행복도시 세종, 혁신교육으로 디자인하다
곽순일 외 지음 | 392쪽 | 값 18,000원

나는 거꾸로 교실 거꾸로 교사
류광모·임정훈 지음 | 212쪽 | 값 13,000원

교실 속으로 간 이해중심 교육과정
온정덕 외 지음 | 224쪽 | 값 13,000원

교실, 평화를 말하다
따돌림사회연구모임 초등우정팀 지음 | 268쪽 | 값 15,000원

폭력 교실에 맞서는 용기
따돌림사회연구모임 학급운영팀 지음 | 272쪽 | 값 15,000원

그래도 혁신학교
박은혜 외 지음 | 248쪽 | 값 15,000원

학교는 어떤 공동체인가?
성열관 외 지음 | 228쪽 | 값 15,000원

교사 전쟁
다나 골드스타인 지음 | 유성상 외 옮김 | 468쪽 | 값 23,000원

인공지능 시대의 사회학적 상상력
홍승표 지음 | 260쪽 | 값 15,000원

시민, 학교에 가다
최형규 지음 | 260쪽 | 값 15,000원

학교자율운영 2.0
김용 지음 | 240쪽 | 값 15,000원

학교자치를 부탁해
유우석 외 지음 | 252쪽 | 값 15,000원

국제이해교육 페다고지
강순원 외 지음 | 256쪽 | 값 15,000원

미래교육, 어떻게 만들어갈 것인가?
송기상·김성천 지음 | 300쪽 | 값 16,000원

선생님, 페미니즘이 뭐예요?
염경미 지음 | 280쪽 | 값 15,000원

**혁신교육지구와 마을교육공동체는
어떻게 만들어지는가?**
김태정 지음 | 376쪽 | 값 18,000원

▶ 교과서 밖에서 만나는 역사 교실
상식이 통하는 살아 있는 역사를 만나다

전봉준과 동학농민혁명
조광환 지음 | 336쪽 | 값 15,000원

남도의 기억을 걷다
노성태 지음 | 344쪽 | 값 14,000원

응답하라 한국사 1·2
김은석 지음 | 356쪽·368쪽 | 각권 값 15,000원

즐거운 국사수업 32강
김남선 지음 | 280쪽 | 값 11,000원

즐거운 세계사 수업
김은석 지음 | 328쪽 | 값 13,000원

강화도의 기억을 걷다
최보길 지음 | 276쪽 | 값 14,000원

광주의 기억을 걷다
노성태 지음 | 348쪽 | 값 15,000원

**선생님도 궁금해하는
한국사의 비밀 20가지**
김은석 지음 | 312쪽 | 값 15,000원

걸림돌
키르스텐 세롬-빌펠트 지음 | 문봉애 옮김
248쪽 | 값 13,000원

역사수업을 부탁해
열 사람의 한 걸음 지음 | 388쪽 | 값 18,000원

교과서 밖에서 배우는 역사 공부
정은교 지음 | 292쪽 | 값 14,000원

팔만대장경도 모르면 빨래판이다
전병철 지음 | 360쪽 | 값 16,000원

빨래판도 잘 보면 팔만대장경이다
전병철 지음 | 360쪽 | 값 16,000원

영화는 역사다
강성률 지음 | 288쪽 | 값 13,000원

친일 영화의 해부학
강성률 지음 | 264쪽 | 값 15,000원

한국 고대사의 비밀
김은석 지음 | 304쪽 | 값 13,000원

조선족 근현대 교육사
정미량 지음 | 320쪽 | 값 15,000원

다시 읽는 조선근대 교육의 사상과 운동
윤건차 지음 | 이명실·심성보 옮김 | 516쪽 | 값 25,000원

음악과 함께 떠나는 세계의 혁명 이야기
조광환 지음 | 292쪽 | 값 15,000원

논쟁으로 보는 일본 근대 교육의 역사
이명실 지음 | 324쪽 | 값 17,000원

진실과 거짓, 인물 한국사
하성환 지음 | 400쪽 | 값 18,000원

 다시, 독립의 기억을 걷다
노성태 지음 | 320쪽 | 값 16,000원

우리 역사에서 사라진 근현대 인물 한국사
하성환 지음 | 296쪽 | 값 18,000원

 한국사 리뷰
김은석 지음 | 244쪽 | 값 15,000원

꼬물꼬물 거꾸로 역사수업
역모자들 지음 | 436쪽 | 값 23,000원

 경남의 기억을 걷다
류형진 외 지음 | 564쪽 | 값 28,000원

▶ 더불어 사는 정의로운 세상을 여는 인문사회과학
사람의 존엄과 평등의 가치를 배운다

 밥상혁명
강양구·강이현 지음 | 298쪽 | 값 13,800원

 좌우지간 인권이다
안경환 지음 | 288쪽 | 값 13,000원

 도덕 교과서 무엇이 문제인가?
김대용 지음 | 272쪽 | 값 14,000원

 민주시민교육
심성보 지음 | 544쪽 | 값 25,000원

 자율주의와 진보교육
조엘 스프링 지음 | 심성보 옮김 | 320쪽 | 값 15,000원

 민주시민을 위한 도덕교육
심성보 지음 | 500쪽 | 값 25,000원
2015 세종도서 학술부문

 민주화 이후의 공동체 교육
심성보 지음 | 392쪽 | 값 15,000원
2009 문화체육관광부 우수학술도서

 교과서 밖에서 배우는 인문학 공부
정은교 지음 | 280쪽 | 값 13,000원

 갈등을 넘어 협력 사회로
이창언·오수길·유문종·신윤관 지음 | 280쪽 | 값 15,000원

 오래된 미래교육
정재걸 지음 | 392쪽 | 값 18,000원

 동양사상과 마음교육
정재걸 외 지음 | 356쪽 | 값 16,000원
2015 세종도서 학술부문

 대한민국 의료혁명
전국보건의료산업노동조합 엮음 | 548쪽 | 값 25,000원

 교과서 밖에서 배우는 철학 공부
정은교 지음 | 280쪽 | 값 14,000원

 교과서 밖에서 배우는 고전 공부
정은교 지음 | 288쪽 | 값 14,000원

 교과서 밖에서 배우는 사회 공부
정은교 지음 | 304쪽 | 값 15,000원

 전체 안의 전체 사고 속의 사고
김우창의 인문학을 읽다
현광일 지음 | 320쪽 | 값 15,000원

 교과서 밖에서 배우는 윤리 공부
정은교 지음 | 292쪽 | 값 15,000원

 카스트로, 종교를 말하다
피델 카스트로·프레이 베토 대담 | 조세종 옮김
420쪽 | 값 21,000원

 한글 혁명
김슬옹 지음 | 388쪽 | 값 18,000원

 일제강점기 한국철학
이태우 지음 | 448쪽 | 값 25,000원

 우리 안의 미래교육
정재걸 지음 | 484쪽 | 값 25,000원

 한국 교육 제4의 길을 찾다
이길상 지음 | 400쪽 | 값 21,000원

 왜 그는 한국으로 돌아왔는가?
황선준 지음 | 364쪽 | 값 17,000원

마을교육공동체 생태적 의미와 실천
김용련 지음 | 256쪽 | 값 15,000원

▶ 평화샘 프로젝트 매뉴얼 시리즈
학교폭력에 대한 근본적인 예방과 대책을 찾는다

 학교폭력 어떻게 만들어지는가
문재현 외 지음 | 300쪽 | 값 14,000원

 아이들을 살리는 동네
문재현·신동명·김수동 지음 | 204쪽 | 값 10,000원

 학교폭력, 멈춰!
문재현 외 지음 | 348쪽 | 값 15,000원

 평화! 행복한 학교의 시작
문재현 외 지음 | 252쪽 | 값 12,000원

 왕따, 이렇게 해결할 수 있다
문재현 외 지음 | 236쪽 | 값 12,000원

 마을에 배움의 길이 있다
문재현 지음 | 208쪽 | 값 10,000원

 젊은 부모를 위한 백만 년의 육아 슬기
문재현 지음 | 248쪽 | 값 13,000원

 별자리, 인류의 이야기 주머니
문재현·문한 외 지음 | 444쪽 | 값 20,000원

 우리는 마을에 산다
유양우·신동명·김수동·문재현 지음 | 312쪽 | 값 15,000원

 동생아, 우리 뭐 하고 놀까?
문재현 외 지음 | 280쪽 | 값 15,000원

 누가, 학교폭력 해결을 가로막는가?
문재현 외 지음 | 312쪽 | 값 15,000원

▶ 남북이 하나 되는 두물머리 평화교육
분단 극복을 위한 치열한 배움과 실천을 만나다

 10년 후 통일
정동영·지승호 지음 | 328쪽 | 값 15,000원

 선생님, 통일이 뭐예요?
정경호 지음 | 252쪽 | 값 13,000원

 분단시대의 통일교육
성래운 지음 | 428쪽 | 값 18,000원

 김창환 교수의 DMZ 지리 이야기
김창환 지음 | 264쪽 | 값 15,000원

 한반도 평화교육 어떻게 할 것인가
이기범 외 지음 | 252쪽 | 값 15,000원

▶ 창의적인 협력 수업을 지향하는 삶이 있는 국어 교실
우리말 글을 배우며 세상을 배운다

 중학교 국어 수업 어떻게 할 것인가?
김미경 지음 | 340쪽 | 값 15,000원

 토론의 숲에서 나를 만나다
명혜정 엮음 | 312쪽 | 값 15,000원

 토닥토닥 토론해요
명혜정·이명선·조선미 엮음 | 288쪽 | 값 15,000원

 인문학의 숲을 거니는 토론 수업
순천국어교사모임 엮음 | 308쪽 | 값 15,000원

 어린이와 시
오인태 지음 | 192쪽 | 값 12,000원

 수업, 슬로리딩과 함께
박경숙 외 지음 | 268쪽 | 값 15,000원

 언어던
정은균 지음 | 268쪽 | 값 15,000원

 민촌 이기영 평전
이성렬 지음 | 508쪽 | 값 20,000원

참된 삶과 교육에 관한
생각 줍기